本书入选新闻出版广电总局"培育与践行社会主义核心价值观"主题出版50种重点选题

本书入选教育部"全国高校出版社主题出版项目"46种重点选题

本书获国家出版基金资助

中国优秀传统文化,只有融入当代人的基本生活方式,才是活的,才能永续。这本书用二十六个关键词串起了这条古今通幽的美妙路径。

——**楼宇烈**(北京大学教授,著名文化学者,国际儒学联合会理事,孔子基金会学术委员会委员)

用简明晓畅的当今世界话语,讲述博大精深的中国思想文化元典,这是当代中国书院的一项基本使命,这本书做到了。

——**龚鹏程**(北京大学教授,著名文化学者,台湾南华大学、佛光大学创校校长,国务院参事室国学中心顾问)

每一个中国人都可以从这本书中找到自己的文化基因。

——**王鲁湘**(清华大学教授,著名文化学者,香港凤凰卫视高级策划,"世纪大讲堂""文化大观园"主持人)

这本书让我们知道:中国传统文化的命脉,不只在**修身养性**,更在**立命载道**。

——**周 岭**(红学家,著名文化学者,央视1987版《红楼梦》编剧,"百家讲坛"主讲人)

国家出版基金项目
全国高校出版社主题出版项目

尼山書院的二十六堂国学课

刘建华 著

北京大学出版社

图书在版编目(CIP)数据

尼山书院的二十六堂国学课/刘建华著. —北京：北京大学出版社，2015.4
ISBN 978-7-301-25012-9

Ⅰ.①尼… Ⅱ.①刘… Ⅲ.①儒家－通俗读物 Ⅳ.①B222-49

中国版本图书馆 CIP 数据核字（2014）第 241886 号

书　　　名	尼山书院的二十六堂国学课
著作责任者	刘建华　著
策 划 编 辑	周雁翎
责 任 编 辑	郭　莉
标 准 书 号	ISBN 978-7-301-25012-9
出 版 发 行	北京大学出版社
地　　　址	北京市海淀区成府路 205 号　100871
网　　　址	http://www.pup.cn　　新浪微博：@北京大学出版社
电 子 信 箱	zyl@pup.cn
电　　　话	邮购部 62752015　发行部 62750672　编辑部 62767857
印 刷 者	三河市北燕印装有限公司
经 销 者	新华书店
	650 毫米×980 毫米　16 开本　20.25 印张　235 千字
	2015 年 4 月第 1 版　2022 年 10 月第 10 次印刷
定　　　价	48.00 元

未经许可，不得以任何方式复制或抄袭本书之部分或全部内容。
版权所有，侵权必究
举报电话：010-62752024　电子信箱：fd@pup.pku.edu.cn
图书如有印装质量问题，请与出版部联系，电话：010-62756370

序

一

尼山，是孔子的出生地。我第一次拜访尼山，是在公元2009年的冬天，这一年是孔子诞辰2560年，我56岁。孔子当年在我这个年龄的时候，正在前后两次周游列国之间踌躇徘徊，居鲁还是去鲁？早已知天命的孔子，最终接受了自我流放的天命，从此开始了人类思想文化史上几乎所有智者都不得不经历的颠沛流离……

这一年，我有幸接受无锡灵山吴国平先生的邀请，并通过他结识了山东省旅游局的于冲先生，一道谋划建设"尼山圣境"。他们交给我的工作任务是，为尼山圣境做一个经得起人们拷问的总体文化规划和一系列深度文化创意，我统称其为"文化设计"。这对于许多人来说，都是难得的荣耀，但对于我来说，却是一件悲苦的差事：上要对得起祖先，下要对得起后人，更要不辜负当代。这样的尴尬处境，颇有些孔子"累累若丧家之狗"[①]的使命味道。我自知难以胜任，但我也知道，当下中国，恐怕很少有人能够完美胜任，既然如此，就让我来背负起这次文化冒险的责任吧：做好了，是天道使然，做错了，是我的罪过。

[①] 见中华书局1999年版《史记·卷四十七·孔子世家第十七》。以下凡出现《史记》书名，均指此版本，不再一一说明。

二

这是我前所未有地用心面对孔子及两千多年以来的各种儒家学说,然而我的直觉提醒我,最好的面对就是不面对:暂时不问两千多年以来的各种儒家学说,甚至姑且不问当年的孔子是怎样生活的,我想,那是考古学家和考据学家们的工作,我只需要知道他们的权威学术成果就行。我最需要做的,只是尽可能接近孔子和他的"同时代"人的内心深处,这个"同时代",可能是孔子前后500年,甚至更长一个时期,探究当年的"孔子们"究竟在想些什么,在追求着什么。要做到这一点,别无选择,只能沉下心来,艰难地,一遍又一遍地啃读那些有可能的确属于孔子及其时代的读本,我称之为"元典"。好在这些可以称之为元典的读本并不多,一部"十三经",元典差不多就尽在其中了。

老实说,五年过去了,至今我都不敢说真正读懂了这些元典的字面含义,但我却朦朦胧胧地从这些元典的字里行间读出了某种全景式的画卷,而且随着我的阅读越来越深入,这幅画卷中的图像越来越清晰,以至于"仁、义、礼、智、信"这几个公认最能够体现中国传统文化核心价值观的关键词,反倒是越来越模糊。它们似乎完全融入了这幅全景式画卷之中,融入到了画卷中的人物和生活场景里,难解难分。我所看到的这幅全景式画卷,可称之为"孔子式的理想社会"。

三

这幅"孔子式的理想社会"画卷,以"十三经"为主要载体,犹如一幅幅图景,又犹如一个个乐章,以不同方式生动地展现出来:在《春秋》中,以对历史事件的选择性记录陈述出来;在《诗》《书》《易》中,以某种隐喻和近乎预言的方式表达出来;在《礼》《乐》及《孝经》中,以不厌其烦的规范细则罗列出来;在《论语》《孟子》《大学》《中庸》中,以毋庸置疑的箴言和不可抗拒的训诫传导出来。①

毋庸讳言,所有这些展现方式,都不是论证严谨的伦理学驳难,也不是政治哲学的逻辑推导,大都只是生活常识的白话表达。这很容易让人们得出"历史"的结论:这些图景就是真实的历史图景,就是孔子时代社会生活的真实写照。人们因此很容易将"十三经"更多的作为历史文献资料来考量,而不是将它们更多的看做是理想主义的"应该社会"的虚拟现实。

四

大学期间,我读的是汉语言文学专业,却似懂非懂地热衷于西方古典美学;后来赶上西方现代主义思潮的涌入,我又囫囵吞枣地研修了一阵子中西比较文艺评论;再后来,为寻找全球化的普世价值,读了国际政治,而我真正关注的,却是隐藏在国际关系背后的文化哲学。或许正是这样跳来跳去的问学经历,给了我纵贯古今、横接中西的思想文化时空,使我得以在中国元典中,很容易就读出一个与西方元典中呈现的极其相似但又迥然不同的人类理想社会图景。所谓"极其相似",是说中西元典,即便是那些偏于历史记录的

---

① 关于以上"十三经"中相关书名的说法,历代不同,但大同小异。可参见上海古籍出版社 2004 年版《十三经译注》之杨天宇撰《礼记译注·经解第二十六》。以下凡出现《礼记》书名,均指此版本,不再一一说明。

元典，比如古希腊历史学家希罗多德（Herodotus，公元前 484 年—公元前 425 年）的《希腊波斯战争史》，比如记录了从鲁隐公元年（公元前 722 年）到鲁哀公十四年（公元前 481 年）战争历史的《春秋》，本质上都是对"应该社会"的理想追求，其内容所揭示的，更多的是理想化的"应然"社会图景，而非只是当时社会"已然"的真实画面。所谓"迥然不同"，是说中西元典呈现的理想社会图景，一如中国画与西方油画的差异，前者轻描淡写摹画胸臆，后者浓墨重彩直面人生，两者判然有别，却又殊途同归于理想社会。在这同样的理想社会图景中，总体比较而言，西方元典更注重国家，中国元典更注重天下；西方元典更注重政治，中国元典更注重社会；西方元典更注重战争技术，中国元典更注重祭祀鬼神；西方元典更注重制度构建，中国元典更注重礼仪教化；西方元典更注重经济富强，中国元典更注重丰衣足食；西方元典更注重逻辑论证，中国元典更注重诗意阐释。

将中西方元典看做是"人类社会的共同理想"，进行"整体性阅读"，与此相应，将据说是孔子亲自编订的《诗》《书》《礼》《乐》《易》《春秋》[①]，以及包含这最初"六经"的"十三经"，作为一个完整的中国式理想社会来看待、来感知、来触摸，这样的阅读体验，我称之为"世界语境的中国话语"，大大启发了我对建设尼山圣境终极意义的反省和认知。有一天，我突然发现，或许可以用"世界的孔子、孔子的世界"这十个字，来表述尼山圣境所承担的人类理想主义文化历史使命。我们或许可以将"六经"及"十三经"的思想文化内容，统称为"孔子的世界"，而将理想主义者的

---

① 参见《史记·卷一百三十·太史公自序第七十》。

孔子，看做是"世界的孔子"。这个所谓"世界的孔子"，也是指那些和孔子一样，矢志不渝追求大同世界、小康社会和大学之道的志士仁人。

五

时至今日，我们谁都无法按照历史的原貌复原一个历史的孔子，我们也无法按照历史的真实再现一个孔子所生活的古代社会，我们甚至无法在没有当代西方文明的参照下读懂2500多年前的孔子。尼山圣境唯一能做的，唯一需要做的，或许只是向全人类，向当今世界，向未来社会，尽可能地整体展示2500多年前，中国的孔子们，在他们留下的为数不多的几部元典中，所"讲述"的理想社会。这个理想社会，从一开始就不只是为了中国人，而是为了立于天地之间的天下人，只不过那个时候的天下，没有现在的地球这么大。几乎与孔子同时期的西方元典的作者们也一样，他们用逻辑"推导"出来的理想社会，也不只是为了古希腊人，而是为了一个大写的人：任何时候、任何地方的任何自由的人。同样，西方古典哲人们想象中的人的世界，也没有现在人们知道的世界这么大。

我当然知道，我的这些对中国元典的理想主义实质的所谓"发现"，早就被古今中外无数有识之士揭示在先，都不过老生常谈而已。但我之所以仍然自以为是一大新的"发现"，只不过因为此前很少独立通读国学元典，而习惯了统编的节选教材，听惯了老师的白话讲解，看惯了改编的断章取义，用惯了摘取的只言片语，以至于很少知道并且很难相信，在孔子们留下的元典中，还有如此活色生香的理想世界及其社会图景，一如我们当下渴望并追求着的人类未来，同样美轮美奂，且更加令人憧憬和向往。再一推想，在当下中国，像我曾经那样对国学元典不屑一顾却热衷于国学新潮的"潮人"，恐怕是"潮人"中的绝大多数，像我曾经那样对国学的理想主义本质及其理想社会整体图景视而不见却津津乐道于国学精华的所谓"有识之士"，恐怕也不在少数。每每想到这些，就不禁为自己曾经以国学的名义招摇过市而汗颜，更是为国学元典被碎片化消解和实用主义注解的现象而惭愧得汗流浃背。

六

带着这样的文化反省，我的这本小书，用了二十六个篇章，将主要出自"十三经"元典中的理想社会图景，尽可能一幅幅完整地"描绘"出来，连接成一幅长卷般的连环画，或者说是一幅马赛克般的拼图，呈现给我们这个时代。

当然，"十三经"所蕴藏的中国式理想社会图卷，绝非只有这二十六幅。由于本书篇幅有限加上自己学力不深，我只是将其中一部分最基本的常识性的图卷挑选了出来，希望能够引起人们的兴趣，继而自己到"十三经"中去发现、去"观赏"更美、更鲜活的人类社会未来理想生活。为了弥补这样的缺憾，我计划在适当的时候，写一本我认为更重要的小书：《做一个有道义的人》。这是因为，在"十三经"中，我清晰地看见：人，作为一种道义性存在，是中国式理想社会的最突出特性。在孔子们眼中，人，如果失去了道义，就什么都不是了。

七

尼山，这片位于山东省曲阜市城区东南约25公里处的群山，如同孔子本人，其貌不扬。五座不大的石峰，点缀些许树木，枯疏而苍劲，远远看上去，如同中国文人书案上的笔架。最高处海拔不过340米的尼山群峰，却是大大小小五条河川的部分源头。这五山下的五水，继而汇聚成一股蜿蜒曲水，朝着曲阜孔庙的方向，自东向西，倒着流。

据说，公元前551年，孔子就诞生在尼山脚下这五川汇流的一座小村庄里，现在这座村庄叫做鲁源村。在离鲁源村不远的地方，有一座叫做颜母村的村庄，据说这里是孔子母亲颜氏的娘家。鲁源村与颜母村，两地相距大约五六公里，在它们中间，有一个很小很小的滴水山洞。据说，当年颜氏因向尼山祷告求子才得以生孔子，可是孔子生下来的时候十分丑陋，其父亲大约是因为担心这样的后代无法继嗣宗庙，便要将他遗弃。无奈之下，孔子的母亲只好让尼山赐予的这个小生命回归尼山，将他放在了尼山山坡上的一块红草地上，让他听天由命。所幸的是，天不灭孔子，一只母老虎从尼山上下来，将襁褓中的小孔子从红草地上衔到了山脚下这个很小很小的滴水山洞里藏起来，并用自己的乳汁喂养他。这个庇护了孔子的滴水山洞，因通人性的母虎而得名坤灵洞，人称夫子洞。

尼山书院，就坐落在山坡上的红草地和山脚下的坤灵洞之间的一片高台地上。一条小小的山溪悄无声息地从书院门前淌过，如同一条生命的脐带，又如同一条飘逸的纽带，一头是山坡上的红草地，一头是山脚下的坤灵洞，人们称之为智源溪。究竟是什么人在什么时候出于什么样的原因，将这个孕毓并庇佑了孔子的地方，叫做智源溪，并在智源溪边，最早修建了后来被用作为尼山书院的第一个建筑，已经难以考证，人们似乎更愿意相信：尼山书院因孔子而在，与孔子同在；反之，因为尼山书院，这里才是孔子真正的所在。

其实，无论有怎样确凿的考证，无论有怎样被神化的传说，只要你来到尼山，站在尼山书院的山门前，你就会不由自主地告诉自己：一个的的确确值得世人景仰的孔子，的的确确就诞生在这里，如同这条静静的智源溪，自然而来，自然而去，自然地流淌，因智慧而寂寞，因寂寞而从容……

是为序。

刘建华

公元 2014 年 10 月

于北京·华馨公寓/羊城·棕榈园

目录

〇一 [圣] 从司马迁的"黄帝"说起 …………………………（1）
〇二 [宫] 从黄帝的"合宫"说起 …………………………（13）
〇三 [堂] 从周公的"明堂"说起 …………………………（21）
〇四 [梦] 从孔子的"周公梦"说起 ………………………（29）
〇五 [源] 从曲阜的"鲁源"说起 …………………………（39）
〇六 [成] 从孟子说孔子"集大成"说起 …………………（49）
〇七 [子] 从齐国稷下学宫的"诸子百家"说起 …………（61）
〇八 [性] 从孟子的"修身养性"说起 ……………………（75）
〇九 [经] 从儒学的"十三经"说起 ………………………（91）
〇十 [国] 从《周礼》的"礼仪之邦"说起 ………………（99）
十一 [礼] 从《礼记》的"礼辨异"说起 …………………（111）
十二 [乐] 从《乐记》的"乐合同"说起 …………………（123）
十三 [俗] 从《仪礼》的"移风易俗"说起 ………………（135）
十四 [本] 从董仲舒的"天人合一"说起 …………………（145）
十五 [王] 从内圣外王的"素王"说起 ……………………（153）
十六 [祭] 从古代中国的"神谱"说起 ……………………（161）
十七 [敬] 从箴言"毋不敬"说起 …………………………（169）
十八 [孝] 从《孝经》"以孝为教"说起 …………………（177）

十九　[养]　从庠序的"学养"说起 …………………………（195）

二十　[尊]　从"几杖"的"礼遇特权"说起 ……………………（209）

二一　[宴]　从学校的"养老礼"说起 ………………………（219）

二二　[冠]　从"成人礼"说起 …………………………………（239）

二三　[田]　从"籍田礼"说起 …………………………………（253）

二四　[菜]　从"释菜礼"说起 …………………………………（267）

二五　[师]　从"孔子问官"说起 ………………………………（277）

二六　[化]　从"邦教"说起 ……………………………………（289）

主要参考书目及引文说明 ………………………………………（304）

○一 𦫵【圣】

从司马迁的『黄帝』说起

圣 聖 黄 帝

上面第一个字，是小篆的"圣"，乍看上去一点也不神圣，只是一只大手或者一双有力的手，正在用力于土：或者挖土，或者抟土……

第二个字是"聖"的小篆写法，也很平凡：用耳朵听，用口说，就可以为王。看来古代的圣王，首先是一个能够身体力行的能工巧匠或者体力劳动者，同时又是一个善于倾听、善于与人沟通的智者。

第三个字是小篆的"黄"字，其义一说是田地之光，也就是大地的颜色。不过，这个字形从金文演变而来，金文的"黄"字是蝗虫的象形，蝗虫的腹背都有"王"字形的花纹。

小篆的"帝"字，其实很女性化，和之前的甲骨文、金文的"帝"字一样，象花蒂之形，由花的子房和花蕊构成，本义花蒂。

一

司马迁（公元前145年—公元前87年）在《史记》中记载的五帝先圣，同"圣"和"聖"这两个字的字形所传达的含义一样，是体能和智能超群的半神半人。不过，仅有这些，还不能成其为真正的圣人。在古代社会，真正的圣人，无一不是《孟子·告子下》中所说的那种"天将降大任"①的承命者，因此无一不是"苦其心志，劳其筋骨"的悲剧英雄。

孟子举例说："舜发于畎（quǎn，田沟）亩之中，傅说（yuè）举于版筑之间，胶鬲（gé）举于鱼盐之中，管夷吾举于士，孙叔敖举于海，百里奚举于市。"舜原来只是在历山耕田的农夫，因为孝顺和谦让的美德闻名乡里而被尧发现，尧将王位禅让给了他。傅说原先只是一个在傅岩这个地方夯土筑墙的奴隶，后来被商王武丁指认为"梦中圣人"，举为大宰相。殷商时期的胶鬲被周文王推荐给商纣王，此前他只是个卖鱼和盐的贩子，后来他又辅佐周武王。春秋时期齐国的管仲因为意图射杀齐桓公而身陷牢狱，句中的"士"即指狱官。后经鲍叔牙力荐，他才得以被齐桓公释放而任用为上卿（丞相）。春秋时期楚国的孙叔敖，当年隐居躬耕于海边，被楚庄王用为令尹（国相）。春秋时的百里奚在被秦穆公拜为上大夫之前，还是奴隶之身，被秦穆公派人用五张黑公羊皮赎回，所以说"举于市（集市）"。

二

综观这些先圣先贤，他们共同的特质都是：身处卑微而志存高远，历经磨难而生于忧患。这或许才是圣人之所以是圣人的根本原因。

司马迁在《史记》中举的例子也一样："昔西伯拘羑里，演《周

---

① 见上海古籍出版社 2004 年版《十三经译注》之金良年撰《孟子译注》。以下凡出现《孟子》书名，均指此版本，不再一一说明。

易》;孔子厄陈蔡,作《春秋》;屈原放逐,著《离骚》;左丘失明,厥有《国语》;孙子膑脚,而论兵法;不韦迁蜀,世传《吕览》;韩非囚秦,《说难》《孤愤》;《诗》三百篇,大抵贤圣发愤之所为作也。此人皆意有所郁结,不得通其道也,故述往事,思来者。于是卒述陶唐以来,至于麟止,自黄帝始。"①

他说的是:从前周文王被囚在羑里(今河南汤阴一带),推演出《周易》;孔子受困于陈蔡,编写了《春秋》;屈原遭放逐,抒写成《离骚》;左丘失明,而撰《国语》;孙膑受膑刑,而著《孙膑兵法》;吕不韦流放在蜀地,编写出《吕氏春秋》;韩非囚禁在秦国,创作了《说难》和《孤愤》;《诗》三百篇也一样,大都是先贤先圣发愤而作的结果。这些人都是心有忧患而不见于明王,于是追思先世,寄托后人。

当司马迁终于明白了这样一个"发愤著书"的道理之后,便以同样的原因和抱负,忍辱负重编写《史记》,主要内容是记述唐尧以来的历史,而止于汉武帝太始二年(又说元狩元年)帝获白麟。司马迁特别选择从黄帝开始写作《史记》,又特别与当年孔子作《春秋》的时候一样,绝笔于获麟,这鲜明地表达了他对先圣黄帝和孔子的崇敬,也似乎以此喻志:他要成为同黄帝和孔子一样的圣人。

三

看来,无论是孟子还是司马迁,他们心目中的"圣"——无论是黄帝还是孔子,无论是从农夫到帝王,还是从奴隶到卿相——无一不是令人感动的悲剧英雄。但即便是这样"人味十足"的"悲情

---

① 见《史记·卷一百三十·太史公自序第七十》。

之圣",在中国历史文化中,特别是在中国当代的语境中,也有许多歧义。自以为圣的人,高深莫测;崇拜圣的人,深信不疑;喜欢圣的人,心生愉悦;反感圣的人,耿耿于怀。

但无论人们怎样看待圣的现象,无论人们是否相信圣迹,无论人们是否喜欢圣人,甚至无论圣人是否名之以圣,孔子出生的尼山,作为中国文化的一个圣境,都是一个真实的历史性文化存在,如同孔子一样,在中国的历史文化中诞生、成长、演化,屹立了2500多年,只要中国文化还在,就还将永久地屹立下去。

尼山圣境作为一个"喜马拉雅式的文化地标",过去2500多年中的每一个时代,都有人在这里留下了自己的"攀登者标记"。这些标记如同参天古木的年轮,或深或浅,或断或连,或圆或缺。21世纪也不例外,同样会以自己的方式,来标示这个时代对尼山圣境的解读,这个解读,就是"此尼山圣境"。显然,"此尼山圣境"非"彼尼山圣境"。作为文化记忆载体而"自然存在"的"彼尼山圣境"与"或然存在"的"此尼山圣境",这二者虽然有着内在的历史文化"必然性"联系,但毕竟是两种不同的圣境。

四

作为文化记忆载体而自然存在的尼山圣境,长久以来,几乎被人们遗忘了,但历史似乎要以某种"机缘巧合",让历史延续这种记忆。这或许正是尼山圣境之所以是圣境的永恒生命力的无可置疑的佐证。既然是圣境,就绝不会让历史忘记,就绝不会走出历史记忆,否则,就绝不是圣境。这是因为,"圣"这个字的本义是"通":不仅通达事礼,也贯通时空。

那么,究竟是什么样的"机缘巧合",让本来早已淡出历史文化记忆的尼山圣境，又重新回到人们的视野中来？尼山圣境之所以在21世纪之初得以以前所未有的全新面貌横空出世般突显出来，原因其实很简单：在经历了许多年"圣记忆的集体遗忘"之后，人们发现，当今社会，比以往任何时候都需要重新面对"元初的圣"，重新认识"本原的圣"，重新聆听"先圣的圣"。

这个元初的圣、本原的圣、先圣的圣，首先就是当年在尼山圣境神奇出生的孔子。比孔子更早的，是在孔子之前大约2500年的黄帝。在黄帝和孔子之间的这2500年中，还有尧、舜、禹、商汤、周文王、周武王以及周公等。但"神奇"的是，几乎所有这些比孔子更早的"先圣"，尽管有比孔子更加神奇的圣迹，却无一例外，都没有如孔子诞生地这样的一个无可置疑、无可争议而又实实在在存在的唯一的尼山圣境。这其中一个重要的原因，就是孔子之前的这些"先圣"，很大程度上，只是一些传说。

五

这样一来，接下来的问题便是：为什么这些传说能够被认为是历史，能够成为历史，甚至就是历史？答案或许只有一个：因为这是关于"圣"的传说。

黄帝就是这样一个传说，一个关于圣人的传说。编撰这个传说的始作俑者，是汉代的司马迁。司马迁第一次将黄帝列为"五帝之首"，这五帝分别是"黄帝、颛顼、帝喾、尧、舜"，此前他们大都名不见经传。司马迁似乎对"五"情有独钟，他在《史记》中假托其先父司马谈的话，在中国首提"五百年必有圣者出"这种文化历史观，并以此将自己发愤写作《史记》的意义，上升到历史使命的神圣高度，这也成为后来"五百年必有王者兴"的循环式发展历史观之滥觞:"自周公卒五百岁而有孔子。孔子卒后至于今五百岁,有能绍明世,正易传,继春秋,本诗书礼乐之际?意在斯乎!意在斯乎!小子何敢让焉。"①

大概是为了自圆其说这个"五百年"大观,为了凑齐他之前3000年的历史,司马迁不仅"创造性"地排列了一个"五帝"历史序列,而且还将散见于民间的各种五帝传闻,集中在"太史公版本"的五帝身上,并以自己的想象再加以发挥,最后俨然以"历史文献"的正史方式,载入史册,赫然将《五帝本纪》列为《史记》开篇,这当然是一个天大的"文化谎言"。

但是,司马迁本人并没有说谎,因为他在"说谎"的同时,告知了他所说的是"谎言"。他在《五帝本纪》之后所附的说明中,明确告白了自己记叙黄帝及五帝本纪的缘由和方法。他坦言道:长久以来,学者们大多称赞五帝,但五帝的形象因为时间的久远早已模糊不清。现存最早的史书《尚书》只记载了尧以后的事,此前的历史却不见记载。各家叙说黄帝,其出典多不可靠。治学严谨的士大夫们,因此很难对五帝发表自己的看法。孔子传授过两篇有关五帝的文献,但后世儒生们都认为是伪作,所以不传……

正是在这样一种信史资料严重匮乏的情况下,司马迁转向民间,近乎抢救性地广泛搜寻五帝的历史信息,其结果可想而知。无论司马迁自己认为他所搜集到的民间传说与据说是孔子书篇的记载有多么惊人的相近或者一致,终归还是以讹证讹。于是他只能选择那些在他看来比较典雅一些的内容,编成《五帝本纪》,并作为整部《史

---

① 见《史记·卷一百三十·太史公自序第七十》。

记》的首篇。司马迁这种"以闻为史"的做法，显然与孔子"不足征"[①]而"不语怪、力、乱、神"[②]的严谨治学治史态度迥然有别。

但是，这并不是真正的问题之所在。真正的问题在于：司马迁讲的，真的是谎言，但他真的没有说谎，只是人们自己硬是要"信谎为真"。这正如魔术师在台上一再表明自己变的戏法是假的，但痴心的观众就是不相信魔术师的真诚告白，而且魔术师的告白越是真诚，观众越是不信，越是宁愿相信那些魔术奇迹就是真的！

《史记·卷一·五帝本纪第一》中司马迁的原话是这样说的：

"太史公曰：学者多称五帝，尚矣。然《尚书》独载尧以来；而百家言黄帝，其文不雅驯，荐绅先生难言之。孔子所传《宰予问·五帝德》及《帝系姓》，儒者或不传。余尝西至空峒，北过涿鹿，东渐于海，南浮江、淮矣，至长老皆各往往称黄帝、尧、舜之处，风教固殊焉，总之不离古文者近是。予观《春秋》《国语》，其发明《五帝德》《帝系姓》章矣，顾弟弗深考，其所表见皆不虚。《书》缺有间矣，其轶乃时时见于他说。非好学深思，心知其意，固难为浅见寡闻道也。余并论次，择其言尤雅者，故著为本纪书首。"

六

司马迁的学术诚实，不仅体现在他的上述告白中，在《史记》正文记述黄帝圣迹的字里行间，他也尽可能保留了民间传说的语体风格。司马迁似乎想要用这样的努力，善意地提醒读者：这只是杜撰，既不要不信，也不要太当真。"黄帝者，少典之子，姓公孙，名

[①] 见上海古籍出版社2004年版《十三经译注》之金良年撰《论语译注·八佾第三》。以下凡出现《论语》书名，均指此版本，不再一一说明。

[②] 见《论语·述而第七》。

曰轩辕。生而神灵，弱而能言，幼而徇齐（xùn qí；徇，通侚，疾；齐，速），长而敦敏，成而聪明。"黄帝不知道在什么年代出生于一个不知道在什么地方的部落，这个部落叫"少典"。不知道黄帝的父母是谁，只听说黄帝姓公孙，名字叫轩辕。据说黄帝刚一生下来就通神灵，至于怎样的神灵不得而知。黄帝在一般小孩子还不会说话的年龄就很会说话，幼小的时候很机灵，长大后既敦厚又敏捷，二十岁成年的时候，就已经见多识广而聪慧明辨了。

司马迁就是这样，以民间说书艺人讲故事的方式，以传说中的黄帝圣迹开篇，揭开他为之付出一生心血的信史篇章，这其中的苦衷，或如他在上述告白中所说的那样："非好学深思，心知其意，固难为浅见寡闻道也。"

正是这种"难为浅见寡闻道"的苦衷，为黄帝"圣迹"与《史记》"信史"之间的矛盾找到了一条"同真互证"且两全其美的解脱之路。作为在历史长河中流传、演义的"圣人现象"，所有关于这个圣人的信息，无论是来自于圣人自己的解说、自己的时代，还是来自于别人的解读，或后世好事之徒的附会与演绎，都已经成为历史的一部分，并影响着历史。司马迁对此深信不疑。

或许正是基于这种认知，司马迁在中国最早开始了忠实记录"社会文化心理变迁史"的探索，他因此不仅是中国第一位"信史大家"，更是第一位自觉的"社会文化心理变迁史"的忠实记录者。

七

综上所述，司马迁笔下的"黄帝圣迹"告诉我们，作为一个"人"的黄帝的历史真实性，随着历史越来越久远，已经变得越来越不重要，重要的是，不同时代的阅读者需要什么样的"神圣黄帝"，就可以从司马迁这里读到什么样的"黄帝圣迹"。这不是历史虚无主义，恰恰相反，这是另一种历史真实：社会心理的"圣迹文化的创造性真实"。当这样一种圣迹文化在历史的长河中不断地被创造和改造，不断地流入历史并影响历史，久而久之，就会"以假成真"，圣王黄帝的传说是如此，圣人孔子的传说更是如此。这些圣人传说，自司马迁的《史记》以来，被历代的"司马迁"们乐此不疲地作为信史载入史册，只不过这样的信史，与其说是"黄帝的历史"，不如说是"关于黄帝的历史"更为准确，也更为真实。尼山圣境也一样，2500多年来的尼山圣境，就是一部富有生命力的"关于孔子的历史"，而不是"孔子的历史"。和《史记》"关于黄帝的历史"一样，尼山圣境"关于孔子的历史"，注定了也是一部中国文化的"圣迹史"，一部关于孔子的"中国社会圣文化心理变迁史"。

八

尽管如此，人们还是会问：尼山圣境，是因为先是圣地然后才出圣人，还是因为有了圣人，才成为圣地？这是一个没有人可以说得清的"圣地之谜"。或许，圣人们正因为这样的"圣地之谜"才成其为"圣人"？

尼山圣境，该怎样回应这些问题？又怎样才能在一个越来越成熟的理性世界和越来越有良知的社会获得正确的理解，得到深度的认同，乃至赢得人们无条件的支持和发自内心的崇信？最好的答案，似乎仍然在司马迁和他的《史记》这里。

如前所述，2000多年前，司马迁以先圣黄帝及其传说作出了一个很好的信史转化范例。黄帝距离司马迁的时代，正如孔子之于当今时代，也差不多是2500年。司马迁巧妙利用这2500年的灰色记忆时空,"刻意"模糊了历史与传说的界限,"蓄意"混淆了民间神化与官方认定的区别,在《史记》中,堂而皇之地以"太史公曰"的权威口吻,通过"民间神化"与"信史圣化"的"同假互证即真"逻辑,最终让一个名不见经传的先圣黄帝,获得了官方历史学术知识与民间文化心理想象的双重认同。

现在,是我或者我们自问自答的时候了:如果以司马迁之于先圣黄帝的这种方式,来解释并理解当今的圣人孔子与尼山圣境,我会接受吗?如果我不能接受,那么我接受先圣黄帝吗?如果我不接受先圣黄帝,那么我接受太史公司马迁吗?除非这中间哪一个我都不接受,我才能理直气壮地不接受尼山圣境之"圣"。问题是,先圣黄帝或者太史公司马迁,我不可能一个都不接受。所以,我不得不接受尼山圣境和圣人孔子的那些传说,连同那些曾经被我们认为是荒诞不经的圣迹。这是因为,我们的成熟的理性,透过司马迁与先圣黄帝的历史传说,学会了对历史真实和社会文化心理真实的多维度包容。这种包容,承认历代对孔子的神化和圣化,与对孔子的人化一样,都是孔子文化现象的一个合理的组成部分,都具有历史合理的真实,当代也一样。当然,"真实"并不等于"真理",但至少是真实,这就够了。至于什么样的真实才是真理,需要历史的检验,而且仁者见仁、智者见智,而且,关于孔子文化现象的历史,正在进行,似乎远没有结束,似乎永远都不会结束,过去的2500年,或许还只是个开始……

○二 【宫】

从黄帝的『合宫』说起

上面三个字，分别是甲骨文的"宫"、小篆的"宫"和小篆的"室"。

《尔雅·释宫第五》说："宫谓之室，室谓之宫。"①

"宫"这个字的本义与宗庙有关。宗庙的基本功能是教化，教化的主要形式是祭祀，或者说是学习祭祀，学习祭祀的目的是习礼。因此古人说宫室，往往说的都是具有祭祀礼仪功能的教室，或者反之，是具有习礼教育功能的祭祀场所。这样的情景，对于现代教育而言，是不可思议的，但却是上古时代中国教育及"教育建筑"的基本事实。

一

《周易·卷八·系辞下》说："上古穴居而野处，后世圣王易之

---

① 见上海古籍出版社2004年版《十三经译注》之胡奇光、方环海撰《尔雅译注》。以下凡出现《尔雅》书名，均指此版本，不再一一说明。

以宫室。"①有人认为，这个发明了宫室的圣王，是炎帝神农氏，如西汉刘安所编《淮南子》就持此说："昔者神农之治天下也……月省时考，岁终献功，以时尝谷，祀于明堂。明堂之制，有盖而无四方，风雨不能袭，寒暑不能伤。迁延而入之，养民以公。"②

不过，由于黄帝是中国传说中的第一位圣王，人们更乐意将中国远古时代几乎所有的文明创造都归功于他，教育也不例外。传说中的古代教育，从黄帝开始，远古记忆中最早的学校，便是黄帝的合宫，又称明堂。从此历代的学校，就是宫，就是堂：学校之学宫，礼乐之殿堂。

二

战国时期，有一位著名的杂家名叫尸佼，他在《尸子·卷下》中说："黄帝曰合宫，有虞氏曰总章，殷人曰阳馆，周人曰明堂，此皆所以名休其善也。欲观黄帝之行，于合宫；观尧舜之行，于总章。"③这里的"休"，本义是"止"。古代先民们在先王的带领下，在风雨中疲于奔命之后止于树下和宫室之内，当然是一件十分吉祥、美好而惬意的事情，所以值得庆幸，更应该颂神。"休"因此具备了美善的涵义，与此相关，休的场所，也由此逐渐具备了礼乐祭祀而学习美善即所谓"休其善"的教育功能，这与《礼记·大学第四十二》所说的"大学之道，在明明德，在亲民，在止于至善"的说法大致相通。"休其善"，或者说"止于至善"，可以说是

---

① 见上海古籍出版社2004年版《十三经译注》之黄寿祺、张善文撰《周易译注》。以下凡出现《周易》书名，均指此版本，不再一一说明。
② 见中华书局2009年版顾迁译注《淮南子·卷九·主术训》。
③ 见华东师范大学出版社2009年版《历代子家选刊》之黄曙辉点校《尸子》。以下凡出现《尸子》书名，均指此版本，不再一一说明。

以黄帝合宫为标志的中国上古教育的根本宗旨。这也可以帮助我们更好地理解，为什么古代的学校称之为学宫、学堂，而至今学校上课的地方还仍然称之为教室，那都是因为其中曾有祭祀礼仪的缘故。

三

黄帝的这个宫室或者说教室，究竟是什么样子？由于时间久远，没有信史记载的古代人很难说得清楚，倒是汉武帝刘彻时期的元封元年（公元前110年），有一位名叫公玉带的济南人，破解了这一历史之谜。他不知从哪里找来了一幅据说是黄帝时期的《明堂图》，献给了汉武帝。于是武帝命人依照这幅以献图人命名的"带图"在汶上仿建明堂。可后来，这座仿建的汉式明堂也毁于一旦，于是明堂再度成为千古之谜，并从此成了中国学人永远争议不断的高频度话题。正如王国维在《明堂庙寝通考》[①]中所感叹："古制中之聚讼不决者，未有如明堂之甚者也。"

上面这段传奇史话，最早是司马迁在《史记·卷二十八·封禅书第六》中记述的，此后《汉书·卷二十五下·郊祀志第五下》[②]也有大同小异的转述。关于黄帝明堂的这幅"带图"究竟画的是什么，司马迁描述说："明堂图，中有一殿，四面无壁，以茅盖；通水，圜宫垣；为复道，上有楼，从西南入，命曰昆仑，天子从之入，以拜祠上帝焉。"不难看出，这所谓黄帝的明堂，不过是在一个四面环水的高台上，用一排排原木柱子围合支撑起来的茅草棚子，有上下两

---

① 见中华书局1959年影印版王国维著《观堂集林》。
② 参见中华书局1999年简体字版《汉书》。以下凡出现《汉书》书名，均指此版本，不再一一说明。

○二 ［宫］ 从黄帝的"合宫"说起

层，没有墙壁，四面透风，但也足可以遮风避雨，而招魂接神，而舞乐祭祀了。这样的情境，与以下《礼记》的说法，基本一致，可以互相印证。

《礼记·礼运第九》说："昔者先王未有宫室，冬则居营窟，夏则居橧（zēng）巢。未有火化，食草木之实，鸟兽之肉，饮其血，茹（食）其毛。未有麻丝，衣其羽皮。后圣有作，然后修火之利，范（模子）金，合（聚）土，以为台榭、宫室、牖（yǒu，窗）户（一扇曰户，两扇曰门）。以炮（合毛烤肉），以燔（fán，烤肉），以亨（同烹，烧煮），以炙（zhì，熏烤），以为醴酪（lǐ lào，酒浆）。治其麻丝，以为布帛，以养生送死，以事鬼神上帝，皆从其朔（起始）。故玄酒（水酒）在室，醴醆（lǐ zhǎn，甜酒）在户，粢醍（zī tí，清酒）在堂，澄酒在下。陈其牺牲，备其鼎俎（zǔ），列其琴、瑟、管、磬、钟、鼓，修其祝嘏（gǔ）（准备好祈福辞），以降上神与其先祖。"

这段话，大致上可以借来作为对司马迁所记关于明堂造型及功用的注脚：无论是黄帝的宫室，还是汉武帝在汶上以黄帝的名义仿建的明堂，第一功能都是祭祀，而祭祀的目的都是为了国民教育，即"以正君臣，以笃父子，以睦兄弟，以齐上下，夫妇有所，是谓承天之祜（hù，福）"。

四

或许可以因此说，中国古代其实是一个以祭为教而以教治国的教育之邦。祭祀既是教育手段，也是教育过程，更是教育目的。祭祀教育几乎是国家政治的全部活动，是天下社会教化的全部内容，而黄帝则是中国第一位教育国王，第一位国王教育家，第一位国家教师，第一位国家学校的校长，第一位国家学校的建筑设计师，第一位舍宫为校、捐室办学的教育慈善家。总之，是黄帝，在中国历史上第一次将宫室作为礼仪教育建筑的形制确定下来，用于部落集体祭祀，并将这一成果推而广之贡献给天下。于是宫便从最初一己、一家的"宫谓之室"，成为了一族、一国、一邦的宗庙，成为了广布于天下的公众学校。《礼记·曲礼下第二》说："君子将营宫室，宗庙为先，厩库为次，居室为后。"宗庙优先，也就是教育建筑优先。这些宗庙式学校，不仅是天子王城、诸侯国都、地方乡野最早的建筑，也是最好、最美的建筑，更是最高、最神圣的建筑。从这个意义上，说中国自古以来就是世界上最重视教育的国家，似乎一点也不为过。迄今为止，还没有发现世界上有哪一个国家的古代先王，能像中国古代的黄帝这样，直接以自己的宫室为学校。当然这只是狭隘的比较而已。其实，东西方的文明，尤其是古代文明，有着惊人的相似之处，中国的宗庙和西方的教堂，这些最神圣的地方，都是国民学校，也都是宫。如前所引，《尸子》说，"欲观黄帝之行，于合宫"，看来，黄帝也是合宫中以身示范的教师。以身作则，以身示范，以范为师，以师为范，这个中国教育最悠久的传统，原来也源于黄帝开创的宫堂之制。

不同于现代学校教师的以身示范，上古帝王在宫堂的这种以身示范行为，仍然是缘于祭祀。这是因为，古代教育的任务，主要是传授祭祀礼乐，而主持祭祀礼乐的，只能是天子和国君。换言之，在宫室以身示范当老师，是古代天子和国君的基本职责乃至主要的执政行为方式。

五

《史记·卷二十八·封禅书第六》说:"天子祭天下名山大川……诸侯祭其疆内名山大川……天子曰明堂、辟雍(pì yōng),诸侯曰泮(pàn)宫。"这里的明堂、辟雍、泮宫,都是祭祀的专用场所。《礼记·王制第五》说:"天子命之教,然后为学。小学在公宫南之左,大学在郊。天子曰辟廱,诸侯曰頖宫。"这里的公宫、辟廱(辟雍)、頖宫(泮宫)又都是学校。显然,祭祀即教育,同在一宫,只是名称有别而已。这里的"小学",根据《大戴礼记·卷三·保傅第四十八》[①]的说法,为"小者所学之宫",设在公宫南面靠东一侧(左边),便于小孩子就近上学。不仅如此,这个小学所在的公宫,还是妇女婚前培训学校。《礼记·昏义第四十四》说:"是以古者,妇人先嫁三月,祖庙未毁,教于公宫;祖庙既毁,教于宗室。教以妇德、妇言、妇容、妇功。"

总之,无论是上古黄帝的合宫,还是此后三代先王的明堂、辟雍、泮宫以及公宫,无论是大学、小学还是女学,古代的学校,也都同时是祭祀的场所,都可以称之为宫,或者说,都是宫,都在宫。

《续修四库全书·经部·礼类》所收清代惠栋所著《明堂大道录》,其卷一的《明堂总论》开宗明义说:"明堂为天子大庙,禘祭、宗祀、朝觐、耕籍、养老、尊贤、乡射、献俘、治望气、告朔、行政,皆行于其中,故为大教之宫。"[②] 从这个意义上说,后世所谓明

[①] 见中华书局1983年版王文锦点校《大戴礼记解诂》。以下凡出现《大戴礼记》书名,均指此版本,不再一一说明。

[②] 见上海古籍出版社2002年版《续修四库全书》。以下凡出现《续修四库全书》,均指此版本,不再一一说明。

堂，依照黄帝先例，命之以合宫之名，其实更为恰当。

或许正是因为宫有如此功能，历代儒者都乐意自诩自己的居室为宫。《礼记·儒行第四十一》说："儒有一亩之宫。"这里的宫，既可以说是儒者有限的居室空间，也可以说是儒者无限的精神天地，以至于旧式的学校，无论是官办还是私立，往往都会以儒宫来指代，甚至也都保留了黄帝以来的祭祀功能，或者至少是与祭祀场所密切关联。比如范仲淹《代胡侍郎奏乞馀杭州学名额表》写道："重修宣圣庙，建置学舍数十厦，面势显敞，允为儒宫，足容紘（hóng，冠冕）诵之流，廻处云山之胜。"① 这里的儒宫，显然是集"宣圣庙"与"学舍"为一体的官学。另如宋代著名文学家李廌（zhì）的《嵩阳书院诗》写道："嵩阳敞儒宫，远自唐之庐。章圣旌隐君，此地构宏居。崇堂讲遗文，宝楼藏赐书。赏田逾千亩，负笈昔云趋。"② 这里的儒宫显然就是私学了。

六

回过头来再看看"宫"这个字的造型，从甲骨文到小篆、到楷体，直至今天的简体，其模样都没有太大的变化，一直都是：穹顶之下、四围之内，两个人面对面安居其中。这"两个人"，也许最开始是饮食男女相敬如宾，然后是人敬神，然后是学生拜老师，到了后来，就成了臣拜君。宫，最后演变为至尊帝王的专属殿堂。当然，作为皇宫，并不是宫的最后归属，真正的最后归属，是宫成为"故宫"，成为大众文化的活动场所。就这样，宫，又回到了最初的宗旨：高雅的学校与神圣的教育。

---

① 见四川大学出版社 2002 年版《范仲淹全集（上）》。
② 见北京大学出版社 1995 年版傅璇琮主编《全宋诗》第 1201 卷。

○三

堂

【堂】

从周公的『明堂』说起

上面两个字,是小篆的"明堂"。

明,是乾卦九二的爻象:"见龙在田,天下文明。"巨龙出现在田间,预示要出现具有君子品德的贤人。不仅如此,《周易·卷一·乾卦第一》的九二爻辞还说:"见龙在田,利见大人。"这其中的一层意思是:"君子学以聚之,问以辩之,宽以居之,仁以行之。"由此看来,明,与学习、学问、学友、学校有着天然的联系。

堂,从土,尚高,四方,当正,庄严,本义指高大的宫室,当然也是指高大的庙堂和学堂。君子出入高堂,必须仪表堂堂,堂堂正正,冠冕堂皇,堂而皇之。这些原本都是"正人君子"之于高堂的行为规范,从什么时候开始逐渐变成了有点反讽意味的词语?这个文化现象,值得深思。

一

如果说,没有黄帝的"合宫",就没有古代最初的教育,那么可以说,没有周公的"明堂",就没有古代最好的学校。东汉的班固在其《白虎通·卷二下·辟雍》①中十分明确地将明堂作为一个完整的"教育—教化体系"予以描述:"天子立明堂者,所以通神灵,感天地,正四时,出教化,宗有德,重有道,显有能,褒有行者也。"这可以说是关于中国古代明堂综合教育体制最精要的概括,也可以上推至三代,看做是对周公明堂基本功能和特色的总体说明。

二

周公,是指周公旦,大约生于公元前1100年,是周文王的儿子,周武王的弟弟。司马迁在《史记·卷三十三·鲁周公世家第三》中说周公孝顺父亲周文王,辅佐哥哥周武王伐纣有功,受封于少昊之墟曲阜,是为鲁公。但周公不就封,仍然留佐武王,随后又摄政年幼的成王,而使其子伯禽代他就封于鲁。临行前,周公告诫伯禽说:"我文王之子,武王之弟,成王之叔父,我于天下亦不贱矣。然我一沐三捉发,一饭三吐哺,起以待士,犹恐失天下之贤人。子之鲁,慎无以国骄人。"这便是著名的"周公吐哺"故事。

当年伯禽代周公来到曲阜就封为鲁公(公元前1042年—公元前997年)的时候,成王特许伯禽在曲阜设立鲁国太庙,祭祀远祖。周公死后,便在太庙供奉,于是鲁国太庙就成了周公庙,并以天子之礼祀之。因为这样的"特权",曲阜的周公庙,在全国各地的周公庙中,兴建最早,规模最大,规格也最高。《礼记·明堂位第十四》说:"大庙(太庙),天子明堂。"这句话的意思是说,鲁国的太庙,与天子的明堂一样,或者说,其规制相当于天子的明堂。后来,随着历代对周公的褒奖和追封,鲁国周公庙的"庙"的地位越来越高,

---

① 见中华书局1985年影印版《白虎通》。以下凡出现《白虎通》书名,均指此版本,不再一一说明。

先是称为元圣庙，后来又称为文宪王庙……如今的周公庙已经不再辉煌，几经风雨的庙堂遗存所剩无几，在多少有些苍凉的院落中，最为瞩目的，仍然是庙内的三处题刻：东边石坊上的额刻为"经天纬地"，西边石坊上的额刻为"制礼作乐"，正中的"元圣殿"则高悬着"明德勤施"匾额。这三处题刻，从三个最重要的方面标示了周公一生对中国礼乐文明的创始性贡献，也高度概括了中国古代礼乐文明的精髓。不无遗憾的是，随着"庙"的规格一次次提高，曲阜周公庙最初作为"明堂"的礼乐教育功能，反而一步步弱化，以至于今天，明堂作为周公庙的礼乐教育记忆几乎完全失落了。

三

的确，历史是无情的。周公庙作为明堂的教育功能，在社会的演进中，注定了要逐渐被弱化，乃至被忘却。这个"退化"的过程，其实是国民教育逐渐从宗庙转向学校的"进化"过程。其实，这个"进退两难"的过程，早在孔子时代就开始了。当时鲁国的周公庙，依然保存着500年前的祭祀宗风，俨然是一座周公制礼作乐的"活态博物馆"，曾是孔子学习周礼的最佳课堂。《论语·述而第七》说孔子"信而好古"。《论语·八佾第三》说孔子"入太庙，每事问"。在太庙，孔子一方面对照古书上记载的周礼细节，验证了很多周礼方面的知识，另一方面，通过比对文献记录，也了解到周公时期的礼乐制度，在500年后的鲁国，已是"今不如昔"，逐渐式微，为此他忧心忡忡。但是不管怎样说，这座足以令鲁国人骄傲的周公庙，都是孔子得天独厚学习周礼并观察其演变的一个活的历史窗口，都是孔子近水楼台了解周公礼乐教育及其发展变化的一座生动的文化殿堂。鲁国的周公庙，因此成为孔子渊博的礼乐知识和深厚的礼乐思想的一个直接来源。

《礼记·明堂位第十四》说：

"季夏六月，以禘（dì）礼（宗庙四季祭祀之一，在始祖庙对祖先的一种盛大祭祀）祀周公于大庙，牲用白牡（雄性牲畜），尊用牺、象、山罍（léi），郁（祭祀用的酒，用郁金香草酿黑黍而成）尊用黄目，灌（洒酒浇地，求神降临）用玉瓒（zàn，舀酒的玉杓）大圭（圭形的杓柄），荐（进献蔬果）用玉豆、雕篹（suǎn，类似笾的竹器），爵用玉琖（盏，小杯子）仍雕，加以璧散、璧角，俎用梡（kuǎn，案板）、嶡（jué），升歌（堂上歌唱）《清庙》，下管（堂下吹奏管乐）《象》，朱干玉戚（红色的盾牌和饰玉的斧），冕而舞《大武》。皮弁，素积（白衣白裙），裼（xī，解开外衣袒露里面的内衣）而舞《大夏》。《昧》，东夷之乐也。《任》，南蛮之乐也。纳夷蛮之乐于大庙，言广鲁于天下也。"

《礼记》的这段话，非常具体地记述了季夏六月鲁国太庙举行禘祭礼祭祀周公的礼仪细节，记述者最后还特别指出：夷蛮音乐加入到太庙祭祀周公的仪式中，寓意周公的德行广布天下。也许，我们可以猜测，这段文字，正是孔子带着他的学生们，对太庙祭祀现场的生动记录。

四

上古黄帝"以祭祀为核心"的"明堂式教育"，毕竟传说的成分居多，经过尧、舜、夏、商大约2000年的演化，到了约公元前1100年的周公这里，开始成为基本可信的历史，并逐步转向"以礼乐为核心"的"新明堂式教育"。特别是周公兼收并蓄历代先王之"德政"而"制礼作乐"之后，一个大体完备的"礼乐生活社会"，已经从过去模糊朦胧的"礼乐祭祀社会"中脱胎而出。

这大概正是孔子最尊崇周公的原因之所在。或许在孔子看来，正是周公，第一次将中国带入了"礼乐文明"。尽管这一时期的"礼乐"，其主要功能仍然是"祭祀"，但已经离"鬼神"越来越远，离"生活"越来越近。这一点，仅从三代明堂称谓的演变上就看得出来。

《周礼·东官考工记第六·匠人》[①]说："夏后氏世室"，"殷人重屋"，"周人明堂"。这也就是说，夏代称明堂为"世室"，殷代称明堂为"重屋"，到了周代，又回过来称其为"明堂"，但是，此明堂已非彼明堂了。最早以祭祀功能为主的"明堂"，逐步与"礼乐生活社会"相适应，具有了越来越多的"社会"色彩和"生活"气息。

由此似乎可以认为，真正具有自觉的学校教育导向的"明堂之制"，其创造者，不是黄帝，而是周公。《礼记·明堂位第十四》说："昔者周公朝诸侯于明堂之位。"由于当时的周公摄政成王，不便在宗庙会见诸侯，于是特设明堂，宣明政教，凡朝会、选士、庆赏，乃至献俘等，都在明堂举行。

《礼记·王制第五》说："天子将出征……受命于祖，受成于学。出征执有罪反，释奠于学，以讯馘告。"天子出兵征伐诸侯国，先要在学校谋划决策，征伐胜利后带着被杀死的罪人的左耳朵回来记功，也要先到学校举行释奠礼告慰先师。这样明堂就从原来的"祭祀"和"教育"两大功能，增加了"行政"及"庆典"功能，成为"行政、祭祀、教育"三位一体的多功能"大礼堂"。周公以礼乐治国，

[①] 见上海古籍出版社 2004 年版《十三经译注》之杨天宇撰《周礼译注》。以下凡出现《周礼》书名，均指此版本，不再一一说明。

凡行政、祭祀和教育，都是为了明礼，也都必须合乐，而礼乐的主要对象，不再只是天地和鬼神，还有现实生活中德高望重的老人。

《礼记·祭义第二十四》说："祀乎明堂……食三老、五更于大学。"礼乐不仅要"乐天""娱神"，更要"颐老""化民"。这样一来，周公时期作为大学的明堂，成了一个名副其实的"欢乐大舞台"——在这里，人们娱祖乐鬼、敬老庆功，天地人神，各就其位，皆大欢喜。

五

关于明堂建筑，《白虎通·卷二下·辟雍》描述说："明堂上圆下方，八窗四闼（tà，小门），布政之宫，在国之阳。上圆法天，下方法地，八窗象八风，四闼法四时，九室法九州，十二坐（堂）法十二月，三十六户法三十六雨，七十二牖法七十二风。"由此看来，古代的"明堂"，的确有"名堂"。

对于明堂建筑及其规制的研究，历史上最为全面深入的，大概没有谁能超过隋代的宇文恺（公元556年—公元612年）了。据《隋书·卷六十八·列传第三十三·宇文恺》[①]记载，隋炀帝即位后迁都洛阳，宇文恺为规划营建东都的负责人。当时明堂制度早被废止，宇文恺博考群书，上奏《明堂议表》，历陈先世先王设置明堂的先制及好处。在此前后，宇文恺还悉心研究了历代明堂的建制，编撰了《明堂图议》。《隋书》中详细引述了宇文恺搜集整理的历代有关明堂的记述，可谓一部简明的"历代明堂建筑史"，尤其是其中所引《黄图》，具体描述了比较典型的明堂规制及尺度，可与前引东汉

---

① 见汉语大辞典出版社2004年版许嘉璐主编《二十四史全译》之《隋书》。以下凡出现《隋书》书名，均指此版本，不再一一说明。

班固《白虎通》中的有关记述相参照，现摘引如下：

"《黄图》曰：堂方百四十四尺，法坤之策也，方象地。屋圆楣径二百一十六尺，法乾之策也，圆象天。太室九宫，法九州。太室方六丈，法阴之变数。十二堂法十二月，三十六户法极阴之变数，七十二牖法五行所行日数。八闼象八风，法八卦。通天台径九尺，法乾以九覆六。高八十一尺，法黄钟九九之数。二十八柱，象二十八宿。堂高三尺，土阶三等，法三统。堂四向五色，法四时五行。殿门去殿七十二步，法五行所行。门堂长四丈，取太室三之二。垣高无蔽目之照，牖六尺，其外倍之。殿垣方，在水内，法地阴也。水四周于外，象四海，圆法阳也。水阔二十四丈，象二十四气。水内径三丈，应《觐礼经》。武帝元封二年，立明堂汶上，无室。其外略依此制。"

六

此外，特别值得一提的是，《隋书·卷六十八·列传第三十三·宇文恺》中还记载了这样一则轶事："胡伯始注《汉官》云：古清庙盖以茅，今盖以瓦，瓦下藉茅，以存古制。"即古代的太庙盖的是白茅，现在改用瓦，为了保存古制，在瓦的下面垫一层茅草。古代人的这一做法，为当代文化建筑如何既体现建筑的历史神韵又适应建筑材料的现代化，既继承又创新，提供了一种有益的启示。

〇四

【梦】

从孔子的『周公梦』说起

𓌂 夢 夢 梦

这里的四个"梦"字,第一个是甲骨文的梦字,第二个是小篆的梦字,第三个是楷化的梦字,第四个是简体的梦字。

梦,在古代社会生活中,占有十分重要的位置。据《周礼·春官宗伯第三·占梦》说,古代专门设有占梦的官职,其职责是"掌其岁时,观天地之会,辨阴阳之气,以日、月、星、辰占六梦之吉凶"。这六种梦分别是:"一曰正梦,二曰噩梦,三曰思梦,四曰寤梦,五曰喜梦,六曰惧梦。"

一

在古人看来,任何人的一生,都离不开梦,都做过《周礼》所概括的六种梦。孔子也不例外。不仅如此,孔子的一生,甚至可以说是如梦的一生,追梦的一生,造梦的一生。孔子的理想,是一个梦境。这个梦境,假托周公,实为大同社会理想;寄托圣明,实为君子大学之道;依托礼乐,实为小康家国生活。

○四　[梦]　从孔子的"周公梦"说起

离开了梦，就无法认识孔子，准确地说，离开了"周公梦"①，就无法理解孔子。

孔子的一生，都在"周公梦"中，既被周公梦所激励，也被周公梦所困扰，更被周公梦所成就。孔子反复告诫他的学生，"不在其位，不谋其政"②，可他自己的一生，恰恰都是不在君王之位，而心忧天下，明知死生有命，而心忧未来。之所以会有这样的矛盾纠结，都是因为孔子心中有梦。人们善意地将孔子这个终无所托的梦，称之为"周公梦"；而将这个无怨无悔追求周公梦的孔子，称之为"素王"③——一个不在其位却偏偏要思其政的"梦境之王"。难能可贵的是，孔子以降2500年中，很少有人嘲笑过这个"白日梦痴"一样的孔子。恰恰相反，孔子正是因为其"拥梦而立"的理想主义悲剧色彩，而被历代尊崇为真正的圣明。孔子，因为拥有梦想而圣，因为坚持理想而明，因为以梦想和理想带给世世代代以希望而王。

二

孔子（公元前551年—公元前479年）出生在"礼崩乐坏"的春秋时代（公元前770年—公元前476年），比周公（约公元前1100年）的"礼乐天下"晚了整整500年。孔子对此十分遗憾，以至于《论语·述而第七》中，记载了这样的感叹："圣人，吾不得而见之矣，得见君子者斯可矣"，"善人，吾不得而见之矣，得见有恒者斯可矣"。在《论语·八佾第三》中，孔子说："周监于二代，郁郁乎文

---

①　见《论语·述而第七》。
②　见《论语·宪问第十四》。
③　见中华书局2009年版王国轩、王秀梅译注《孔子家语·本姓解第三十九》。以下凡出现《孔子家语》书名，均指此版本，不再一一说明。

哉！吾从周。"这里的"周"，既是指"周公"，也是说"周礼"。在孔子看来，"周公"兼收并蓄了此前夏、商两代的文化成就，而"周礼"可以说是周公之前2000多年中国文化的"集大成"。

"复古"和"复礼"，向来被认为是孔子思想最突出的特征，以至于成了孔子最有名的标签，中国历代对孔子的褒贬毁誉，也大都缘于此，就连孔子也坦言自己"述而不作，信而好古"，且"敏以求之"。[1] 但"吾从周"这句话说明，孔子的"复古"，其实并不遥远，而是当朝的先贤时代；"复礼"的内涵，其实并不宽泛，仅是周公时代的周礼。换言之，孔子一生，述的是周礼，信的是周公，好的是礼乐。

《礼记·中庸第三十一》说孔子"祖述尧、舜，宪章文、武"。在这些被孔子标榜的先世、先王、先圣中，孔子为什么只是"从周"，而不是"从"夏商、尧舜，乃至更古的黄帝？除了周公及其周礼"监于二代"这个最直接的原因之外，还有一个更深层次的原因，就是"不足征"，即缺乏信史依据，不适合现实之用。不足征，则不从。这是孔子一生最重要的治学原则、历史方法、思想特征和教育立场。这一极其宝贵的思想文化遗产，甚至比孔子的"复古""复礼"主张更加值得历史珍惜，但很可惜，恰恰被历史极大地忽视了。在《礼记·中庸第三十一》里，孔子说："吾说（夏）礼，杞不足征也。吾学殷礼，有宋存焉。吾学周礼，今用之，吾从周。"孔子认为：夏礼虽好，但只能从夏的后代小国杞那里略知一二，不足以让人信服；商礼虽好，但只有商的后代小国宋还有所保留，缺乏权威，也不足以让人信服；而周代的礼，现在还在鲁国实行，所以尽管我

---

[1] 见《论语·述而第七》。

同时学习夏礼、商礼和周礼,但我采用周礼。

三

孔子"从周",看起来是"复礼",孔子的"周公梦",看起来是回不去的"旧梦",其实,在孔子这里,"从周",只是为了征信于先王而取信于后代百世,"梦周公",只是为了以礼乐为世世代代立法。对此,孔子在《礼记·中庸第三十一》中说得尤为明确:

"王天下有三重焉,其寡过矣乎。上焉者,虽善无征,无征不信,不信民弗从;下焉者,虽善不尊,不尊不信,不信民弗从。故君子之道,本诸身,征诸庶民,考诸三王而不缪,建诸天地而不悖,质诸鬼神而无疑,百世以俟圣人而不惑。质诸鬼神而无疑,知天也;百世以俟圣人而不惑,知人也。是故君子动而世为天下道,行而世为天下法,言而世为天下则,远之则有望,近之则不厌。《诗》曰:在彼无恶,在此无射,庶几夙夜,以永终誉。君子未有不如此而蚤有誉于天下者也。"

孔子指出,王者统治天下,不仅要知道夏商周三代的礼,更要懂得如何区别对待三代的礼,才能少犯错误。前代的礼,比如夏礼,尽管很好,但离人们很遥远,如果没有足够的信史来证明,就像夏的后代杞国那样,民众就很难相信,不相信就很难遵从。在野的人,尽管很懂得礼,但不在尊位上,如果没有足够的权威,就像被周朝推翻了的殷商旧朝后代小国宋国那样,人们就很难信任,不信任就不会遵从。所以君子如果要让民众实施他所倡导的礼,就要像周公那样,先自己做到,证明给民众看,对照三代圣王的礼没有差错,与天地之理不相违背,经得起鬼神的质疑,也经得起后代圣人的检验,这样的礼,就能符合天命而尽人意。这样的君子,其举止可世世代代为天下的表率，其行为可世世代代为天下的楷模，其言论可世世代代为天下的法则，让远离他的人心生向往，让接近他的人不生厌倦。这样的君子，就是《诗经·周颂·振鹭》中歌唱的那种人，誉满天下而永葆美名。

孔子就是这样，从"吾从周"到"吾从吾"，从周公及其周礼之所以大行其道的原因，一步步推演出自己的远大理想。这个理想，表面看是"征信"，进一步看是"今用"。"征信"的前提是天人相通的"合理"，合理的结果是"位尊言重"的"威望"，威望的影响是天下"普适"的遵从，"天下普适"的"延续"是世代"普世"的"永远"。世世代代永远的天下之道，世世代代永远的天下君子，这才是孔子心目中的"周公"，而这个周公，就是"孔子自己"。

总之，孔子以周公为榜样，以周公的名义，要重构的是"孔子自己的周礼"，这个周礼的实质，正如孔子在《论语·颜渊第十二》中所言："克己复礼，天下归仁。"这句话的关键，在于"归"，而不在于"复"。

无论是"归"还是"复"，孔子对周公都不能不常怀思慕，这是因为，孔子对周公的思慕，在很大程度上可以说是自恋。《论语·述而第七》记述说，有一天，孔子突然伤感地发出了这样的感叹："甚矣，吾衰也！久矣，吾不复梦见周公。"孔子就是这样，将自己的命运与对周公的思慕完全融合到了一起。然而，孔子时代的东周和鲁国，毕竟已是每况愈下，周公毕竟已成旧梦。《论语·季氏第十六》所描述的天下"分崩离析"（"远人不服而不能来也，邦分崩离析而不能守也，而谋动干戈于邦内"）的趋势不可阻挡，《论语·阳货第十七》所感叹的四处"礼崩乐坏"（"君子三年不为礼，礼必坏；三年不为乐,乐必崩")的局面难以收拾。随着孔子的年龄越来越大,将周礼重新"今用"于鲁国和诸侯各国乃至天下的希望越来越渺茫,以至于孔子也越来越少梦见周公。这可不是个好兆头。不复梦见周公,意味着现实离自己梦寐以求的礼乐大道越来越远,但这不只是孔子对自己年老体衰、理想不再的末日感叹,更是对鲁国终有一天会失礼亡国、天下终有一天会无礼而乱的末世预感。

四

如果进一步将《论语》和《礼记》联系起来,不难看见,一个纠结于"衰礼"和"复礼"的孔子幽灵,在东周列国奔走,在鲁国城头徘徊。这样一个孔子,既如《论语·八佾第三》所描述的那样,对世风日下"忍无可忍",又如《论语·子罕第九》中颜渊所表达的那样,对周礼的追求"欲罢不能"。一方面,孔子眼见周礼日渐式微,只能无可奈何地如《论语·子罕第九》中那样哀叹"逝者如斯",另一方面,孔子更知道,人须臾不可离开礼乐之道,因此一如既往地如《论语·述而第七》所形容的那样,"发愤忘食,乐以忘忧,不知老之将至"。一方面,周公的榜样,让他心怀大志,坚持《论语·泰伯第八》中通过曾子之口转述的使命——"士不可以不弘毅,任重而道远",另一方面,在残酷的现实面前,他又不能不如《论语·泰伯第八》所说的那样去做,"危邦不入,乱邦不居。天下有道则见,无道则隐"。不仅如此,《论语·泰伯第八》所提到的古之君子"守死善道"的人格气节,也提醒他"不在其位,不谋其政"。

不过,孔子毕竟是如《论语·子罕第九》所称的"天纵之圣",他清楚地知道,这个积重难返的"衰周",如《论语·季氏第十六》

所言，是一个"天下无道"的时代，所以才比《礼记·礼运第九》所记述的周公开创基业时期"大道既隐"的"小康社会"更加需要弘道的圣人。孔子如《论语·卫灵公第十五》所说那样坚持认为："人能弘道，非道弘人。"《礼记·礼运第九》说："唯圣人为知礼之不可以已也。"《论语·子罕第九》记载说："子畏于匡，曰：文王既没，文不在兹乎？天之将丧斯文也，后死者不得与于斯文也；天之未丧斯文，匡人其如予何？"这也就是说，只有圣人，才会有"天之将丧斯文也"这样的忧患意识，也只有孔子这样的圣人，才会有"天之未丧斯文也"这样的信念。

生不逢时的孔子，一如《史记》所描述的那样，"累累若丧家之狗"，又如《论语·子罕第九》所哀叹的那样，"凤鸟不至，河不出图"，不见明王，也非盛世，没有梦中的周公那样幸运，没有武王和成王那样的圣明值得辅佐。但是，即便如此，他也要像周公那样，一身兼起明王和君子的双重使命，诚如《孔子家语·本姓解第三十九》所说："乱而治之，滞而起之，自吾志，天何与焉？"

就这样，孔子一方面"自吾志"，响应发自内心的"天纵之圣"召唤，另一方面"知天命"，以《论语·八佾第三》所认定的"天之木铎"而自命不凡，最终以500年前周公制礼作乐为榜样，集此前2500年礼乐文化之大成，成为对后世的2500年比周公更加影响深远的圣人。至此境界，孔子最终是否圆梦，已经不再重要，重要的是，他以自己的梦，照亮了世世代代千千万万的梦。"天不生仲尼，万古如长夜"，这句话无从可考，却真实不虚。

五

尼山圣境作为孔子的梦境，为人们重新认识孔子梦想的价值、重新找回孔子的梦想、重新认识追梦的孔子,提供了一个"与梦同行"的寻梦机缘。如同当年孔子梦周公一样,如果心中没有梦想,即便是身在尼山圣境,也无法梦见孔子。孔子,只在人们的"孔子梦中":有圣人梦想,才见圣人孔子;有圣境梦想,才有圣境尼山。

〇五 【源】

从曲阜的『鲁源』说起

魯 魯 原 泉

上面第一个字，是甲骨文的"鲁"，从鱼，从口，本义为鱼味美，嘉。

第二个字，是小篆的"鲁"，不再有游鱼的灵动，看起来有点拙，这正是鲁钝的写照。鲁钝在当时不完全是贬义，《论语·先进第十一》说"参也鲁"，说的是孔子最好的直接继承人曾参。

第三个字，是小篆的"原"，原的本义为源，因为古人认为，水源于泉。

第四个字，是小篆的"泉"，原就是泉，泉就是原，泉就是源，所以泉的字形象水出而成川。常连用为泉源或源泉。

一

孔子的出生地，名为"鲁源村"，而周公是历史意义上真正的"鲁源"：鲁国的建国之源。当时的鲁国及曲阜，因为周公的关系，既是天下周礼的典范，又是周礼最后的遗存，而孔子也因此得以成其为孔子。于是，孔子弘扬的周礼，周礼造就的孔子，就成为当时鲁国文明的"绝世双璧",在一度闪耀之后,深藏于曲阜厚重的历史文化土壤之中,历经风雨而历久弥新。但是如今,人们似乎只见孔子而不识周礼。

二

鲁国(公元前1042年—公元前256年)是周公的封国。《礼记·明堂位第十四》记载说:

"成王以周公为有勋劳于天下,是以封周公于曲阜,地方七百里,革车千乘,命鲁公世世祀周公以天子之礼乐。是以鲁君孟春乘大路(通辂,大车,天子的乘车),载弧(张旗的竹弓)韣(dú,弓袋)旗十有二旒(liú,旗子下边悬垂的饰物,古代皇帝礼帽前后的玉串),日月之章,祀帝于郊,配以后稷,天子之礼也。"

这段话的大意是说,周公辅佐宗周有功,成王将他分封到曲阜一带(这也是"曲阜"第一次见诸史册),其封国的面积方圆七百里,人口达到可以出兵车千辆的规模,此外还特别授予鲁国一项特权:鲁国世世代代的国君,可以按照天子的礼乐和规制祭祀周公。所以,鲁国历代国君,每年春天的正月,都要乘坐只有天子才可以乘坐的大路车,车上插着只有天子之车才可以插的旌旗,张旗的弧上装饰有布套,旗帜的下沿垂着只有天子之旗才可以有的十二条旒,旗面上绘着只有天子之旗才可以有的日月图案,来到国都的郊外,举行只有天子才可以举行的祭祀上帝的仪式,以周之先祖后稷为配祭。所有这些,都是按照周天子祭天礼仪的规格举行的。后稷是帝喾的儿子,帝喾是周人的始祖,其妻姜嫄,践天帝足迹感孕生子,曾弃而不养,名之为"弃"。这就是这个不幸而生的弃,长大后却有幸被虞舜命之为农官,教民耕稼,史称后稷。

鲁国因为周公的原因，从一开始立国，就奠定了作为周家姬姓"宗邦"的特殊地位。《左传纪事本末·卷一·王朝交鲁》[①] 说：伯禽受封时的鲁国，"土田附庸，倍敦诸姬，号称望国"。其地位大大高于其他诸侯之上，正所谓"周之最亲，莫如鲁；而鲁所宜翼戴者，莫如周也"。

《礼记·明堂位第十四》以相当大的篇幅，详细列举了鲁国施行的"虞舜、夏禹、商汤、周公四代之礼"与"周天子之礼"的对应关系，可作为"周之最亲，莫如鲁；而鲁所宜翼戴者，莫如周"的有力佐证。不仅如此，这里记载的鲁国所保存的天子之礼，即便在当时的宗周即东周天子所在地，也难得完整一见，更不用说其他诸侯国了，所以尤其难能可贵。这里详细转录如下：

"是故夏礿（yuè，禴，夏天的祭祀），秋尝（秋祭曰尝，神歆飨/歆飨 xīn xiǎng 新谷），冬烝（zhēng，冬天的祭祀），春社（春天祭祀社神），秋省（秋天举行田猎，以所获之物祭祀四方），而遂大蜡（zhà，周朝年终大祭万物）。天子之祭也。

"大庙，天子明堂。库门，天子皋（gāo，水边高地，沼泽、湖泊）门。雉（zhì，野鸡）门，天子应门。

"振木铎于朝，天子之政也。

"山节，藻棁（zhuō，梁上短柱），复庙，重檐，刮楹（yíng，堂屋前部的柱子），达乡（向，窗户），反坫（diàn，屋中的土台子，上面可放饮食用具），出尊，崇坫，康圭，疏屏，天子之庙饰也。

"鸾车，有虞氏之路（车）也。鉤车，夏后氏之路也。大路，殷路也。乘路，周路也。

[①] 见中华书局1979年版清人高士奇著《左传纪事本末》。以下凡出现《左传纪事本末》书名，均指此版本，不再一一说明。

○五 [源] 从曲阜的"鲁源"说起

"有虞氏之旂(绘有龙图案的旗),夏后氏之绥,殷之大白,周之大赤。

"夏后氏骆(白)马黑鬣(liè,马颈上的长毛),殷人白马黑首,周人黄马蕃(赤色)鬣。夏后氏牲(特指供宴飨祭祀用的牛、羊、猪)尚黑,殷白牡,周骍(xīng,赤色马)刚(雄性牲畜)。

"泰,有虞氏之尊也。山罍(léi,盛酒的容器,盥洗用的器皿),夏后氏之尊也。著,殷尊也。牺、象,周尊也。爵,夏后氏以琖(盏,小杯子),殷以斝(jiǎ),周以爵。灌尊,夏后氏以鸡夷,殷以斝,周以黄目。其勺,夏后氏以龙勺,殷以疏勺,周以蒲勺。

"土鼓,蒉桴(kuì fú,用草和土抟成的鼓槌),苇钥(wěi yuè,用芦苇做成的管乐器),伊耆(yī qí,亦作伊祈、伊祁,复姓。炎帝神农氏,姓伊耆;帝尧陶唐氏,姓伊祈)氏之乐也。拊(fǔ,器物的柄)搏(鼓名)、玉磬、揩(kāi,擦)、击、大琴、大瑟、中琴、小瑟,四代之乐器也。

"鲁公之庙,文世室也。武公之庙,武世室也。

"米廪(lǐn,米仓),有虞氏之庠(xiáng)也。序,夏后氏之序也。瞽宗,殷学也。頖宫,周学也。

"崇鼎,贯鼎,大璜,封父龟,天子之器也。

"越棘,大弓,天子之戎器也。

"夏后氏之鼓足,殷楹鼓,周县鼓,垂之和钟,叔之离磬,女娲之笙、簧。夏后氏之龙簨虡(sǔn jù,悬挂钟磬鼓的木架,横杆叫簨,直柱叫虡),殷之崇牙(旌旗的齿状边饰),周之璧翣(shà,钟、鼓、磬架横木上的扇形装饰,又指帝王仪仗中的大掌扇)。

"有虞氏之两敦,夏后氏之四连,殷之六瑚,周之八簋(guǐ,盛食物器具)。

"俎（zǔ，祭祀时放祭品的器物，切肉或切菜时垫在下面的砧板），有虞氏以梡（kuǎn，案板），夏后氏以蕨（jué，盛牺牲的器具），殷以椇（jǔ，祭祀用来放置宰杀的牲口的架子），周以房俎。夏后氏以楬（jié）豆，殷玉豆，周献豆。

"有虞氏服韨（fú，祭服的蔽膝），夏后氏山，殷火，周龙章。

"有虞氏祭首，夏后氏祭心，殷祭肝，周祭肺。夏后氏尚明水，殷尚醴，周尚酒。

"有虞氏官五十，夏后氏官百，殷二百，周三百。

"有虞氏之绥（suí，登车时手挽的索，旌旗和旒），夏后氏之绸练，殷之崇牙，周之璧翣。"

粗略看上去，以上罗列的这些礼仪规制可谓烦琐至极，其实不然。所有这些内容，都不过是当时社会的日常生活。只是鲁国要比其他诸侯国家更为讲究一些，也更为高贵典雅一些。无论是祭祀种类还是宗庙规格，无论是礼服还是礼器，无论是官职还是风俗，无论是乐器歌舞还是学校教育，从礼义到礼仪再到礼节，鲁国之礼与天子之礼，都一样出自周公之礼，而且都一样集尧舜、夏禹、商汤、周公四代礼乐之大成，而这正是周公制礼作乐的特征。对此，《礼记·明堂位第十四》总结说："凡四代之服、器、官，鲁兼用之，是故鲁，王礼也，天下传之久矣。君臣未尝相弑也，礼、乐、刑、法、政、俗，未尝相变也。天下以为有道之国，是故天下资礼乐焉。"

这段话言简意赅地概括了孔子时代鲁国所保持和代表的周公礼乐文明的几大最重要的特点：

第一，鲁国兼用虞舜、夏、商、周四代的礼仪，不仅是周公礼乐的直接继承人，而且也是此前2500年礼乐文明的集大成继承者。

第二，鲁国所继承和保存的，是地地道道的天子礼乐，而不是诸侯礼乐，具有天下适用的普遍意义。

第三，鲁国所继承和保存的天子礼乐，可谓原汁原味，没有被歪曲和篡改。

第四，鲁国所继承和保存的天子礼乐，被各个诸侯国普遍认同和采信。

第五，虞舜、夏、商、周，四代之礼的内容和形式，由简趋繁，由朴渐奢，到了鲁国这里，则不加区别地照单全收，简繁并存，朴奢并重。从保存四代之礼的完整性而言，这或许是应该的，但从传承而言，过于沉重的烦琐之礼，会让人们不堪重负，最终会因此反过来拖垮一个国家，鲁国最后的命运或许与此有某种关系，周公当年对此也有准确的预言。

《史记·卷三十三·鲁周公世家第三》记载说："鲁公伯禽之初受封之鲁，三年而后报政周公。"可是当时"（姜）太公亦封于齐，五月而报政周公"。这一慢一快，究其原因，伯禽在鲁国致力于用周公之礼移风易俗，所以成效缓慢，而姜太公在齐国一切礼仪从简，且"从其俗为"，以便营造宽松的社会氛围，让人民致力于发展经济。对此周公叹息说："呜呼，鲁后世其北面事齐矣！夫政不简不易，民不有近；平易近民，民必归之。"他所说的，正是 800 年后的结果。

三

显然，周公的叹息，实有其无奈之处。在他心目中，伯禽的做法于长治久安当然更胜一筹，只是在当时的天下，礼乐文明无论如何也抵挡不住急功近利的威逼利诱，正因为如此，伯禽之时和之后的礼乐鲁国，才更加显得难能可贵。当初伯禽代周公受封鲁国，不忘周公父训，自觉承担起传承宗周礼乐文明的使命，充分利用"周之最亲，莫如鲁"的特权和优势，致力于把鲁国建成宗周礼仪之邦的"第一国家"。在周室逐渐式微，各诸侯国纷纷"变礼改乐"的情况下，只有鲁国的历代国君始终坚持由伯禽所开创的以礼治国理念，始终不忘"法则周公"。即便天下到了"礼崩乐坏"的地步，鲁国也如《礼记·明堂位第十四》所说，仍然是"礼、乐、刑、法、政、俗未尝相变"，而成为周礼最忠诚的实践者和最好的保存者。

《春秋左传·昭公二年》记载说："二年（公元前540年），春，晋侯（晋平公）使韩宣子来（鲁国）聘（访问），且告为政（通告政事）而来见，礼也。观书于大史氏（在太史氏处参观藏书），见《易象》与《鲁春秋》，曰：周礼尽在鲁矣。吾乃今知周公之德，与周之所以王也。"[①]

《春秋左传·襄公二十九年》则以更加生动的细节，记载了一个"叹为观止"的故事。这个故事显示，鲁国不仅保存了周礼最完整的历史文献资料，而且还完美地活态保存了夏商周三代的祭祀音乐和舞蹈。更为难能可贵的是，鲁国还以原汁原味的活态方式，保留了当时诸侯各国几乎所有的民俗音乐歌舞，而这些音乐歌舞在其本国早已或失传、或失真，以至于各诸侯国要听到本国正宗的音乐，要看到本国正宗的舞蹈，还要到鲁国来。

故事说，鲁襄公二十九年，即公元前544年（当时孔子还只是一个七八岁的小孩）这一年的夏秋之际，吴国公子季札来鲁国访问，提出要观摩鲁国保存的周乐。于是，他听到了"勤而不怨"的今陕西、河南、湖北一带的《周南》和今陕西岐山一带的《召（shào，

[①] 见上海古籍出版社2004年版李梦生撰《春秋左传译注》。以下凡出现《春秋左传》书名，均指此版本，不再一一说明。

通邶）南》，听到了"忧而不困"的今河南汤阴一带的《邶（bèi）风》、今河南省汲县一带的《鄘（yōng）风》和充满先祖遗德的《卫风》，听到了"思而不惧"的《王风》，听到了有亡国之兆的今河南新郑一带的《郑风》，听到了泱泱大国的《齐风》，听到了"乐而不淫"的今陕西郴县一带的《豳（bīn，同邠）风》，听到了磅礴大气的《秦风》，听到了抑扬顿挫的今山西芮城一带的《魏风》，听到了忧思深远的《唐风》，听到了国将无主的《陈风》，以及今河南密县一带的《郐（kuài）风》等等。接下来，他还听到了"怨而不言"的《小雅》，听到了"曲而有直"的《大雅》，听到了齐同盛德的《颂》。再接下来，又观看了武舞《象箾（shuò）》、文舞《南籥（yuè）》、周武王之舞《大武》、商汤王之舞《韶濩（hù）》、夏禹之舞《大夏》、虞舜之舞《韶箾（xiāo，同箫）》等历代先王的祭祀舞蹈。看到这里，季札被这些扣人心弦且又蕴含深厚的礼乐深深地震撼了，不得不叹为观止，不敢再要求为他演出更多的节目了。

这个故事的原文附录如下：

"吴（国）公子札（季札）来聘（访问）……请观于周乐。使工为之歌《周南》《召南》，曰：美哉！始基之矣，犹未也。然勤而不怨矣。为之歌《邶》《鄘》《卫》，曰：美哉，渊乎！忧而不困者也。吾闻卫康叔（周公之弟）、武公（其九世孙）之德如是，是其《卫风》乎？为之歌《王》，曰：美哉！思而不惧，其周之东（周室东迁）乎？为之歌《郑》，曰：美哉！其细已甚，民弗堪也，是其先亡乎！为之歌《齐》，曰：美哉！泱泱乎！大风也哉！表东海者，其大公乎！国未可量也。为之歌《豳》，曰：美哉！荡乎！乐而不淫，其周公之东（周公东征）乎？为之歌《秦》，曰：此之谓夏声。夫能夏则大，大之至也，其周之旧乎？为之歌《魏》，曰：美哉！沨沨乎！大而婉，险而易行，以德辅此，则明主也。为之歌《唐》，曰：思深哉！其有陶唐氏之遗民乎？不然，何忧之远也？非令德之后，谁能若是？为之歌《陈》，曰：国无主，其能久乎？自《郐》以下无讥焉。为之歌《小雅》，曰：美哉！思而不贰，怨而不言，其周德之衰乎？犹有先王之遗民焉。为之歌《大雅》，曰：广哉！熙熙乎！曲而有直体，其文王之德乎？为之歌《颂》，曰：至矣哉！直而不倨（放肆），曲而不屈（卑下），迩而不逼，远而不携（离开），迁（变化）而不淫，复而不厌，哀而不愁，乐而不荒（过度），用而不匮，广而不宣（显露），施而不费（减少），取而不贪，处而不底（停止），行而不流（泛滥）。五声和，八风（八音，金、石、丝、竹、匏、土、革、木，八类乐器的声音）平，节有度，守有序，盛德之所同也。

"见舞《象箾》《南籥》者，曰：美哉！犹有憾。见舞《大武》者，曰：美哉！周之盛也，其若此乎！见舞《韶濩》者，曰：圣人之弘也，而犹有惭德，圣人之难也。见舞《大夏》者，曰：美哉！勤而不德，非禹其谁能修之？见舞《韶箾》者，曰：德至矣哉！大矣！如天之无不帱（dào，覆盖）也，如地之无不载也，虽甚盛德，其蔑以加于此矣。观止矣（达到顶点了）！若有他乐，吾不敢请已！"

〇六

【成】

从孟子说孔子「集大成」说起

大 成 戚

上面的第一个字，是小篆的"大"。老子在《道德经·第二十五章》中说："道大，天大，地大，人亦大。域中有四大，而人居其一焉。"有人说，老子的本意是说"王亦大"。王是人中的大人。①

中间的这个字，是小篆的"成"，从斧、杵，本义是可以用来砍木头做成房子等的工具，能成事。

成，也是音乐的一个乐章。《尚书·虞夏书·益稷》②记载说："箫韶九成，凤凰来仪。"这是说《箫韶》这首舞曲有九章，或者说演奏了九遍。无论是九章还是九遍，九成就是大成。

第三个字是小篆的"戚"，本义为斧钺（yuè）一类的兵器，也是舞具。这样从成到戚，古代人的成事观，就与兵战有了联系。

一

《孟子·万章下》说："孔子，圣之时者也。孔子之谓集大成。"

---

① 引文及解读参见上海古籍出版社1991年版冯达甫译注《老子译注》。
② 见上海古籍出版社2004年版《十三经译注》之李民、王健撰《尚书译注》。以下凡出现《尚书》书名，均指此版本，不再一一说明。

时者，应运而生，顺势而为。孟子说孔子自认为时代赋予了他圣王的天命，于是得天时地利，集成了先世 2500 年的历史文化精华，集结为后世 2500 年的思想文化经典，成为 5000 年中华文明的一道分水岭和分界标：此前 2500 年的中国是"小成"的天下，文采斑斓，群星璀璨；此后 2500 年的中国是"大成"的世界，礼乐道统，万法归宗。

二

中国的先秦时代，从大致可考的公元前 21 世纪夏朝建立，到公元前 221 年秦国灭齐最终兼并六国而一统天下，在大约 1800 多年中，经历了夏、商、西周三代，以及东周的春秋和战国两个时期，出现了两次思想文化的"集大成"。第一次是春秋末期，以孔子为名义的集大成；第二次是战国末期，以荀子为代表的集大成。

中国思想文化的第一次集大成，之所以说"以孔子名义"，是因为这次集大成的任务，主要是编辑整理"先世"的历史文化遗存，集结为《诗》《书》《礼》《乐》《易》《春秋》这"六经"。其成果之多，难度之大，可谓前无古人，很难相信只是出于孔子及其门徒之手，而更像是很多人在一个大致连续的时期，相继完成的一项类似于周公时的制礼作乐工程。或许是为了有利于推行"六经"，这些成果都附会到了当时最有名的孔子名下，正如此前的制礼作乐成果都附会到了周公名下一样。这也好比清代的《四库全书》，一定要归结到乾隆皇帝的名下才有权威性，而当今的一些历史文化经典丛书，务必要请一位国学泰斗来当署名的主编，才算正宗，这些都是自然而然的事情。

这次集大成,之所以能够理直气壮地"以孔子的名义",并且真正做到了兼收并蓄而又井然有序,的确是因为与孔子大有关系,且具备了得天独厚的三个必要条件:第一,当时的思想文化领域,还没有"天下大乱",更没有"学派林立";第二,孔子的确是当时德高望重的先生,且的确亲自领导了集大成,的确担任了其中最主要的工作,取得了最主要的成果;第三,也是最重要的,这次集大成,是中国思想文化的第一次集大成,也是唯一一次没有经典先例,且不是官方钦定的集大成,在这一点上,真可谓前无古人,也后无来者。谁集大成,谁就是标准的制定者,谁能够集大成,所集的内容就归于谁的名下。

三

中国思想文化的第一次集大成,不只是集结了"六经",形成了中国最早一批也是迄今为止唯一一批可以称得上元典的经典,同时还形成了一个附带的成果,就是儒家。这次集大成所形成的所谓儒家,其实是一个"集大成"的"杂家",其思想体系的混乱在所难免,其学说内容的杂乱情有可原。可后世将儒家之初这种"集大成"之杂乱的历史局限,反而自我褒奖为所谓"包容",似乎有点言过其实。平心而论,儒家之初这种"包容之杂"的历史局限,以及"集大成之用"的实用方法,长期以来一直制约着儒家自身的发展,使得儒家始终没有走向思想学术所必需的"执于一端",也因此没有走向纯粹哲学和超凡神学的高度,而宁愿成为一个包罗万象的世俗精神文化大杂烩。

这样的说法,或许有失公允而且有失恭敬,但儒家当初的确是以这样的"非思辨"的实用主义以及为我所用的世俗方式,一方面历史地成为了"大而化之"的中国思想文化的主流，一方面也在这个"大而化之"的主流中面目全非，丧失了自己，以至于谁也无法说清，哪些是儒家的本源和本体，哪些是"包容"来的别家的东西。尽管有儒家人可以因此骄傲地说，"融合"就是儒家的本色，但也有儒家人清醒地认识到，找回真正属于儒家本源的本色，对于儒家自身的建构，或许是更为重要的。于是历代都有人致力于将那些可能是不属于儒家根本的东西，从儒家的核心体系中清理出去，于是便有了道统之说，于是便常常有正宗之儒与附会之儒的争议甚至争斗。看来，即便是儒家自己，也很难"包容"和"融合"，这是儒家从"集大成"一开始就形成的"包容之杂"的基因问题。

四

尽管有"包容之杂"之弊，但春秋末期以孔子为名义的中国思想文化的第一次集大成，仍然具有突出的特色，就是法先王。孔子以西周初期周公时代的礼乐制度为基础，集此前大约2500年或者更悠久的"尧舜"及夏商周"三代"历史文化之大成，结集为《诗》《书》《礼》《乐》《易》《春秋》，以此"六经"系列，形成了以儒家学说为主体的思想文化体系，或者准确地说，儒家以此集大成的成果作为自己的思想内容体系，从此开始了中国自觉的历史时代和经典时代。

然而，在100多年之后的孟子（公元前372年—公元前289年）看来，孔子时期的这次集大成，之于儒家自身思想文化体系的建构，是不尽完善的，甚至是缺乏自觉的。于是，他致力于将孔子道德层面上的仁，一方面向内心，更加深入地导向人性本原的善，一方面向历史，更加深远地导向与天命合一的先王，从而奠定了任何思想文化体系都必须赖以立足的历史哲学和人本哲学根基。从这个根基出发，孔子的仁，在孟子这里，一方面更加内化为内圣的道德自我完善，一方面更加外化为王道的仁政治国方略。

但是，孟子没有孔子幸运，他对孔子的必要补充，对儒家思想体系的必要完善，几乎完全淹没在他所在的战国烟云中了。他比孔子更加生不逢时，直到汉代，司马迁才第一次隐隐约约发现了他。到了唐代，随着司马迁对孟子评价的历史影响逐渐显现出来，韩愈（公元768年—公元824年）得以再次"挖掘"出孟子这个思想宝藏，而孟子也得以第一次进入儒家道统序列，这时，已经比孟子的时代晚了1000年。真正将孟子的贡献最终纳入儒家根本思想体系的时间，甚至更晚，直到孟子的时代之后1500年左右，宋代的朱熹（公元1130年—公元1200年）才第一次确定了孟子作为儒家创始者的地位，由此第一次系统地阐释了具有哲学基础、具有道德价值、具有政治功能的可谓"三具有"的孔孟之道。可以说，儒家自身的理论建设，至此才告基本完成。

历史第一次认识孟子的时候，孟子还名不见经传。司马迁在《史记·卷七十四·孟子荀卿列传第十四》中虽将孟子引以为同调，但着墨不多：

"孟轲，驺（原名邾，后改驺，也称邹）人也。受业子思之门人。道既通，游事齐宣王，宣王不能用。适梁，梁惠王不果所言，则见以为迂远而阔于事情。当是之时，秦用商君，富国强兵；楚、魏用吴起，战胜弱敌；齐威王、宣王用孙子、田忌之徒，而诸侯东面朝齐。天下方务于合从连衡，以攻伐为贤，而孟轲乃述唐、虞、三代之德，是以所如者不合。退而与万章之徒序《诗》《书》，述仲尼之意，作《孟子》七篇。"

○六　[成]　从孟子说孔子"集大成"说起

孟子名轲，是驺地人，师从孔子的孙子子思的门人。学成后，先后游说于齐国、梁国等，但都被认为过于迂腐，不合实际，而不见用。当时的秦、楚、齐等大国，都热衷于富国强兵，天下各国无不以军事为要务，谁会打仗就用谁，因此像商君、吴起、孙子、田忌之徒大受重用，只有孟子不识时务，坚持孔子法先王的礼乐理想，言必称唐尧、虞舜的禅让和夏禹、商汤、周文武的仁政，所以四处碰壁，没人赏识。最后，只好退回家中，带着他的学生万章等人，弘扬孔子的思想，写了《孟子》七篇。

五

中国第二次思想文化集大成，是以荀子为代表的诸子百家。尽管表面上看，诸子百家及百家争鸣是"百"，是"争"，而不是"集"，但这个"百"和"争"，恰恰就是特定时代的"集大成"的特定形式，这个特定时代，就是战国，特别是战国末期。

毋庸讳言，就当下的历史文化常识而言，这里所说的"中国第二次思想文化集大成"，其实是不存在的。很长时间以来，人们只知道，或者说，只愿意知道，曾经有那么一个春秋战国时期，而诸子百家就是这个春秋战国时期的思想文化特色，百家争鸣就是这个春秋战国时期的思想文化辉煌。于是，春秋时期出生的老子（生于公元前571年）和孔子（生于公元前551年），就与差不多300年后才出生的战国时期诸子们（如李斯，生于约公元前284年）站到了一起；于是，春秋时期最早形成的儒家，就与差不多两三百年之后才基本形成的道家（创始人庄周，生于约公元前369年）、墨家（创始人墨翟，生于约公元前468年）、阴阳家（创始人邹衍，生于约公元前324年）等，结合成了一个"百家同堂"的大家庭。

这当然是个天大的误会。这就好比说清末出生的曾国藩（生于公元1811年）、李鸿章（生于公元1823年）、康有为（生于公元1858年）、梁启超（生于公元1873年）、章太炎（生于公元1869年）、谭嗣同（生于公元1865年）等人，与100多年之后今天中国的新儒家、新权威主义、自由主义、新左派、新右派、新经济主义等等，济济一堂，在同一个时空而百家争鸣一样，不可理喻，不可思议。

六

如前所述，孔子的集大成，重点在于"法先王"，其中又主要在于"法三代"，即夏商周三代的开国明王，而这其中的重点又在于"法周公"——西周前期（公元前1100年前后）的周公摄政时期以及成周时期的礼乐制度，才是孔子的最爱。但遗憾的是，孔子生活的年代，早已不是西周前期，而是东周（公元前770年—公元前256年）乱世，准确地说，是东周的春秋时期的末世，这一前一末，周公与孔子相距了大约500年。

春秋时期因孔子修订《春秋》而得名，从公元前770年到公元前476年，一共延续了295年，而《春秋》记录了其中公元前722年到公元前481年共242年的大事。在这一时期，周家王朝逐渐式微，齐桓公、宋襄公、晋文公、秦穆公、楚庄王，或曰齐桓公、晋文公、楚庄王、吴王阖闾、越王勾践，五大诸侯国家相继称霸，史称春秋五霸，天子垄断天下礼乐思想及教化的局面也随之土崩瓦解。尽管孔子痛心疾首，却也因祸得福，得以克己复礼为名义，首创私学，进而开创了诸子时代，但还不是诸子百家时代。因为，这个时候，思想还刚刚开放，还只出现了老子（约公元前571年—公元前471

年)和孔子(公元前551年—公元前479年)这样的两位大家,与他们同时代的,或许还有一个孙子(孙武,约公元前545年—公元前470年),但就哲人而言,孙子算不上大家。

孔子在公元前479年以73岁高龄绝笔辞世,而历史则以他为坐标,结束了一个时代——春秋时期,同时也预示了一个时代:在他身后三年,一个更加混乱的战国时期开始了,至此周王朝名存实亡。史称战国七雄的齐、楚、燕、韩、赵、魏、秦,七大诸侯国家之间连年战争,从公元前475年(周元王元年),即《史记·卷十五·六国年表第三》开始的那一年,到公元前221年(秦王政26年),即秦灭齐最终统一六国的那一年,历经255年。

这个战国时代,正如《孟子·梁惠王上》所言,是一个堂而皇之的"率兽而食人"的时代,"今夫天下之人牧,未有不嗜杀人者也"。孟子面对"天下恶乎定"的问题,毫不犹豫地回答说:"定于一"。那么"孰能一之"?孟子回答说:"不嗜杀人者能一之。"但是,若他在天有灵,一定无法相信,历史和他开了个天大的玩笑,最终结束战国时代而一统天下的,恰恰就是"嗜杀人者"。

更加具有讽刺意味的是,这个因为西汉末年刘向编辑《战国策》而得名的战国时期,以惨烈的战争和无数的生灵为代价,却创造了对智谋和策略的无限需求,直接促成了一个巨大的思想市场,中国因此有了第一次也是唯一一次百家争鸣的局面,一时间诸子百家,泥沙俱下,各执己见,盛况空前。其间主要有:墨子(公元前468年—公元前376年)及墨家,孟子(公元前372年—公元前289年)及儒家,庄子(公元前369年—公元前286年)及道家,荀子(公元前313年—约公元前235年)自命为儒家,李斯(公元前284年—公元前208年)及法家,邹衍(约公元前324年—公元前250年)及阴阳家……

或许是历史的巧合，春秋末期，孔子的集大成，事与愿违，结束了天下尚存的春秋，却迎来了一个孔子并不想看到的天下无主的战国和一个完全无序的诸子百家时代。这正如十九世纪中国专制王朝末期，一批改良改革思想家，以他们基于国学的启蒙，将国学尚存的中国，引入了一个以放弃国学为时尚的时代。

荀子的集大成，同样事与愿违，结束了天下无主的战国，却迎来了一个谁都不愿意看到的中央集权专制王朝。

七

综上所述，春秋末期和战国末期，孔子和荀子，前后相距200年至300年的这两次集大成，尽管二者在时间上、内容上都有很大的相关性，但从历史文化哲学观来看，二者的性质，却有着根本的不同，且结果更是完全相反。这两次思想文化的集大成，从两个相反相成的方面，成为此后2500年中国历史文化两条主流的两个真正的源头。

大致而言，这两次集大成的主要区别有四：第一，孔子"法先王"，而荀子"法后王"；第二，孔子重在礼乐，而荀子重在礼法；第三，孔子重礼乐不言性，而荀子的礼法基于性本恶；第四，孔子的集大成，经过几代演绎，由100多年后的孟子才得以大体完善，形成内圣和王道的仁政本色，但不见用于当世，而荀子的集大成，直接被其弟子韩非和李斯转用，以外王而霸道，效力秦王的专制暴政，可谓令人始料不及。

显然，就思想文化价值而言，孔子和荀子的集大成，二者当然不可同日而语，但是这两次集大成对此后中国历史文化的开创性影响或者"始作俑者"影响，却不相上下。孔子的集大成，经由历代

○六　[成]　从孟子说孔子"集大成"说起

儒者的努力，主要是以隐形的方式，作用于中国历代的思想观念、思维方式和精神文化；而荀子的集大成，经过历代帝王师的转化，直接作用于帝王的统治行为，直接服务于专制的体制和机制。可以说，这两次集大成，分别成为了中国历史文化一明一暗两条主流的源头，这两条主流，或分或合，此消彼长，一如它们的源头。

〇七 【子】

从齐国稷下学宫的『诸子百家』说起

以上三个字，都取自于小篆。

诸，《说文》说：辨也。《玉篇》说：非一也，皆言也。看来，诸的本义是"众言堂"：很多人在一起各抒己见，辩论但不争吵，没有权威的定论，也不需要权威的定论。这也是诸子百家的本义。

子，象襁褓中儿，本义婴儿，喻滋生。不知道从什么时候起，子被专门用来作为对有道德、有学问的人的尊称。如果将诸和子联系起来，或许答案就在其中：在众言堂中，人们各抒己见，如果没有道德和学问，就成了无谓的争吵；如果这些有道德和学问的人没有婴儿一样的单纯，就会出现恃强凌弱的权威，众言堂就不复存在，就会变为一言堂。

学，象双手构木为屋之形，本义为"子"学习的地方，当然也是"诸"的众言堂。

一

山东，自古称"齐鲁大地"。齐和鲁，是西周在东方的两个兄弟

○七　[子]　从齐国稷下学宫的"诸子百家"说起

封国，说齐国不能不说鲁国，说鲁国不能不说齐国，这是因为二者同是周文王的宗亲。

据说，是孔子第一次将齐鲁相提并论的，在《论语·雍也第六》中他说："齐一变，至于鲁；鲁一变，至于道。"他认为鲁国因为是周公的封国，比齐国更接近周公的礼乐文化，是齐国文化的发展方向。

但是，最终齐国并没有按照孔子的预见，以鲁国的方式发展，而是继春秋末期孔子首创私学、首开诸子时代之后，在战国时期，尤其是其末期，以官学私办的创新模式，开办稷下学宫，云集天下各路贤士为稷下先生，海纳儒、道、墨、法等大小诸子，包容农、医、阴阳等各路学说，俗雅一堂，百家争鸣，使得周公的礼乐文明和孔子的儒家学说得以一种全新的方式，在与各种新兴思潮的碰撞混杂中，演变传承。反过来说，孔子的预见并没有错，齐国的确是继鲁国之后，再一次成为天下最"先进"的礼仪之邦，引领天下，而无愧于周文化的嫡传，并让齐鲁文化更加紧密地融为一体。

二

当年周文王、武王及成王举仁义之师伐纣灭商而王天下，拯民于荒淫暴政的水火之中，全靠有两位功臣辅佐，一位是善于谋略的姜太公，一位是勤于礼乐的周公旦。后来，周王将周公旦分封在鲁国，将姜太公分封在齐国，以镇抚东方的殷人和东夷人。两国大致以泰山为界，鲁在泰山之阳，建都少昊故地之曲阜，齐在泰山之阴，始都营丘，后迁都临淄。

齐鲁两国，没有辜负周王的重托，不仅发展了东方的经济，而且以周文化移风易俗，改造并提升了原住民的文化素质，成为各有特色的礼仪之邦。《荀子·性恶》[①] 说:"天非私齐、鲁之民而外秦人也,然而于父子之义、夫妇之别,不如齐、鲁之孝具敬父者,何也?以秦人之纵情性,安恣睢,慢于礼义故也,岂其性异矣哉!"荀子的本意是论证"性本恶",他说,齐鲁和秦,两地的原住民人性原本一样恶,但齐鲁因为有来自周公的礼乐教化,所以文明礼貌,而秦人尚没有受到礼乐教化的熏陶,所以依然野蛮。

荀子的这段论证,从另一个方面也论证了他所在的战国末期,齐鲁文化的确是当时最"先进"的文化。齐鲁两国,同为周文化的宗邦,在周王朝早已名存实亡的年代,仍然以顽强的文化生命力实现着周朝对天下的历史性影响。相对而言,鲁国比较完整地保持了周代的礼乐制度,并养育了孔子和孟子;齐国则继往开来,吸引诸子百家,成为天下贤士莫不向往的新文化中心,引领时代风骚。

三

前面说过,东周(公元前 770 年—公元前 256 年)分为春秋和战国两个时期。

春秋时期,因孔子修订《春秋》而得名,从公元前 770 年到公元前 476 年,一共延续了 295 年,而《春秋》记录了其中公元前 722 年到公元前 481 年共 242 年的大事。孔子于公元前 479 年辞世,三年后,战国时期随即开始。齐、楚、燕、韩、赵、魏、秦,"战国七雄"连年战争,战国时期从公元前 475 年,到公元前 221 年秦灭齐统一六国,历经 255 年。

[①] 见中华书局 1979 年版北京大学《荀子》译注组撰《荀子新注》。以下凡出现《荀子》书名,均指此版本,不再一一说明。

战国时期，因后来西汉末年的刘向编辑《战国策》而得名。战争创造了对"智谋"和"策略"的无限需求，直接促成了一个巨大的"思想市场"，一时间诸子百家，泥沙俱下。

尽管是诸子百家，却不是一盘散沙。他们主要聚集在齐国的稷下学宫，相互争鸣，否则各自为阵，就很难为人所知。关于诸子百家的历史面貌，如果去掉近百年来各种学说赋予它的光环或者溢美之词，或许能让人们清醒很多。诸子百家在中国历史文化中的价值和意义，或许并不在于学术思想，而仅在于崇尚并包容自由学术思想的社会风尚。也就是说，综观诸子百家的言说，能够经得起历史检验，值得历史记住并珍惜的学人和学术并不多，而接纳他们的那个战争社会，其开放风尚固然值得向往，但风尚背后的血腥杀气，却让人不寒而栗。

相比近百年来对诸子百家及百家争鸣这一特定历史文化现象一边倒的赞美和一厢情愿的向往，或许司马迁的历史慧眼，更值得人们信任和反思。他在《史记》中，将当时名不见经传的孟子和荀子相提并论，并以他们的名字为题，写了《孟子荀卿列传》，但这实际上是一篇"稷下先生"的合传，是关于稷下学宫最宝贵的历史记录，当然也是对战国时期诸子百家及百家争鸣现象最接近历史真实的"客观"记载。

四

在司马迁的笔下，"诸子百家"远没有当下人们所认为的那样辉煌，"百家争鸣"也远没有人们想象的那样富有思想和学术价值。当时的学人，大都热衷于言利，不耻于言战，甚至敢于赤裸裸言杀，且一概称之为国家利益。于是各种损人利己的计谋、以邻为壑的阴谋、巧取豪夺的阳谋，假以学术方略之名，应运而生，且广受欢迎，大行其道。对此，司马迁写道：

"齐有三驺（邹）子。其前驺忌，以鼓琴干威王，因及国政，封为成侯而受相印，先孟子。其次驺衍，后孟子。驺衍睹有国者益淫侈，不能尚德，若《大雅》整之于身，施及黎庶矣。乃深观阴阳消息而作怪迂之变，《终始》《大圣》之篇十余万言。其语闳大不经，必先验小物，推而大之，至于无垠。""称引天地剖判以来，五德转移，治各有宜，而符应若兹。""王公大人初见其术，惧然顾化，其后不能行之。"

这是说，齐国有三个邹子，早先的邹忌，活动的年代在孟子之前，曾以弹琴的道理说服齐宣王，被封为成侯，做了宰相。其次是邹衍，阴阳学家，活动的年代在孟子之后。和当时的很多学人一样，邹衍也看到了掌控国家大权的人越来越奢侈荒淫，不再尚德，更不能以身作则为万民榜样，可是他却投其所好，通过观察阴阳的变化，提出了一种荒诞不经的学说，写了十多万字的文章，宏大怪异，以小法术推演神秘的虚空。他号称，开天辟地以来，凡改朝换代无不是五行转运，各朝各代都有各自与五行相配的德性，以此治理，天有预兆而人有感应。王公贵族们最初听到这样神奇的学问，都会感到很新奇而被吸引，可是到头来便会发现，这其实是无法实行的无稽之谈。

然而，就是这样无从可考的学问，却大受欢迎。邹衍所到之处，引起的狂热，恐怕连当今的演艺明星和学术大腕也望尘莫及。

"是以驺子重于齐。适梁，惠王郊迎，执宾主之礼。适赵，平原君侧行撇席。如燕，昭王拥彗先驱，请列弟子之座而受业，筑碣石宫，身亲往师之。作《主运》。"

邹衍因为这套阴阳五行终始说，在齐国受到重用。邹衍去梁国，梁惠王亲自到郊外迎接，给予国君礼遇。去赵国，平原君侧身引路，用自己的袖子给邹衍掸坐席。去燕国，燕昭王抱着扫帚在前清道，请求邹衍接受他为弟子，并专门修造了一座碣石宫，亲自跑到那里听邹衍讲课。也就是在碣石宫，邹衍写了《主运》。

"自驺衍与齐之稷下先生，如淳于髡（kūn）、慎到、环渊、接子、田骈（pián，两马并驾）、驺奭（shì，盛大）之徒，各著书言治乱之事，以干世主，岂可胜道哉。"

当时的人们，或许是从邹衍和淳于髡等齐国的稷下先生那里受到了启发，看到著书立说言天下治乱兴亡，可以得到国君赏识，名利双收，于是纷纷效仿，成为一时风尚。这样的功利学说和逐利学人，难以胜数，而这些人也果然个个如愿以偿。

"于是齐王嘉之，自如淳于髡以下，皆命曰列大夫，为开第康庄之衢，高门大屋，尊宠之。览天下诸侯宾客，言齐能致天下贤士也。"

齐王一一赏赐他们，并给予大夫级别的待遇，还专门为他们开辟了一条四通八达的康庄大道，沿道路两边建高门大屋，供他们养尊处优。齐王用这样的方式，招揽天下诸侯宾客，向天下显示出齐之大国能吸引天下贤士的气魄。

从上引《史记·卷七十四·孟子荀卿列传第十四》中，不难想见当年稷下学宫广纳诸子百家的盛况。那么，齐王如此厚遇的从天下各国招揽的这些贤士，究竟是些什么人呢？

前者如邹衍，司马迁在《史记·卷二十八·封禅书第六》中说："自齐威、宣之时，驺子之徒论著终始五德之运，及秦帝而齐人奏之，故始皇采用之。而宋毋忌、正伯侨、充尚、羡门高最后皆燕人，为方仙道，形解销化，依于鬼神之事。驺衍以阴阳主运显于诸侯，而燕齐海上之方士传其术不能通，然则怪迂、阿谀、苟合之徒自此兴，不可胜数也。"总之，在司马迁笔下，这些人装神弄鬼，阿谀奉迎，苟且迎合，为中国邪门歪道之学术的始作俑者，且流毒深远。司马迁说这些人"岂可胜道""不可胜数"，不只是说他们多，还有不值得一提的意思，但这些人和现象毕竟是史实，又不能不提，所以用不屑一顾的写法一笔带过。

那么而后的淳于髡之徒又是怎样的一帮人呢？司马迁在《史记·卷七十四·孟子荀卿列传第十四》中的描述是这样的："博闻强记，学所无主。其谏说，慕晏婴之为人也，然而承意观色为务。"有才华，是杂家，也有性格，但无大志，最大的长处是善于察言观色，揣摩主人的心意，投其所好进行谏说。这样一来，主人高兴，自己也名利双收："送以安车驾驷，束帛加璧，黄金百镒。"至于这些好听的谏说是否真理大道，不是他们关心的事，有市场，有需求，有人喜欢听就行，有人赏识和赏赐就是成功。这可以说是司马迁所见的，以"稷下学宫"的"稷下先生"为代表的诸子百家以及百家争鸣最具有代表性的人物和景象。

五

那么，以"稷下学宫"的"稷下先生"为代表的诸子百家中，有没有值得历史记住、值得后世尊敬的学人和学术呢？当然有，但是凤毛麟角，这就是孟子和荀子。

这时候，只有孟子，仍然追求孔子的礼乐理想。孔子"梦必见周公"，而孟子"言必称尧舜"。在一个赤裸裸言利的国度，《孟子·梁惠王上》中的孟子却对念念不忘利的国君说："王！何必曰利？亦有仁义而已矣。"在一个血淋淋的战国，孟子却想让国君们相信"保民而王，莫之能御""仁者无敌，王请勿疑"。这样的孟子，当然不

○七　[子]　从齐国稷下学宫的"诸子百家"说起

会受到他的时代欢迎。荀子也一样……

对比时代的宠儿邹衍和淳于髡之徒，司马迁在《孟子荀卿列传》中禁不住要为"孟子们"发出这样的感叹：

"其游诸侯见尊礼如此，岂与仲尼菜色陈蔡、孟轲困于齐梁同乎哉！故武王以仁义伐纣而王，伯夷饿不食周粟；卫灵公问陈，而孔子不答；梁惠王谋欲攻赵，孟轲称大王去邠。此岂有意阿世俗苟合而已哉！持方柄欲内圜凿，其能入乎？或曰，伊尹负鼎而勉汤以王，百里奚饭牛车下而缪公用霸，作先合，然后引之大道。驺衍其言虽不轨，傥亦有牛鼎之意乎？"

这是说，与邹衍这样以歪门邪道游说诸侯而受到如此尊崇的情景相反，孔子和孟子当年也是周游列国，可是抱守礼乐大道的孔子却厄于陈蔡，以至于面有饥色，而坚持仁政大义的孟子则困于齐梁，这是完全不同的两种境遇啊！其中的原因是什么呢？再说远一些，当年周武王以仁义之师伐纣而王，可是伯夷守义宁愿饿死也不食周粮，孔子不回答卫灵公如何攻打陈国的问题，孟子在梁惠王想攻打赵国的时候却转而给他说周太王避狄去邠（bīn，同"豳"）的故事，这些都不是那些刻意阿谀媚俗、苟且迎合君王的人所能做到的啊！对于真君子来说，要让他们放弃仁义的原则去迎合唯利是图的君王，就好比要将方隼放进圆孔之中，能够放得进吗？或许，邹衍之徒，一如从前的伊尹，为了说服商汤行王道，不惜背着鼎去给他烹饪，又如百里奚为了说服秦穆公称霸，不惜在车下喂牛以便接近他，这两个人都是为了引导君王走上正道，而先苟且迎合君主。司马迁善意地猜想说，邹衍的言说，尽管怪诞，或许还真有点伊尹负鼎、百里奚饭牛的意味吧。太史公在这里以最大的诚意，对稷下先生们阿世媚俗、苟且迎合的学术人格，给予了尊重历史的谅解。

六

对于荀子，尽管他同样是"稷下先生"，司马迁却采用了完全不同于点评邹衍和淳于髡的笔法来介绍。他不是单写荀子，而是着重写荀子与其他稷下先生们的关系，这是意味深长的。或许，司马迁就是要通过这样的"比较关系"，让人们看到一个完全不同于稷下先生们的荀子，其字里行间，充满了感叹和惋惜之情。

在《孟子荀卿列传》中，司马迁这样写道：

"荀卿，赵人。年五十始来游学于齐。驺衍之术，迂大而闳辩；奭（shì）也，文具难施；淳于髡久与处，时有得善言。故齐人颂曰：谈天，衍；雕龙，奭；炙毂过，髡。田骈之属皆已死。齐襄王时，而荀卿最为老师。齐尚修列大夫之缺，而荀卿三为祭酒焉。"

荀卿本是赵国人，五十岁的时候，和天下许多贤士一样，慕名来到齐国游学。当时的齐国，以稷下学宫为中心，集中了一大批不同观点的学人，史称"诸子百家"，时人统称为"稷下先生"，其中最有影响的，有三个人。一个是邹衍，其阴阳学术空洞诡辩；一个是邹奭，其文辞优美但难以实施；一个是淳于髡，如果相处久了，偶尔会听到几句有用的话。当时齐国有顺口溜称颂这三个人说："天马行空，邹衍；雕琢修饰，邹奭；滔滔不绝，淳于髡。"而齐国另一些较有名的学者如田骈等人，早已去世。荀子到来这里后，就成了齐襄王时期稷下先生中最年长资深的一位，即"最为老师"。当时的齐国正好有"列大夫"的职位空缺。"列大夫"这个头衔，到了后来的秦汉时期，成了正式爵位，列第七级，亦称"七大夫"或"公大夫"，而在荀子当时的齐国，或许还只是一种享受大夫待遇但没有大夫官职，专门赏赐给学术名人的尊荣头衔。在稷下学宫，荀卿三次

○七 [子] 从齐国稷下学宫的"诸子百家"说起

被尊为具有"列大夫"荣誉官职的"祭酒"。古代飨宴时,由最尊贵的长者酹酒祭神,称为"祭酒",后来特指年长者或位尊者。祭酒之于荀子,只是一种荣誉,还是就像后来书院的山长一样,是稷下学宫名正言顺的主持?不得而知。可以确定的是,汉魏以后,"祭酒"成为正式的学术官名,如汉代有博士祭酒,为博士之首,隋唐以后有国子监祭酒,等等。

"齐人或谗荀卿,荀卿乃适楚,而春申君以为兰陵令。春申君死而荀卿废,因家兰陵。李斯尝为弟子,已而相秦。"

可是,好景不长。不久荀卿便在齐国受人毁谤,于是便来到了楚国,被当时有名的战国四公子之一的春申君任用为兰陵(今山东临沂兰陵县)令。战国末期,盛行养士之风,各诸侯国竞相礼贤下士,广招宾客,其中最有名的是魏国的信陵君魏无忌,齐国的孟尝君田文,赵国的平原君赵胜,楚国的春申君黄歇。这四人都是王公贵族,因此称之为"战国四公子"。可是后来春申君死于非命,殃及荀卿失去了官位,之后荀卿就在兰陵住了下来。李斯是荀卿的学生,后来去了秦国做了宰相。

对于荀子飘零的身世,司马迁似乎感同身受,但更加让司马迁感同身受的,是荀子一如孟子的学术人格及命运。他说:

"荀卿嫉浊世之政,亡国乱君相属,不遂大道而营于巫祝,信機祥,鄙儒小拘,如庄周等又猾稽乱俗,于是推儒、墨、道德之行事兴坏,序列著数万言而卒。因葬兰陵。"

荀子生逢乱世之政而"嫉浊如仇",昏乱的亡国之君一个接着一个,他们不走以礼治国的光明正道而迷惑于装神弄鬼的巫祝,将国运寄托于求神赐福,周边尽是些拘于琐屑礼节的鄙陋浅薄的小儒,而庄周之流又狡智多辩,伤风乱俗。于是,荀子推究儒家、墨家和道家的成败得失，集众家学说之精要，按序编著了数万字的文章，死后就葬在了兰陵。

司马迁发现，荀子，作为"稷下先生"的异类，同时也作为他们中的突出代表，以"最为老师"的资深地位，成为"诸子百家"的标志性人物，或许并非只是因为他的学术成就，更多的可能是因为其学术道义、学术理想和学术人格。在"百家争鸣"时代，可以说谁也不服谁，但是荀子却三次成为稷下学宫的"祭酒"，足见他受到诸子百家内心尊重的程度，尽管最终，他还是遭人毁谤而离开了稷下学宫。

总之，不言荀子，就无以言诸子百家，少了荀子，就没有所谓百家争鸣。荀子以他的名字留下的兼取百家又非难百家的《荀子》，可以说是继孔子 200 年之后，再一次"集大成"——集诸子百家之大成。但他这一次不是如此前的孔子兼收并蓄，而是在百家争鸣之后的废墟上清扫战场。他一口气非难了十二子，几乎将各家学说一网打尽，以此捍卫了儒学，弘扬了儒学，但也改造了儒学。

七

有趣的是，司马迁并列合传的孟子和荀子，在学术上，可以说是死对头：一个主张性本善，一个坚持性本恶。但无论性善性恶，他们无疑都是孔子最好的继承者和传播者，都是孔子最尊敬的君子，都有司马迁最尊崇的君子人格和学术风范。司马迁以这两个人并列为名而为"稷下先生群体"作"合传"，可谓用心良苦。显然，司马迁要用这样"突出对比"的方法，"客观"地表达自己的"学术价值取向"。在司马迁看来，学术的真理性，可谓仁者见仁，智者见智，不是评价一个学人的标准；学术道义，才是衡量一个学人及其学术价值的基本准则。他就是以这样的标准和准则,为历史描述了一个他所"看见"的诸子百家及其百家争鸣的乱象和两种截然不同的稷下先生,并以这样的方式,不无公正地介绍了一个泥沙俱下的稷下学宫。在《史记·卷一百三十·太史公自序第七十》中,司马迁以同样的标准和准则,简明扼要地点评了诸子百家中最具代表性的阴阳、儒、墨、名、法、道德这"六家之要指",可以与《史记·孟子荀卿列传》对照阅读,此不赘述。不过司马迁引用《易·大传》的结论值得一提:"天下一致而百虑,同归而殊涂(途)"。对司马迁来说,天下的思想,百家的学问,当然是同归于孔子。

○八

【性】

从孟子的『修身养性』说起

修身養性善

以上这五个字，都取自于小篆，可以顺理成章连成一句话："修身养性善"。这句话的意思是说：人来自于善，也归于善，处于这两头的"极端之善"之间的"修身养性"四个字，既是动词，即为善的过程，也是名词，即为善的结果。这大约可以看做是孟子思想的核心。

修，饰也；饰，拭也，运而有光。时时勤拂拭，不使惹尘埃。

身，我也，自谓也。躬也，可屈伸也。

养，保也，保养；育也，养育；教也，教养。

性，天也，天性，自然所生；命也，天命，天之教令。

善，先天存于内心的仁义道德。

一

《论语·里仁第四》说："德不孤，必有邻。"孔子和孟子正是这样，守望尼山，相邻而居。如《孟子·尽心上》所言，"居仁由义"，相继"尚志"，最终"大人之事备矣"，儒家学说得以名之为"孔孟之道"而大行天下。

尼山的确有一条"孔孟之道",当然这不是儒家的道统之道,而是沿着孔孟的脚步,行走在圣境山水,穿行在两个圣人故里之间的一条"古代圣道"。这条"古代圣道"自古以来,不知走过了多少仁人志士,从鲁源村到夫子洞,从夫子洞到颜母村,从颜母村到孟子的故里,到孟母择邻而居的几个地方……

二

据说是由宋儒王应麟编撰的《三字经》,在中国古代可谓家喻户晓,是迄今为止中国历史上流传最广、影响最大的一本儿童启蒙经典读本,也是一本完全可以与西方基督教儿童圣经相媲美的"中国版儿童圣经"。尽管是儿童读本,且行文浅显易懂,但《三字经》的内容却博大精深,浓缩了中国5000年历史文化的精华,即便是饱学之士,要熟知其中典故,理解其中深意,也非易事。

《三字经》开宗明义:"人之初,性本善。性相近,习相远。苟不教,性乃迁。"临近结尾处,又说:"苟不学,曷为人。人不学,不如物。"这简短的几句话,绝非朗朗上口的儿歌那么简单,而是中国哲学最重要的基本命题——人是什么?人不同于禽兽的是什么?人与人为什么同样是人,却又各不相同?

这些最基本的哲学命题,也是礼的最基本问题:什么是礼?这无异于是在问:什么是人?《礼记·冠义第四十三》说:"凡人之所以为人者,礼义也。"礼,就是让人之所以是人,让人有别于禽兽,有别于一般人,有别于其他人的本质特征。对于孟子而言,这无异于是在问:"什么是性?"《孟子·尽心上》说:"知其性,则知天矣。"知天就是知人、知礼。那么,什么是性?孔子不言。孟子说是善。

荀子说是恶。

显然,《三字经》采用了孟子的说法,而不见荀子。为什么会有这样的选择?或者说,为什么人们更加愿意采信"性本善"作为中国礼乐教化的基石?探问一下这个集体迷思,或许有可能走近中国的历史文化之谜,甚至有可能预测当今中国每一个人未来的历史文化命运。

三

在《论语·公冶长第五》中,子贡说:"夫子之言性与天道,不可得而闻也。"不可得而闻,孔子并不是不言性,而是以他自己的语境言性。在《论语·阳货第十七》中,孔子说:"性相近也,习相远也。"显然,在孔子这里,"性"不是人的"本质","习"才是人的本质。"性"充其量只是"习"的"本底",即"习"的作用对象。正如《礼记·礼器第十》所说:"甘受和,白受采。"甜为五味本底,可受五味之调;白为五色本底,可受五色之彩。在这里,孔子的表述具有了更多的哲学思辨意味:仅有性,只是"人";有了习,才不是"人"。换言之,仅有性,人还只是一般概念意义上的人,而不是具体的个人;只有习,才能使人从一般概念意义上的人成其为自己。

成为自己,就是通过"修身""修己",成为善人、仁人、贤人、大人、君子,而不是小人、野人、恶人。孔子在《论语·宪问第十四》中说"古之学者为己,今之学者为人",说的就是这个道理。

以"古之学者"自喻,以"为己"自命,这可说是孔子治学的一大特色。孔子因此不注重抽象的概念而更注重"用",这可以说是他的长处,也是他的局限。在《论语·阳货第十七》中,孔子叹息道:"如有用我者,吾其为东周乎?"要是有人用我,我就可以在东方

○八　[性]　从孟子的"修身养性"说起

致力于复兴周公的礼乐之道了。在《论语·子路第十三》中，孔子不无遗憾地说："苟有用我者，朞（jī，满一年）月而已可也，三年有成。"如果有人用我，一年就可见成效，三年就可实现礼乐大道的目标。孔子的这些感叹，不宜简单理解为怀才不遇的个人抱怨，而是对大道不行的时代感怀。这里所谓"用"，也不是实用主义的"用"，功利主义的用，或者人尽其才的用，而是用礼来推行礼乐大道。《论语·学而第一》说："礼之用，和为贵，先王之道，斯为美。"即便如此，"不以礼节之，亦不可行也"。显然，在孔子这里，"礼"，是用来实行先王之道的，"用礼"的目的，不是彰显"性"，而是引导"性"，节制"性"，形成"习"而致于道。

或许与孔子不注重人的"本性"有关，综观孔子在《论语》中的所有言说，人，在他的语境中，还只是一个与禽兽相区别的比较性概念，或者说，还只是一种比较低级的存在。所以，他很少赞美抽象的"人"，而更多地赞美具体的贤人、君子、大人这样一些"非人"。非人也是人，正如曾子在《论语·泰伯第八》中感叹说："君子人与？君子人也。"君子就是这样一种不同于一般人的人啊！君子是通过"习"成为了自己的人，成为了不同于一般人的"大人"。所以，《论语》开篇第一句话就说"学而时习之"，接着又用曾子的话反省说："传不习乎？""习"，就是不断地学，习与学是人之所以能够"成为非人"的基本路径，也是礼教的基本路径。这可以说是孔子语境中所隐含的关于人的本质的基本思想，人的本质，是"习"而"相远"，是通过不断地学习，不断地从"与人相近"走向"与人相远"。只有"相远"，人才能如《论语·雍也第六》所说"己欲立而立人，己欲达而达人"，成为不同于一般人的"立己之人"而"立人"，成为不同于别人的"达己之人"而"达人"。至于这个"而立"

"而达"的"自己"的本底，原来是白还是黑，是恶还是善，则可以存而不论。《庄子·内篇·齐物论》① 有言："六合之外，圣人存而不论；六合之内，圣人论而不议。"这不只是庄子的一家之言，而是春秋时代包括孔子在内几乎所有学派及学人对待所谓"玄而又玄"的问题的通用办法。所谓"六合"，是指天地四方，这是一个看得见的天下。

四

存而不论不等于可以不论；论而不议不等于可以不议。以至于100多年后到了孟子之时，要想在一个更为混乱的学术与政治的"双重战国"时代重振儒家，就不得不论、不得不议了：人们为什么要学礼、习礼？如果只是如《礼记·礼器第十》所言，只有"忠信之人，可以学礼"，那么礼就成了少数人的专利，学礼、习礼就只能是个人喜好，而不可能是社会共识。如果不是社会共识，礼就没有普遍性、普适性、普世性，这当然不是孔子的本怀。反之，如果要让礼成为社会共识，就必须先验性假设存在着某种"人皆有之"的人的共同本质。或许正是因为这样的面对，以周公为鼻祖、以孔子为祖师的儒家的历史文化方法论，到了孟子这里，便开始有了更多的"人本哲学"的思辨色彩和逻辑力量。如果礼不是出自人皆有之的本性，那么就缺乏普施礼乐教化的基础；如果礼确实出自人皆有之的本性，那么这个本性是什么？孟子的回答是"善"，准确地说是"向善"。孟子认为，向善为之善，向善之于人，正如向下之于水，都是本性使然。

---

① 见中华书局1983年版陈鼓应注译《庄子今注今译》。以下凡出现《庄子》书名，均指此版本，不再一一说明。

〇八　[性]　从孟子的"修身养性"说起

关于这样的"性本善"哲学逻辑推导,《孟子·告子上》生动地记述了一段告子与孟子的辩难。告子说:"性,犹湍水也,决诸东方则东流,决诸西方则西流。人性之无分于善不善也,犹水之无分于东西也。"尽管告子是墨子的后学,而非师从孔门,且非生于孔子时代,但是,他的这种人性无所谓善恶观点,仍可以说是孔子前后时代以儒家为代表的各学派关于人的本质大致相同的直观认识,其方法和水平,与诗经的"赋比兴"大致相当。对此,孟子诘问道:"水信无分于东西,无分于上下乎?人性之善也,犹水之就下也。人无有不善,水无有不下。"孟子就是这样,从千变万化、千差万别的水的形态中,找到了水可以一言以蔽之的本质,这就是"向下"。人之向善,也作如是观。

显然,这里有老子"上善若水"的智慧。但是老子的以水为善,实质是以自然道德为善;孟子以水喻善,实质是以社会道德为善。换言之,同样是"水之向下",老子看到的是自然之道和道法自然之德(行,德的本义为行);而孟子看到的是礼义之道和遵从礼义之德。从自然到礼义,从老子到孟子,人的本性,第一次提升到了社会道德层面,人因此属于自然但不同于自然。

关于这种人皆向善和人性本善的普遍人性,《孟子·尽心下》进一步作了明确的界定:"口之于味也,目之于色也,耳之于声也,鼻之于臭也,四肢之于安佚也,性也,有命焉,君子不谓性也。"孟子指出,追求与五官感觉直接相关的享受,的确是人的本性,但如果仅有这样的追求,人就与禽兽无异。从这个角度说,这些所谓人的本性,又不是人的本性。不同的人对待这些所谓人的本性,或节制,或放纵,态度不同,命运也就各不相同。所以,君子不把它们看做是与生俱来的性。人的命运是人自己选择的结果,人因此要对自己的选择负责。

如果说，五官感觉层面的所谓人的本性，无法将人与禽兽相区别，那么，真正让人不同于禽兽的，就只能是精神道德层面和社会关系方面的本性了。这种只有人才有的本性，孟子归结为四个方面：父子之仁、君臣之义、宾主之礼、贤者之智。孟子承认，所有这些都是人"后天"的"求取"行为，而且其结果也都关乎每个人的不同命运，但孟子指出，人的本性恰恰在此。人们之所以想要求取仁义礼智，其动力来自人向善的本性，即《孟子·尽心上》所说的"良能"，这种良能，属于"人之所不学而能者"，是天生的；同样，人们想要求取的这些仁义礼智，之所以最终又都能够求取得到，是因为人性本善，它们本来就是《孟子·尽心上》所说的"良知"，属于"所不虑而知者"，也是天生的。总之，在孟子这里，人之所求的善的结果，人之所愿求善的动力，人之可以求善的能力，本来就存于内心。因此，尽管一个人的命运与其后天求取得来的这些善道和德行有关，但君子更宁愿将这些后天求取的善道和德行归之于人先天本来就有的性，而不归结为后天可以追求但不可控制的命（运）。对于君子自觉回归本性这样一种主动的"性命观"，《孟子·尽心下》是这样解释的："仁之于父子也，义之于君臣也，礼之于宾主也，知之于贤者也，圣人之于天道也，命也，有性焉，君子不谓命也。"

所以，《孟子·尽心下》说："尧舜，性者也；汤武，反之也。"尧舜之所以能够成其为圣王，只是出于自己的本性；成汤、周武王之所以成为明王，只是返回了自己的本性。在《孟子·尽心上》中，孟子还说："君子所性，虽大行不加焉，虽穷居不损焉，分定故也。君子所性，仁义礼智。根于心，其生色也睟然；见于面，盎于背，施于四体，四体不言而喻。"孟子认为，君子（行大道）的本性，既不会随着身份显贵和命运通达而有所增加,也不会因为贫穷退居而有所减损,这是因为本分是固定不变的。所谓君子的本性,即仁义礼智,植根于每一个人的内心,并非君子所独有,自然而然地从面部表情、身体形态和肢体语言显露出来,无须特别说明就可以理解。

五

这似乎又回到了孔子那里:唯君子崇礼向善。其实不然,孟子在这里看起来是在说君子之性,却不是为了说君子之性,而是要借君子之性,说每一个人都有和君子一样的本性,也都能成为君子,用《孟子·告子下》中的话说,就是"人皆可以为尧舜"。孟子认为,君子与普通人(庶民)的唯一区别是,君子"求"自己的本性,"存"自己的本性,普通人(庶民)则相反,"舍"自己的本性,"去"自己的本性。所以《孟子·告子上》和《孟子·尽心上》都说:"求则得之,舍则失之。"《孟子·离娄下》则说:"人之所以异于禽兽者几稀,庶民去之,君子存之。舜明于庶物,察于人伦,由仁义行,非行仁义也。"孟子再一次以舜为例,说明君子之道,只是出自"仁义"的本性,"由仁义行",即顺应仁义的本性而为,仅此而已。但孟子仍然不厌其烦,在《孟子·离娄下》中论及"君子必自反"时又强调说:"君子所以异于人者,以其存心也。"如前所引,在孟子这里,"心",就是"性",就是"仁义礼智",简称"仁义"。"存心"就是"存仁义之性",更是"求仁义之性"。存和求的结果,必然就是"异于人"——从"人"成为"君子"。

"异于禽兽","异于人",这是认识孟子、理解孟子最关键的着眼点。在孟子的语境中,其实是没有"人"的地位的,只有"非人"和"君子"。换言之,人,要么成为君子,要么沦为禽兽。二者之间，绝没有调和的余地，只有"极端"。这也是孟子做学问的激越本色。

孟子认为，人要成为君子，唯一的办法，就是保持人的本性，也就是回到人之所以为人的发端，孟子称之为"四端"，即"仁义理智"四德。《孟子·公孙丑上》说："恻隐之心，仁之端也；羞恶之心，义之端也；辞让之心，礼之端也；是非之心，智之端也。""凡有四端于我者，知皆扩而充之矣，若火之始然，泉之始达。苟能充之，足以保四海。"值得注意的，在孔子那里归之为"德"的"仁义礼智"，孟子不称之为"德"，而称之为"端"，这可谓用心良苦。德，既是"善行"，也是"善行的结果"；而端，既是"善性"，也是"善性的本质"。他似乎刻意用这样的独创概念，以推向"极端"的方式，强调仁义礼智是天赋的人性，而不是如孔子所说，是学习的结果。学习只是"养"德，即"扩而充之"，而不是"立"德，即产生德性；学习只是"养成"君子，而不是"塑造"君子。这是孟子与孔子最大的区别，也是孟子对孔子最好的继承和发扬。

依照孟子的逻辑，人如果舍弃了仁义礼智这"四端"，无异于放弃了人的根本，即做人的基本权利和最佳机会。"有是四端而自谓不能者，自贼者也。"这也就是为什么《三字经》要说"苟不教，性乃迁"的原因——人如果不加以自我教养，其善的本性就会发生迁移，而滑向禽兽一端。这件事，要从小抓起。所以有"昔孟母，择邻处"的故事。

六

因此，与孔子相比，孟子似乎更加重视学习和教化对"存人性"

○八　［性］　从孟子的"修身养性"说起

的作用。《孟子·公孙丑上》说："苟不充之，不足以事父母。"这正如《三字经》所言："苟不学，曷为人。人不学，不如物。"如果说，在孔子那里，不学，还只是"不求上进"，充其量不过如《论语·季氏第十六》所说："不学礼，无以立。"尽管无以立，可毕竟还是人。但是到了孟子和《三字经》这里，问题却严重得多了：不学，"不如物"！不学，是"非人"！《孟子·公孙丑上》更是进一步归纳说："由是观之，无恻隐之心，非人也；无羞恶之心，非人也；无辞让之心，非人也；无是非之心，非人也。"《孟子·离娄上》则认为，这些所谓"非人"，无一不是"自贼""自取""自暴""自弃""自侮""自毁""自伐"的不义结果，一句话，是对仁义礼智四端天性的自我放弃。对于礼义来说，自我放弃等于"自作孽"，而罪莫大于自作孽："天作孽犹可违，自作孽不可活。"对于孟子来说，以性本善的人性角度而言，哀莫大于自我放弃。对此，孟子十分痛惜地指出："自暴者不可与有言也，自弃者不可与有为也。言非礼义谓之自暴也，吾身不能居仁由义谓之自弃也。仁，人之安宅也；义，人之正路也。旷安宅而弗居，舍正路而不由，哀哉！"这是孟子对人性回归的呼唤，也是对他那个时代的悲情呼唤。

　　说来说去，孟子要说的还是《孟子·告子下》中的那句话："人皆可以为尧舜"。《孟子·滕文公上》说："孟子道性善，言必称尧舜。"这是因为，首先是孟子的时代需要尧舜——不是"一个"拯救天下的圣王尧舜，而是"千千万万个"拯救社会的尧舜式君子。更重要的是，按照孟子的逻辑，推而广之，每一个时代的每一个人，其本性的良知都会警醒自己回归尧舜，其本性的良能也都会支持自己成为尧舜。正是基于这种对人性本善的坚定信念，《孟子·离娄下》说："舜人也，我亦人也。舜为法于天下，可传于后世，我由未免为乡人也。是则可忧也。忧之如何？如舜而已矣。"舜是人，而我也是人，可是舜能治理天下造福于当代后世，而我还只是一个乡下粗鄙之人，这真是太让人忧心了。那该怎么办呢？有办法：舜能行，我也能行！《孟子·滕文公上》引用颜渊的话说："舜何？人也。予何？人也。有为者，亦若是。"孟子认为，君子就应该像舜那样，承担起自我道德完善的责任和推及天下的使命。所以《孟子·公孙丑下》说："如欲平治天下，当今之世，舍我其谁也。"这便是孟子，这便是基于孟子的性本善哲学和逻辑并由此影响了世世代代学子的《三字经》。

七

《孟子·尽心上》说："知者无不知也，当务之为急；仁者无不爱也，急亲贤之为务。尧舜之知而不遍物，急先务也。尧舜之仁不遍爱人，急亲贤也。"礼义也一样，尽管无所不在，无处不在，无时不在，但也有"当务之急"。在孟子这里，礼义的"当务之急"，在于治己，而治己在于"修身"。《孟子·尽心下》说："君子之守，修其身而天下平。"礼，首先是"守"，而常人之病恰恰在于不守——"人病舍其田而耘人之田，所求于人者重，而所以自任者轻。"孟子深刻地指出：常人的通病是不耕自己的地而去耕别人的地，要求别人的多而自己承担的少；君子则刚好相反，先正己，然后才推己及人，直至家国天下。为此，《孟子·离娄上》倡导说，向内"反求诸己"，君子"自求多福"。

孟子的这些观念，很大程度上还是直接承接了孔子关于礼的第一要务是"修己安人"的主张。《论语·宪问第十四》记载说，子路向孔子请教什么是君子。孔子说："修己以敬"。子路追问道，仅这样就可以了吗？孔子补充说："修己以安人"。子路再追问道，这样就可以了吗？孔子强调说："修己以安百姓"。在这里，孔子再三强调：礼首先是用来"修己"的，而修己的目的是为了治人，然而所谓治人，是指安人。由此再来读《礼记·大学第四十二》中"自天子以至于庶人，壹是皆以修身为本"，"身修而后家齐，家齐而后国治，国治而后天下平"。这段话的核心，同样在于安，在于安人，在于安百姓。

八

但是，孟子的"修身"与孔子的"修身"，尽管相近，其实不是同一个概念。这其中的根本差别，还是源于孔子和孟子对人性的不同认识和态度。如前所述，人性在孔子这里，无所谓善恶，只是一个可以在上面绘画的白底，画美则美，画恶则恶。这样一来，孔子的所谓修身，就是一个"外铄"的"塑造"问题，是一个谁来画、画什么、如何画的问题。孔子的回答是：第一，画仁；第二，通过学礼和习礼画仁；第三，由老师指导、君子示范画仁。

与孔子不同，人性在孟子这里，本来就善，本来就是一幅尽善尽美的图画，求存则善，舍去则恶。这样一来，孟子的所谓修身，就是一个"内心苏醒""内心激活"的"自我尽心"问题，是一个如何保存善心本性、保持善心本性、回归善心本性、修正善心本性的"自我律令"问题，用孟子自己的话说，就是一个"存心"的问题。"存"，就是"养"。所以，相比孔子的修身重在"习"，孟子的修身，更在"养"："养心""养性""养气""养神"。

至此，就不难理解《孟子·尽心上》说的下面这段话了："尽其心者，知其性也。知其性，则知天矣。存其心，养其性，所以事天也。夭寿不贰，修身以俟之，所以立命也。"对此，朱熹《集注》说："存，谓操而不舍；养，谓顺而不害。"如果进一步从人本哲学来看孟子的这段话，其精要之义可以理解为：最美不过人性的回归，而不是所谓人性的塑造。为此，《孟子·告子上》强调说："仁义礼智，非由外铄我也，我固有之也。弗思耳矣。故曰求则得之，舍则失之。"《孟子·尽心上》更是义无反顾地说："万物皆备于我矣，反身而诚，乐莫大焉。强恕而行，求仁莫近焉。"孟子在这里反复强调的，都是自我人性的觉醒和人性的自我回归。

九

由此可见，孟子似乎比孔子更加接近以康德为代表的主张天赋理性和道德法则的德国古典哲学和以洛克为代表的主张天赋人性和天赋人权的近代自然权利哲学。在《孟子·公孙丑上》中，孟子说他自己"我善养吾浩然之气"。所谓"浩然之气"，其实是一种难以言喻的君子人格境界。对此，他解释说："其为气也，至大至刚，以直养而无害，则塞于天地之间。其为气也，配义与道，无是，馁也。是集义所生者，非义袭而取之也，行有不慊于心，则馁矣。"这种浩然之气，无比强大。之所以如此，是因为发自内心，在内心深处集义所生，而不是被任何外力赋予的结果。这种内在之气，也就是人的精气神，只能顺应而养，不能人为强加，如此就能发扬光大而充盈于天地之间，以崇高的道德使命感而问心无愧。

或许，关于孟子"浩然之气"的这种"翻译"，许多人都会有似曾相识的感觉。的确，这同样也是对康德"头上的灿烂星空与内心的道德律令"的"翻译"。与康德一样，孟子似乎也有他自己的"墓志铭"，如前所引，就是"修身养性善"："修身立命"，听从天的召唤;"存心养性",跟随内心指引。这是孟子认为人的一生中最重要的两件事情,并且同归于善。

或许,康德和孟子的这两句话,真有着某种异曲同工之妙……

○九

經【经】

从儒学的『十三经』说起

經典法則

上面这四个小篆的字，分别是经、典、法、则。其实它们都有一个共同的本义，就是"常"。常的本义是普通，即普遍性、普世性、普适性。凡普通者，就是经，就是典，就是法，就是则，就是道，就具有普遍性、普世性、普适者。

经者，治也。经天纬地，是指以礼乐经典为依据而治理天下。

典者，经也。古代伦理制度有五典之说，五典又称五常：父义、母慈、兄友、弟恭、子孝。

法者，常也。经常者莫过于天长地久，所以人法天地。

则者，法也。君子以身作则，为世效法，称之为法则。

记录法则，即为经典；经典因为记录法则而成为法则。所有的法则都有一个共通的名称，这就是"礼"。

一

中国有经典的时代，从孔子开始。有了经典，社会的道德就有了共同的标准，人们的行为就有了权威的准则，一种特定文化的生活方式,才得以形成,并得以描述。

经典既是对生活方式的指导,又是对生活方式的总结。孔子当年就是以这样的认知,整理编写了"六经":《诗》《书》《礼》《乐》《易》《春秋》。经过历代增补,"六经"扩展为"十三经",千百年来,一直以直接和间接的方式深刻地影响着每一个中国人的基本生活方式,可以说是中国人不可离开也无法离开的生活方式指南。

二

《孟子·万章下》说:"集大成也者,金声而玉振之也。金声也者,始条理也;玉振之也者,终条理也。始条理者,智之事也;终条理者,圣之事也。"古代所谓"成",是指一段乐曲终了。所谓"金声玉振",是指以钟声起音而以磬声结尾。孟子将金钟起音归于智慧,而将玉磬结尾归于圣力,这是对孔子和经典的双重解读。孟子认为,孔子以其合乎时宜的"智慧"和不可思议的"圣力"开创了中国的经典时代,此前2500年的一个个"小成",因为孔子"集大成"而终成大器,成为"经典集成"。显而易见,经典是集体集成的结果,而不是个人创作的成果。创作是小成,集成是大成。深谙此道的孔子因此"述而不作,信而好古"。述而不作,是为了"集小作为大成";信而好古,是为了"集古作为新典"。

《孔子家语·本姓解第三十九》曾以历史老人的口吻赞美并且感叹说:"孔子生于衰周,先王典籍错乱无纪,而乃论百家之遗记,考正其义,祖述尧舜,宪章文武,删《诗》述《书》,定礼理乐,制作《春秋》,赞明《易》道,垂训后嗣,以为法式,其文德著矣!然凡所教诲,束脩已上三千余人,或者天将欲与素王之乎?夫何其盛也!"

一个生不逢时、四处碰壁的人,居然能够将尧舜先王及夏商周三代2500多年间散乱错讹的典籍系统整理出来,集成《诗》《书》《礼》《乐》《易》《春秋》,并使此"六经"成为后世的法则,又能够吸引三千多弟子,从四面八方前来拜他为师。如果不是天生就是要成为圣人的素王,又怎么能够有如此不可思议的奇迹呢?

发出这个赞叹的,是齐国太史子舆。他仰慕孔子已久,后来终于得以来到鲁国拜见孔子,在听过了孔子说道之后,心悦诚服,惋惜之情油然而生。他坚信:尽管身处"衰周"的孔子,有明王之德,无明王之位,终其一生难以实现他"复礼""归仁"[①]的宏愿,他的同时代人民也因此无法享受到他的思想恩泽,但他的仁德政治主张和礼乐社会理想一定会传给后世并发扬光大。

《孔子家语·本姓解第三十九》所载的这则故事,原文是这样的:"齐太史子舆适鲁,见孔子。孔子与之言道,子舆悦,曰:吾鄙人也,闻子之名,不睹子之形久矣,而求知之宝贵也。乃今而后知泰山之为高,渊海之为大。惜乎,夫子之不逢明,道德不加于民,而将垂宝以贻后世。"

这个垂贻后世的"宝",当然是指孔子博大精深的思想,但主要的载体却是"六经"。孔子本着"吾从周"的立场,以"吾从吾"的素王使命,以周公制礼作乐为基础,整理编述"六经",开启了一个浩大的中国圣经工程,由此构建了儒家思想最初的知识体系,当然也是中国最初的百科全书式的启蒙思想文化常识体系。

---

① 《论语·颜渊第十二》。

三

司马迁在《史记·卷一百三十·太史公自序第七十》中解读这个以"六经"为基本框架的知识及常识体系时说:"《易》著天地阴阳四时五行,故长于变;《礼》经纪人伦,故长于行;《书》记先王之事,故长于政;《诗》记山川溪谷禽兽草木牝牡雌雄,故长于风;《乐》乐所以立,故长于和;《春秋》辩是非,故长于治人。"

对于孔子而言,所谓经典,绝非学术著作,而是启蒙读本,这是人类文明关于经典的本意,"六经"也一样。在孔子时代,"六经"的基本内容不仅早已存在,而且在礼乐文明社会中,发挥着至关重要的教化作用,塑造性格,培育品德,引导风俗,非"六经"莫属。或许,孔子正是看到了这一点,找准了自己的治学方向和学术理想:整理经典,垂范人生。

在《礼记·经解第二十六》中,孔子说:

"入其国,其教可知也。其为人也,温柔敦厚,《诗》教也;疏通知远,《书》教也;广博易良,《乐》教也;絜静精微,《易》教也;恭俭庄敬,《礼》教也;属辞比事,《春秋》教也。故《诗》之失,愚;《书》之失,诬;《乐》之失,奢;《易》之失,贼;《礼》之失,烦;《春秋》之失,乱。其为人也,温柔敦厚而不愚,则深于《诗》者也;疏通知远而不诬,则深于《书》者也;广博易良而不奢,则深于《乐》者也;絜静精微而不贼,则深于《易》者也;恭俭庄敬而不烦,则深于《礼》者也;属辞比事而不乱,则深于《春秋》者也。"

孔子的这段话,可以理解为"六经"的三段论总纲。第一,"六经"已被社会证明,具有良好的导风化俗作用。第二,对"六经"

的误读、偏解、歪用、断章取义、背离或者抛弃，谓之"失"，也广泛存在，或有愈演愈烈趋势，这对社会风俗和人的性格品德会起到十分不利的反作用，换言之，会败坏社会风俗，毒害人的思想精神。第三，有鉴于"六经"之于社会人生正反两方面的作用及问题，如何引导人们正确阅读"六经"，阅读正确的"六经"，即孔子所说的"深"，就成了孔子的当务之急。这可以说是孔子重新整理编撰"六经"的根本出发点。对此司马迁在《太史公自序》中说："《礼》以节人，《乐》以发和，《书》以道事，《诗》以达意，《易》以道化，《春秋》以道义。"这正是孔子重新整理编撰"六经"的目的和准则：以经典拯救社会，以经典启蒙人生，以经典教化天下，以经典贻宝万世。

四

因为"六经"，孔子得以成为儒家学派的奠基人，而周公也因此成为儒家名义上的鼻祖。因为这样的关系，儒家思想的基础和核心，从一开始就是假托周公的"礼乐"二字，由此而论，整个中国以儒家思想为主体的传统文化的基础和核心，也就是四个字：礼乐文明。

儒家最初的这"六经"，或许并非如《孔子世家》所言全都出自孔子之手。而将礼乐原典的作者，归之于周公名下，也是历来备受质疑。合乎历史的推断似乎是："六经"的成书时间不一，其作者或者不详，或者并非一人。尽管如此，也丝毫无损于周公和孔子先后相继500年作为"六经"原创者的权威性，也无损于"六经"作为儒家思想即中国礼乐文明最基本经典的地位。

○九　[经]　从儒学的"十三经"说起

五

　　如果说，孔子（公元前551年—公元前479年）开启了中国礼乐的经典时代，或者说，开启了中国圣经的自觉时代，那么，可以说，西汉（公元前202年—公元9年）则因为董仲舒而进入了"礼乐经典"及"中国圣经"的确立时期。据班固《汉书·卷六·武帝纪第六·赞》记载，西汉第七位皇帝汉武帝刘彻（公元前156年—公元前87年）采纳董仲舒的建议，"卓然罢黜百家，表章六经"，于建元五年（公元前136年）设五经博士，以儒家《诗》《书》《易》《礼》《春秋》"五经"为国家经典和仕途之门。随后，东汉在"五经"之上增加《论语》和《孝经》共为"七经"。唐代则继往开来，于开元年间以科举取士，将《礼》分别为《周礼》《仪礼》和《礼记》"三礼"，将《传》分别为《春秋左传》《春秋公羊传》和《春秋谷梁传》"三传"，与《易》《诗》《书》合为"九经"。唐文宗开成年间，在"九经"之上又增加《论语》《尔雅》和《孝经》，立"十二经"刻石。到了南宋绍熙年间，又在"十二经"之上再增加《孟子》，成为"十三经"，即《周礼》《仪礼》《礼记》"三礼"，《春秋左传》《春秋公羊传》《春秋谷梁传》"三传"，加上《周易》《尚书》《诗经》《论语》《孝经》《尔雅》《孟子》。就这样，由孔子开启的"中国圣经工程"，历经1700余年（公元前551年孔子诞生—公元1190年南宋绍熙元年），终于蔚为大观，其后直到中国最后一个封建王朝结束，准确地说，直到1949年中华人民共和国成立，再也没有一个时代或者一位圣人可以损益其结构，毁弃其框架，另起炉灶。

六

"十三经",总字数大约65万字,然而,历代关于"十三经"文本的各种演绎,包括传(解说)、记(梳理)、注(解释原文)、疏(解释前人的注文)、音(注音)、考(根据文献资料核实)、序(提纲挈领,整理排序),编(重新编辑、编排)、撰(编写、编造),乃至伪(假托古人之作)、疑(质疑)等,据上海古籍出版社在《十三经译注》2004年版的出版说明中所言,达到3亿字左右。这3亿字左右的演绎学问,构成了中国特有的"国学"本体。

习惯认为,"十三经",是正宗的儒家经典,但究其博大精深的内容而言,"十三经"其实是以"融合无间"的形态,包含了中国古代最优秀的各种思想文化成就及各种知识学科成果,而为社会广泛地接受和普遍地应用。这是一部地地道道的百科全书式的"中国圣经",自孔子以降,逐步渗入中国封建宗法社会的肌体,塑造了2500多年古代中国的礼乐文明,历久弥深,即便是在今天,也依旧隐形于政治、经济、社会、思想、文化乃至科学与教育各个领域,深深影响着当代人们的日常工作与生活。

你要想认识中国,就读"十三经";你要想影响中国,就读"十三经"。

你要想认识你自己,就读"十三经",因为它在你的血液中流淌。

你要想拯救你自己,就读"十三经",因为它在你出生之前就进入到了你的灵魂深处。

○十 【国】

从《周礼》的『礼仪之邦』说起

邦國畿封爵宗法

上面七个小篆字,分别是邦、国、畿、封、爵、宗、法。

这七个字,在公元前21世纪—公元前256年的大约2000年间,是夏、商、周三个朝代的四种基本制度即禅让制、世袭制、分封制、宗法制的核心词。这四种基本制度在三个朝代中呈现为既依次演进又混合并存的关系。

邦,从田,从土,转意为封地。

国,从四方形的围合,中间有戈守土,本义疆域。

畿,象持戈守田,本义为离都城不远的田野。

封,象用手种树。古代封地以树为界。

爵,本义象雀形的饮酒器具。

宗,象在室内祭祀,本义宗庙、祖庙。

法,本义公平如水,正直如神兽廌(zhì),能断是非曲直。

一

中国自古就是一个礼仪之邦。这不仅是中国几千年历史的一个基本事实，在很大程度上说，更是一个永远的梦想。这个梦想在孔子这里，尤为清晰也尤为执著。他一生梦寐以求的，不只是礼仪之邦，更是一个礼乐世界，一个大同小康的"邦国天下"。这个邦国天下的美好蓝图，在"十三经"的"三礼"即《周礼》《仪礼》和《礼记》中，尤其是在《周礼》和《礼记·王制第五》中有着丰富的想象，可说是一个美轮美奂的"理想国"。如果不了解孔子的这个"理想国"，就很难理解孔子的世界。

二

邦，就是国，合称邦国，但邦国不是中国。当今的中国，是孔子时代的"天下"，但孔子时代的"天下"，不是当今的中国。这是因为，当今的中国，是一个大一统的国家，而孔子时代的天下则不同，普天之下的王土，尽管名义上"莫非王土"，其实是被分封为数以千计的大小邦国。邦和国，都是天子按照"爵诸侯"的礼制，在命封给贵族以公、侯、伯、子、男五等爵位的同时，作为相应的爵禄而赐给他们的"封地"。这些封地大曰邦，小曰国，近曰畿，封地中还有大大小小的卿大夫封地，且多以树为边界。封地作为爵禄，最有价值的是土地和人口。树、土地、人口，因此成为邦、国、畿这三个象形字共通的本义。

要言之，邦、国、畿、封、爵，在古代社会，都有一个彼此相通、相同的指向：分封天下。分封的依据是"宗"，宗这个字的象形本义是祖庙，同一个祖庙即同一个祖宗的人当然最亲。分封就是天子根据其宗亲关系的嫡庶亲疏决定"爵诸侯"的等级和畿地的远近，以此为制度，便名为"宗法"。法字的象形，公平如水，守候在水边的是"廌"。这个名为"解廌"的独角神兽，能辨别曲直，关键时候会挺身而出,用它的独角去牴触破坏"水平"的一方。这种分封天下的等级制度及其秩序,就是礼。《荀子·富国》说:"礼者,贵贱有等,长幼有差,贫富轻重皆有称者也。"

三

毋庸讳言,中国古代礼仪之邦的基础,的确是以等级差异为前提的"宗法制""分封制"以及与此密切相关的"采邑制"(诸侯分封给卿大夫的食邑)和"井田制"等,这些基本制度的关键在于"异",即所谓"礼辨异"。还是用《荀子·富国》的话说:"救患除祸,则莫若明分使群矣。"这在当今看来,显然是十分"落后"的,不过,这在当时,却是领先世界的文明。之所以"落后",是因为在今天看来,有权分封天下并由此决定每个人的社会等级和身份差异的"天子",缺乏受治者同意和授权的合法性;之所以"先进",是因为"天子"头上还有"天",还不是至高无上的,还不能无法无天地任意主宰天下万民的命运。为此,古代社会以一种约定俗成的方式将受治者的同意和授权,首先授予了"天",这是一个体现自然意志(不可知力量)的上帝和代表生命之源(不可抗拒命运)的先祖的联合体,然后由"天"代表民意转授给"天子"。

所谓"天子",不是天之子,而只是"天"授权治理天下的代理人。准确地说,是指"天"经过明察而发现,再经过考验合格而挑选出来治理天下的"代理人"。既然是代理,就只能按照事先约定的代理法则来治理。所谓事先约定的"法则",指的是先世先王先圣的先例,即分封而治。这样一种"天子承天受命而分封天下"的"分治",在夏商周三代实行了2000多年之后,被秦始皇不再作为"先例"而是作为"古制"打入了地宫,从此在中国大地上消失了。但是，相比由大秦王朝创始并一直延续到大清王朝的"皇帝至高无上的中央集权"的"专制"而言，这个在秦始皇之前曾经延续了2000多年的"古制"或许真的具有某种"越先世，越先进"的永恒价值和不朽生命力，以至于在秦始皇之后的2000多年里，这个礼乐古制的幽灵仍然顽强地以各种方式植入并复活于历代大一统的"专制"国体之中，挥之不去。

不仅如此，在秦始皇之后的2000多年中，几乎历代都有"重返""邦国天下"的"复古运动"。每隔一定时期，就会有人"托古改制"，可一旦以"托古"之名上位成功，又回到专制集权，于是又有人起而"托古改制"……中国的历史，因此总是借了复古的名义而一再陷入"天下合久必分，分久必合"的历史循环怪圈，"分封古制"则不幸成为了这个怪圈的一部分，成了被人利用来改朝换代的破坏性工具，而不是改朝换代之后依照礼乐之道建立起来的常规秩序。这显然不是孔子所想要的，是孔子未曾预见的，也是孔子所极力想要避免的。

四

尽管历史不可假设，但如果中国真的如孔子梦寐以求的那样，一路从周公时代的邦国天下走过来，而不被秦始皇打断，那会是一个什么样的中国呢？这个问题，对于每一个关心中国历史文化命运的人，都具有迷药般的迷惑力。而受迷惑最深的，还是莫过于孔子。他与2500多年之后的人们将未来的希望寄托于未来的"进步性反思"不一样，而是将未来的希望寄托于过去的周公时代，并以这种看似"倒行逆施"的"复古前瞻"方式，构建了理想中的未来，这个未来，就是"礼辨异而乐和同的大同世界"。关于这个礼乐世界的构想，孔子之后，不断有人补充、完善甚至篡改，这股多少有些泥沙俱下但不失奔腾浩荡的理想主义洪流，主要集中在"十三经"的"三礼"之中，其中《仪礼》重在礼乐规范，《礼记》重在礼乐思想，而《周礼》重在礼乐制度。

五

《周礼》初名《周官》，顾名思义，主要讲国家治理和官位官职体系。古代施政，主要是施礼，以礼设官，以礼治国，以礼告祖，以礼祈天，以礼教民。所谓"礼仪之邦"，在制度层面上，看来一点不虚。更为重要的是，这个礼官治理体系，直接对应天地和四季，而这样一种宏大时空下的国家顶层制度设计，本身就是礼。礼，就是天经地义的秩序。在古代中国，天地永恒的法理，四季有规则的变化，就是最大最美的"大美秩序"。遵循天地四季法则而构建的礼官治理体系，便顺理成章地与天地一样"尽善尽美"，具有与天地一样不可亵渎的威严，与四季一样不可逆反的神圣。

《周礼》的这种与天地合一的国家治理及官职官位体系是这样安排的：一，天官冢宰，主管宫廷，大致相当于隋唐以降的吏部；二，地官司徒，主管民政，大致相当于隋唐以降的户部；三，春官宗伯，主管宗族，大致相当于隋唐以降的礼部；四，夏官司马，主管军事，大致相当于隋唐以降的兵部；五，秋官司寇，主管刑罚，大致相当于隋唐以降的刑部；六，冬官司空，主管营造，大致相当于隋唐以降的工部。汉时，《周礼》已缺冬官司空，而以《考工记》代替。

为什么与《周礼》官职体系大致相当的是"隋唐以降"，而不是"隋唐以上"与周朝更接近的汉代呢？这是因为汉承秦制，其官职体系采用的是"三公六卿制"。如前所述，秦朝在国家制度方面不是继承周朝，恰恰相反，而是彻底推翻周朝。尽管这中央集权的三公六卿体制中，多少有些周朝分封天下的三公六卿体系的影子，但"此"三公六卿，非"彼"三公六卿。

意味深长的是，《周礼》名为周礼，其实很可能不是周代之礼。《周礼》最早于西汉末年成帝刘骜时期（约公元前51年—公元前7年）突然"被发现"，此时已比周公时代晚了1000年，也比孔子时代晚了500年。至于孔子当年是否见到过这本《周礼》，不得而知。推出此书的刘歆说，《周礼》的作者是周公，王莽新朝（公元9年—公元23年）借此托古改制。此后，北周的宇文泰，宋代的王安石，都曾经托古《周礼》，以求改革变法，但也都和王莽一样，没有成功。

《尚书大传·卷第五·周传七·洛诰》①中说："周公摄政，一年救乱，二年克殷，三年践奄，四年建侯卫，五年营成周，六年制礼作乐，七年致政（于成王）。"《礼记·明堂位第十四》中也说："武王崩，成王幼弱，周公践天子之位以治天下。六年，朝诸侯于明堂，制礼作乐，颁度量而天下大服。"东汉郑玄据此认定，正是周公编造了《周礼》。后世学者，大都不认同此说，比较一致的说法是：《周礼》大约是战国至秦汉之交的产物，作者不详……这可谓"周礼之谜"。

不过，无论《周礼》是否真为周公本人所作，无论《周礼》的内容是否就是周公时代礼乐社会的真实记录，无论孔子是否见到过《周礼》、是否对《周礼》做过损益编修，无论《周礼》中掺杂了后世多少假托周公的"伪作"，《周礼》这本书都堪称是一部对中国礼乐文明制度构思最系统、表述最完美的"理想王国设计"，完全可以与几乎同一时期人类另一种文明的"未来学"著作——古希腊柏拉

---

① 见《续修四库全书·经部·书类》所收《尚书大传补注》。以下凡出现《尚书大传》书名，均指此版本，不再一一说明。

图的《理想国》相媲美。

六

在《周礼》中，理想的王国，是按照"天地人"法则建立起来的一个方方正正的"邦国天下"，其原型母版，就是被理想化了的周公时代。邦国天下的盟主，叫做天子。天子的王位，既可以世代相传，也可以异姓禅让。但无论王位怎样相传，最终能够成为天子的人，必须同时具备两个方面的条件：一是要有超群的能力，以此造福天下，这被认为是"德配天地"；二是要有天命天机，只有在特别的时机，比如天灾人祸，比如先王驾崩，德配天地的人才得以脱颖而出，秉承天命而君临天下。

当初帝尧想将王位禅让给舜，但他没有权力将天授给他的王位以自己的名义直接"馈赠"给舜，而只有资格向天"推荐"舜。这种推荐的方式很特别：尧自己告老退居二线，让舜摄政，先做代理天子，以便让天有足够的时间考察舜是否适合接班。关于这个"禅让程序"的典故，《史记·卷一·五帝本纪第一》是这样记述的："于是帝尧老，命舜摄行天子之政，以观天命。"又说："尧立七十年得舜，二十年而老，令舜摄行天子之政，荐之于天。尧辟位凡二十八年而崩……尧崩，三年之丧毕，舜让辟丹朱于南河之南。诸侯朝觐者不之丹朱而之舜，狱讼者不之丹朱而之舜，讴歌者不讴歌丹朱而讴歌舜。舜曰：天也。夫而后之中国践天子位焉，是为帝舜。"

显然，如果天机未到，天不授命，无论有多大能耐的人，无论以什么样的理由，都不得替代天子，自立为王，即便像舜这样得到尧的赏识和默许也不行。这是因为，王位之间的转移，不是前任天子与后任天子之间的私下交易，而是天的选择。舜就是这样，即便被尧看中了，也几十年不即位，直到一系列迹象最终显示，天的确选中了他，这才自觉天命在身，深感责任重大，而不能不为天下王。由于舜开了这样的先例，所以此后中国历代新王，都需要为自己找到一个合适的时机和理由，假托天命，才得以名正言顺登上王位，有的甚至不惜编造谣言，制造假象，欺世盗名。

正常情况下，即位后的天子，治理邦国天下，最好的办法莫过于"无为而治"，只要顺应春夏秋冬四季的自然变化而变化就行，正如司马迁在《史记·卷一百三十·太史公自序第七十》中所说："夫春生夏长，秋收冬藏，此天道之大经也，弗顺则无以为天下纲纪，故曰：四时之大顺，不可失也。"

七

天子居住的地方，叫做王畿，又称中国，或称国畿。国畿方千里，国畿之外是"四方"，四方之外是"四夷"，由此构成"天下"。天下之内，中国之外，其结构为均衡布局的九个圈层，称之为"九畿"，与国畿合为五千五百里，通称"五千里"。这整个天下的五千里，及其中九个圈层的各五百里，可以理解为半径或直径，但理解为方圆，也就是周长，或许更加接近真实——"方圆五千里"，这大约便是孔子时代的"天下大观"了。

《周礼·夏官司马第四·大司马》说："方千里曰国畿，其外方五百里曰侯畿，又其外方五百里曰甸畿，又其外方五百里曰男畿，又其外方五百里曰采畿，又其外方五百里曰卫畿，又其外方五百里曰蛮畿，又其外方五百里曰夷畿，又其外方五百里曰镇畿，又其外方五百里曰蕃畿。"

这九畿方圆，由内向外，依次分布着不同等级的诸侯邦国及属国或者藩国。其中诸侯邦国的国君，或是天子的宗族成员，或是天子赐姓的宗族新成员，他们接受天子的分封，层层拱卫王畿及天子。离王畿最近的一个圈层，与天子的关系最亲或者功劳最大，以此类推，离王畿最远的一圈，与天子的关系也最远，功劳也最小。

这种看似简单的宗法天下的分封圈层，在古代人心目中，却有着一种神圣、神秘、神奇的礼乐之美，等级森严而又秩序井然，符合天地的法则，遵循自然的节律，利益万民的福祉。正是这种具有"天然合理性"的空间圈层布局，决定了整个国家（天下）的祭祀等级体系和社会层级秩序。如前所述，古代的国家治理，主要是国家祭祀，这是因为，天子既然受命于天，就要对天负责，向天汇报，接受天的监督和制约，而祭祀是天子通天的唯一途径。这样一来，举行祭祀，听从天的旨意，向天报告政绩，祈求天的恩赐和宽恕，就成为天子治理国家的头等要务，甚至唯一要务，即所谓"国之大事，在祀与戎"。这里所说的祀与戎，其实是一件事情的两个方面：一个方面是，遵从四季节律和天地气象（灾异或者祥瑞）的启示，举行祭祀，以祐苍生；另一个方面是，是根据社会治乱的情况，占卜先祖鬼神旨意，决定对诸侯征伐或者安抚，以保社稷。

八

古代中国，祭祀是天子、诸侯以及凡是具有国民身份资格的人（士）最重要的基本权利乃至特权。《周礼》所设计的国家治理及官职官位体系，其主要功能，就是管理乃至控制不同等级身份的人，规范他们以符合各自等级身份的方式，通过进贡、纳税、劳役、献礼、主持、出席、分享等不同的责任形式，参与和参加不同等级的祭祀，既不得怠慢，也不得亵渎，更不得僭越，否则就天下大乱了。

所以《论语·季氏第十六》以"卫道士"的口吻强调说:"天下有道,则礼乐征伐自天子出;天下无道,则礼乐征伐自诸侯出……天下有道,则政不在大夫;天下有道,则庶人不议。"对于每一个人来说,祭祀是否"符合"各自的等级身份及行为规范,同样是一件性命攸关的天大事情。"符合",就是"合礼",当然也就"合理"。惟其如此,人们才得以与共同的上帝和各自的先祖心有灵犀,从神明那里获得各自的天命和赐福,否则就会遭灾遇祸,轻则害己,重则殃及家族,更甚则祸国殃民。

祭祀,因此成为古代中国各级官吏最基本的日常行政及治理行为。从王城的天子,到各国的国君,从天子的三公(太师、太傅、太保)六卿(天官冢宰、地官司徒、春官宗伯、夏官司马、秋官司寇、冬官司空)到诸侯的卿、大夫、士,上上下下"九等命官",可以说无一不是"礼官",制定颁布礼法,组织实施礼法,保卫保障礼法,教化督导礼法,是他们共同的职责。

综上所述,"以礼治国",这或许才是中国自古即为"礼仪之邦"的原初意义,用《论语·先进第十一》中孔子的话说,是"为国以礼",用《礼记·礼运第九》的话说,更是"以祭礼治国":"故先王秉蓍(shī,占卜用的草)、龟,列祭祀,瘗(yì,埋)缯(zēng,丝织品总称,又称帛;以此为礼品和祭祀品,称币),宣祝嘏(gǔ,致福于主人)辞说,设制度,故国有礼,官有御,事有职,礼有序。"先王用蓍草占筮,用龟甲占卜,依照程序进行祭祀,瘗埋帛币,宣读祭祀者《告神文》和受祭者代神给祭祀者的《祝福辞》,以此得神明而设立礼法制度,由此国家依礼治国,官吏依礼行政,任何合礼的事都有相应的官职承担。这样,礼的秩序就可以建立起来了。

十一

禮【礼】

从《礼记》的「礼辨异」说起

禮 履 祭 立 命

上面五个古字,分别是小篆的礼、履、祭、立、命。这五个字,在今天看来,似乎没有任何关联,然而在古代社会,却密不可分。

礼,从"豊（lǐ）",一看就是祭祀用的礼器,究其本义,《说文》说:礼,履也,所以事神致福也。

履,从"尸",尸是古代祭祀时坐在神位上代替先祖或死者接受祭祀的活人,一般是死者的孙儿。《礼记·曾子问第七》说:"祭必有尸,尸必以孙。"由此可见,履的本义,是正在进行祭祀,而祭祀是一种责任和义务,这也是"履行"一词的本义,履行因此也视为德行。

祭,从字形上看,是人手持肉献给神,实际上表达的是人与神的关系,即人神相接、人神相会、人神相交,这种关系称之为"际"。

立,象人顶天立地。

命,象上天给人下达口令,本义为使,即神的差遣,也就是使命。

十一 [礼] 从《礼记》的"礼辨异"说起

总之,礼的本义是为了履行对天和先祖的责任与义务而祭祀,而祭祀的目的是祈神降福于人,是让祖先保佑世世代代子孙能够在天地之间安身立命。的确,在古人心目中,人命关天,而礼关乎天,礼因此是关乎人命和人的命运的天大的事情。

一

《荀子·修身》说:"人无礼则不生,事无礼则不成,国家无礼则不宁。"那么,什么是礼?礼的小篆字形本身或许就是最好的答案。最好的答案不一定就是最令人满意的答案,但无论怎样,当今人们要认识礼,要在当今社会找到礼,还真的不能不从礼开始的地方开始。这是因为:礼的本义,一言以蔽之,就是找回你自己;礼的作用和意义,一言以蔽之,就是告诉你唯一可以找回你自己的途径。

如上所述,礼产生于祭祀,准确地说,在古代社会,礼就是祭祀,礼在于祭祀,礼开始于祭祀。为什么要祭祀?《礼记·祭义第二十四》说:"天下之礼,致反始也。"意思是说,世间所有的礼仪、礼节、礼貌、礼制、礼法、礼治,都是为了找到本源、找回本源、记住本源、不忘记本源。《礼记·檀弓上第三》也说:"礼,不忘其本。"古人的回答很简单:不忘祖先,不忘本,不忘自己是从哪里来的,不忘我是谁。《礼记·郊特牲第十一》说:"万物本乎天,人本乎祖。"人要找到自己的本源,不仅要问祖,更要问天,所以祭祀不只是祭祖,更要祭天、祭地、祭鬼神。

二

看来,古代人祭祀的逻辑是:要想"不忘",就要"反本";要反本,莫如祭祀。但祭祀反本,不是也不可能是真正返回到祖先那里去，而在于"正名"。还是那句亘古不变的老话，我要知道我的祖先是谁才能知道我是谁，否则，就找不到我自己在家国天下的位置，就缺乏安全感。正如孔子在《论语·子路第十三》中所说："名不正，则言不顺；言不顺，则事不成；事不成，则礼乐不兴；礼乐不兴，则刑罚不中；刑罚不中，则民无所措手足。"由此可见，所谓"正名"，就是参照祖先，找到自己在家族中的位置，参照天地，找到自己在社会中的地位。

《礼记·经解第二十六》说："天子者，与天地参，故德配天地。"《礼记·中庸第三十一》说："可以赞（有助于）天地之化育，则可以与天地参矣。"可见，"参"在这里，不只是参照，更是参配，即所谓"德配天地"，换言之，就是你的德行配得上你在天地中立足的位置和地位，惟其如此，才是"名正言顺"。参，因此是正名的方法，也是正名过程，更是正名的目的和结果。

三

正名是为了"立"，且唯有正名，才能立。所以《论语·里仁第四》说："不患无位，患所以立。"那么，什么是"所以立"？《论语·泰伯第八》的答案是："立于礼"。

"立"的字形，是人站在一块属于自己的地方，头顶一片属于自己的天空。人因为立，才成其为自己。《周易·卷四·大过卦第二十八》说："君子以独立不惧"。《论语·为政第二》记载说，孔子自言"十有五而志于学，三十而立"。《论语·尧曰第二十》说："不知礼，无以立。"由此可见，孔子所谓"立"，绝非自我感觉良好的那种志得意满，而是说终于明白了礼的真谛，找到了自己得以"安身立命"的位置，即"立于礼"。看来，即便是孔子，"立"也是要通过很长时间"学礼"才得以实现的,从十五志于学到三十而立,孔子足足用了十五年时间。或许正是因为这样的人生经历,孔子深知礼之于立的人生甘苦。据《论语·季氏第十六》记载,孔子教育儿子鲤的方式之一,就是让他学礼,并告诉他说:"不学礼,无以立。"于是鲤退而学礼。

四

"立"首先是"立命",或者准确地说,通过"学礼"和"立于礼"而立命。孔子因为"三十而立",才有"四十而不惑,五十而知天命,六十而耳顺,七十而从心所欲、不逾矩"。这也就是说,"立",不只是在社会中找到了自己的位置,或者是一官半职,或者是家族地位,或者是某种社会公认的正当职业及身份,更是在内心找到了自己生命的意义。而生命的意义在于使命,将生命和使命统一起来,这就是所谓"立命"。如前所述,命的本义是"令",是"上天的命令",上天的命令不可违。对于一个"而立"之人来说,不是被动地不违,而是主动地承担。以本源于上天的性命,承担来自上天的命令,这就是所谓"天命"。性和命,不属于自己,但可以"知道""领会"和"运用",这便是可以把握的"命运"。

所谓"把握命运",究其实质,只是自己对自己的行为负责并承担起与自己身份相关的社会责任,却不一定是能够实现自己所设定的人生目标,即如《论语·颜渊第十二》所说"死生有命,富贵在天"。唯有这样豁达地"把握命运",才能有如此的从容。所以孔子在《论语·宪问第十四》中说他自己"不怨天,不尤人,下学而上达,知我者其天乎",孔子相信自己知命、知天(上达),而天也知他、知人。

五

《礼记·中庸第三十一》说:"天命之谓性,率性之谓道,修道之谓教。道也者,不可须臾离也,可离非道也。"这里的"道",就是礼,就是"率性",即顺从自己的天性。这里的"教",也是礼,是修道,也就是学礼。礼不可须臾离,这是因为,如前所述,礼就是人的天性,礼就是人的天命。总之,礼是人的生命不可剥离的一部分,是一个人的灵魂,没有礼就没有命,没有礼就不是人。所以《论语·尧曰第二十》说:"不知命,无以为君子也;不知礼,无以立也;不知言,无以知人也。"孔子在这里将"三个不知"放在一起,相提并论,提到性命攸关的高度,显然是要强调这三者不可或缺,不可分离,正如性、命、礼三者不可或缺,不可分离。对此,朱熹在《论语集注》[①] 中引述古人的话进一步强调说:"知斯三者,则君子之事备矣。"

可见,所谓君子,无论是在孔子这里,还是在朱熹这里,都是"而立之人",也就是《论语·雍也第六》所说的那种"己欲立而立人,己欲达而达人"的"仁者"。《论语·颜渊第十二》说:"克己复礼为仁。"意思是说,用礼来约束自己,使自己的天性回复到礼的本原状态,就是"仁"。这里又是一个语义循环。在孔子的语境中,充满了这种语义循环。但无论怎样循环,孔子关于仁和礼的关系的认识是明确的:仁,是仁者的责任和使命,仁作为责任和使命就是"回归于礼"。承担起"回归于礼"这样一种责任和使命,就是仁。承担起"回归于礼"这样一种责任和使命的人,就是仁者,就是君

---

① 见中华书局 1983 年版朱熹撰《四书章句集注·论语集注·卷十·尧曰第二十》。以下凡出现《论语集注》书名,均指此版本,不再一一说明。

子。这里仍然是一个语义循环。毫无办法,这是孔子特有的论说方式,这也是中国文化特有的思辨逻辑。

六

在古代社会,"立",或者说,"立于礼",对于个人而言,就是"立命";对于国家和社会乃至天下而言,就是"异"。《礼记·乐记第十九》十分明确地说:"礼辨异","礼者为异","异则相敬"。

"异",用当今的话说,就是"社会角色"。每一个人,都有属于自己的社会角色,而无论哪一种社会角色,都只有得到其所在的社会秩序的确认,才成其为社会角色。不同的社会角色在其社会秩序中的位置,就是"序"。

《礼记·仲尼燕居第二十八》说:"立而无序,则乱于位也。"《礼记·礼运第九》说:"故圣人修义之柄、礼之序,以治人情。"又说:"官有御,事有职,礼有序。"这样一来,通过"辨异"而达到"序",就成了"礼"最重要的社会功能和社会价值之所在,"礼"因此顺理成章地成了建立社会秩序的依据,维护社会秩序的工具,调整社会秩序的手段。于是"序"和"礼"便成为了同义词:序就是礼,礼就是序。

关于"序"和"礼"的关系,《礼记·曲礼上第一》是这样说的:"夫礼者,所以定亲疏、决嫌疑、别同异、明是非也。"这里的"定""决""别""明",都是"辨异",也都是"立序"。于是"道德仁义,非礼不成;教训正俗,非礼不备(完满);分争辨讼,非礼不决;君臣、上下、父子、兄弟,非礼不定;宦学(游学求官)事师(敬师),非礼不亲;班朝(列位)治军,莅官(上任或巡视)行法(执行法令),非礼威严不行;祷祠祭祀,供给鬼神,非礼不诚不庄

(庄重)。是以君子恭敬、撙（zūn，节制）节、退让（谦让）以明礼。鹦鹉能言，不离飞鸟；猩猩能言，不离禽兽。今人而无礼，虽能言，不亦禽兽之心乎？夫唯禽兽无礼，故父子聚麀（yōu，雌兽）。是故圣人作，为礼以教人，使人以有礼，知自别于禽兽。"

由此一来，"礼辨异"，就不再只是辨别不同的人群，更是用来辨别人与禽兽的标准。换句话说，礼不只是关乎人的社会身份，更是关乎人是不是人的根本问题。所以在《礼记·哀公问第二十七》中，孔子告诉鲁哀公说："民之所由生，礼为大。"礼是关乎人的生存问题的头等大事。鲁哀公的这个问题，也是哈姆莱特式的问题：生存还是毁灭？孔子的回答是：生于礼！

七

在孔子这里，有三种不同的"辨异之礼"：第一，区别人与禽兽的礼，礼者，人之所以是人；第二，区别小人与君子的礼，礼者，君子之所以是君子；第三，区别一般概念上的人与具体的个人的礼，礼者，我之所以是我。

由这三种"辨异之礼"，又可直接推导出来三个层面的"立序之礼"。第一，国家（天下）等级制度层面的礼，礼者，国家（天下）之所以是国家（天下），君臣之所以是君臣，上下之所以是上下；第二，家族等级关系层面的礼，礼者，父子、兄弟、夫妇之所以分；第三，社会等级秩序层面的礼，礼者，老幼、尊卑、宾主之所以别。

大体上看，这三种"辨异之礼"和三种"立序之礼"，似乎完美无缺，几乎毋庸置疑，但实际上是经不起严格推敲的。这其中有三个根本问题需要进一步求解：第一，为什么需要礼？第二，礼的依据是什么？第三，礼的标准是什么？

古人回答这三个根本问题，或者说寻找这三个问题的最终答案，往往遵循三个方向，通过三种途径：第一，从"天"那里找，也就是从不可思议的"神"那里找，结果总能找到"法天"，即"天人感应"，"天人合一"。于是，"天"就被认为是礼的第一原因、礼的最终依据、礼的根本标准。第二，从明王、圣人那里找，结果总能找到"法王"，即效法先世、先王、先圣、先贤、先师。于是"先"就被认为是礼的第一原因、礼的最终依据、礼的根本标准。第三，从人的本性那里找，结果总能找到"性"，也就是"率性"，人之所以不同于禽兽，在于人的本性。于是"性"就被认为是礼的第一原因、礼的最终依据、礼的根本标准。

但是，问题接踵而至，当人们沿着这三个途径追寻，朝着这三个方向追问的时候，却发现，在每一个正确的答案之后，都可以找到几乎完全相反的结果。《孟子·离娄上》说："顺天者存，逆天者亡。"《荀子·天论》则说："天行有常，不为尧存，不为桀亡。"《论语·学而第一》说："先王之道，斯为美。"《荀子·非相》却说："欲观圣王之迹，则于其粲然者矣，后王是也。"《孟子·告子上》说："人性之善也，犹水之就下也。人无有不善，水无有不下。"《荀子·性恶》却说："人之性恶，其善者伪也。"

这样的辩难和"礼无定论"，不是件坏事情。可以说，自孔子以降 2500 年以来，中国历代所有的历史文化探究，基本上都是围绕着礼的"原因""依据"和"标准"这三个根本问题展开的，都主要是循着"天""王""性"这三个主要途径和方向进行的。迄今为止，关于礼的这三个根本问题，仍然分歧和纷争不断，但"天""王""性"这三个"寻礼"的途径和方向，却成为人们普遍的共识。或许可以说，正是这样的分歧和共识，才让"礼"具有了无限的丰富性和永恒的生命力。翻开《礼记》，就知道此话不虚。

八

《礼记》，又称《小戴礼记》，是古代关于"礼"的一部思想文献总集，尽管各篇观点不尽一致甚至不乏混乱，但仍然不失为"三礼"中最具学术思想价值的一部经典，在全部"十三经"中，其学术地位也可说是最高的。全书约九万字，四十九篇，其中十七篇对应解释《仪礼》的要义，其他如《大学》《中庸》《礼运》等篇，具有极其丰富的哲学思想。

《礼记》对礼乐的起源、价值、功能、作用和意义均有精辟的表述，而《礼记》自身也因此超越了它当时赖以立意的"邦国天下"分封制度，在此后2500多年中，受到历代中央集权王朝的重视，并发挥了重要作用。不仅如此，《礼记》对礼乐人生等许多方面的精妙推演，不仅适用于古人，也同样有益于今人。这些都说明了《礼记》及其所记述的礼乐制度，的确具有某种超越国家体制和时代局限的"普世性"和"普适性"。对于《礼记》的这种普世和普适价值，近代中国大思想家饮冰室主人梁启超先生（公元1873年—公元1929年）看得尤为明白。

这位饮冰室主人曾于公元1923年至公元1927年间为清华学子写过一本《要籍解题及其读法》的小册子，最早作为《清华周刊丛书之一》发行，后来收入中华书局1936年版（1989年新版）《饮冰室合集》。这本书对《论语》《孟子》《史记》《荀子》《韩非子》《左传》《楚辞》《诗经》《礼记》等十多部作者认为作为一个中国人必须要读的几本"要籍"，分别作了简要的介绍，重点对这些要籍的读法，作了精要的指点。对于《礼记》，梁启超先生说："吾惟觉《礼记》为青年不可不读之书,而又为万不能全读之书。"

本书作者自愧写不出比梁启超先生这本《要籍解题及其读法》更好的介绍《礼记》的文字了,权且将其中精彩部分摘录如下,以飨读者:

《礼记》者,七十子后学者所记,而战国、秦、汉间儒家言之一丛书,西汉中叶,儒者戴德、戴圣所纂集传授也。两《记》最古之篇,共推《夏小正》,谓与《禹贡》同为夏代遗文。果尔,则四千年之珍秘矣。要而论之,两戴《记》中作品,当以战国末、西汉初百余年间为中心,其中十之七八,则代表荀卿一派之儒学思想也。其内容大致可分类为:一,记述某项礼节条文之专篇。二,记述某项政令之专篇。三,解释礼经之专篇。四,专记孔子言论。五,记孔门及时人杂事。六,制度之杂记载。七,制度礼节之专门的考证及杂考证。八,通论礼意或学术。九,杂记格言。十,某项掌故之专记。

研究《礼记》者有应注意两事。第一,《记》中所述唐虞夏商制度,大率皆儒家推度之辞,不可轻认为历史上实事。即所述周制,亦未必文、武、周公之旧,大抵属于当时一部分社会通行者半,属于儒家理想者半。宜以极谨严的态度观之。第二,各篇所记"子曰……""子言之……"等文,不必尽认为孔子之言。盖战国、秦、汉间孔子已渐带有"神话性",许多神秘的事实皆附之于孔子,立言者亦每托孔子以自重。此其一。"子"为弟子述师之通称,七十子后学者于其本师,亦可称"子"。此其二。即使果为孔子之言,而辗转相传,亦未必无附益或失真。此其三。要之,全两部《礼记》所说,悉认为儒家言则可,认为孔子言则须审择也。

以治古代礼学为目的而读《礼记》者：第一，当知《礼记》乃解释《仪礼》之书，必须与《仪礼》合读。第二，须知《周礼》晚出不可信，万不可引《周礼》以解《礼记》或难《礼记》，致自乱其系统。第三，当知《礼记》是一部乱杂的丛书，欲理清眉目，最好是分类纂抄，比较研究。第四，当知此丛书并非出自一人一时代之作，其中各述所闻见所主张，自然不免矛盾。故只宜随文研索，有异同者则并存之，不可强为会通，转生轇轕（jiāo gé，纵横交错）。

以常识或修养应用为目的而读《礼记》者，因《小戴记》四十九篇，自唐以来号为"大经"，自明以来列为"五经"之一，诵习之广，次于《诗》《书》，久已形成国民常识之一部，其中精粹语有裨于身心修养及应事接物之用者不少，故吾辈宜宝而读之。第一等：《大学》《中庸》《学记》《乐记》《礼运》《王制》。第二等：《经解》《坊记》《表记》《缁衣》《儒行》《大传》《礼器》之一部分《祭义》之一部分。第三等：《曲礼》之一部分《月令》《檀弓》之一部分。第四等：其他。

吾愿学者于第一等诸篇精读，第二、三等摘读，第四等或竟不读可也。

十二 【乐】

从《乐记》的『乐合同』说起

聲音樂律韻咊同

上面七个字，分别是小篆的声、音、乐、律、韵、和、同。

声，从耳，从磬。乐音有五声：宫、商、角、徵、羽。

音，从言，声成文谓之音。乐有八音，即八种乐器：丝、竹、金、石、匏、土、革、木。又《周礼·春官·大师》：六律谓之音。

乐，象鼓架。是五声八音的总称。

律，本义竹管状的定音器，共十二个，各有固定的音高和名称，合称十二律。分开来说，奇数（阳）称六律，偶数（阴）称六吕，合称律吕。

韵，《说文》：和也。《玉篇》：声音和曰韵。《文心雕龙》：异音相从谓之和，同声相应谓之韵。

和，从口，《说文》：声相应。

同，从口。口皆在所覆之下。《说文》：合会也。《广韵》：齐也。《礼记·礼运第九》：是谓大同。和也。

十二　[乐]　从《乐记》的"乐合同"说起

一

孔子梦中的周公时代，是一个丰富多彩的礼乐天下。

礼乐（yuè），不是礼加乐，而是礼和乐。礼和乐有三种关系：

一，礼必有乐（yuè），比如各种祭礼、宴礼、军礼，一定要有乐。这里的乐，不只是乐器之音乐，还包括歌唱之声乐和伴乐之舞蹈。有乐（yuè）必有乐（lè）和悦（yuè），所以《礼记·乐记第十九》说："乐（yuè）者，乐（lè）也。君子乐（lè）得其道，小人乐（lè）得其欲。"这里的乐（lè），既是人心快乐的乐（lè），更是神情愉悦的悦（yuè）。

二，礼中有乐（yuè），乐是礼的组成部分，所以《乐记》作为《礼记》的一个篇章，乐因此可以看做是礼的一个类别。

三，乐（yuè）为乐（yuè）教，乐是礼教的重要组成部分。在乐教中，乐是一门课程，一种技艺，一种教化，一种德行，一种主管乐教的官职，一个主管乐教的部门。《礼记·乐记第十九》说："广乐（普及音乐）以成其教，乐行（自娱自乐）而民乡方（人心向道），可以观德矣。德者，性之端也。乐者，德之华也。金石丝竹，乐之器也。诗言其志也，歌咏其声也，舞动其容也，三者本于心，然后乐器从之。是故情深而文明，气盛而化神。"可见，所谓乐教，是中国古代文明之始，是古代德育之始，也是中国古代学校之滥觞。

二

乐是什么？这可不是随便什么人都能随便问的。《礼记·乐记第十九》指出："今君之所问者乐也，所好者音也。夫乐者与音相近而不同。"的确，常常人们说到乐的时候，其实是在说音，而音和乐虽然有联系，但两者却是大大不同的。《礼记·乐记第十九》说："不知声者，不可与言音。不知音者，不可与言乐。"这是因为："知声而不知音者，禽兽是也。知音而不知乐者，众庶是也。唯君子为能知乐。"这意思是说，石头草木之类的物体，不知道声是什么，显然，不可以与这样的物体说什么是音；鸟兽虫鱼之类的动物，虽然知道声，却不懂得音，当然也就不可以与鸟兽虫鱼说什么是乐了；对于人而言，只知道音，不懂得乐的人，是普通人。只有君子，才知道乐是什么。看来，按照《乐记》这样的逻辑，如果有人要问"乐是什么"，这个人首先得是个君子。

假设一下，如果仍然有人坚持要问：什么是乐？孔子就会从《论语·阳货第十七》中走出来这样反问道："礼云礼云！玉帛云乎哉？乐云乐云！钟鼓云乎哉？"礼啊礼啊，难道只是给人送上玉和帛这样贵重的礼物吗？乐啊乐啊，难道只是钟鼓齐鸣热热闹闹吗？这就是孔子。他往往不会直接回答你的问题，而是启发你反过来质疑你自己的提问和提问的出发点。《论语·八佾第三》中记述说，有一次孔子给人讲什么是礼乐："人而不仁，如礼何？人而不仁，如乐何？"如果一个人连仁都谈不上，还侈谈什么是礼？还有什么资格说乐？

当然，孔子教学也不会总是这样气势逼人，让人难堪，更多的时候，都是循循善诱地给出一个具有启发性的"孔子式答案"。所谓"孔子式答案"，最突出的特征，就是"就近取譬"，从一个特定的角度予以"不完全定义"，有时甚至给出一个"反定义"。比如《礼记·乐记第十九》说："乐者，非谓黄钟、大吕、弦歌、干扬也，乐之末节也，故童者舞之。"这个答案以否定的句式指出：音律、节奏、弹琴、歌咏、执干戈而舞，这些看起来是乐，却不是乐，或者算不上真正的乐,这都只是些小孩的玩意。又比如《论语·八佾第三》记述说,有一次孔子与鲁太师论乐:"乐其可知也:始作,翕(音西,一齐奏响)如也;从(音纵,展开)之,纯如也,皦(音浇,明晰)如也,绎(络绎不绝,连续不断)如也,以成。"孔子说,音乐,很好懂啊。一开始,丝竹金石匏土革木,八音合奏,宫商角徵羽,五声齐鸣,然后,柔和纯美地展开,音调准确清晰,节律流畅不断,直到一曲终了。表面上,孔子这是在说如何演奏音乐,如何欣赏音乐,如何理解音乐,其实,孔子言在此,而意在彼。孔子的本意是要说:音乐只有这样,才能体现礼,表示仁,否则,就不是音乐。这不,《礼记·乐记第十九》就说:"凡音,生于人心者也。乐者,通伦理者也。"显然,在礼乐制度中,音不是乐,只是"心声"。只有体现礼、合于礼的音,才是乐。这样,知道乐是什么,差不多就知道礼是什么了,正如《礼记·乐记第十九》所说:"知乐,则几于礼矣。"

三

《礼记·乐记第十九》说:"礼乐皆得,谓之有德。德者,得也。"《孟子·公孙丑上》引用子贡的话说:"见其礼而知其政,闻其乐而知其德。"这样看来,音乐真有一举两得的神奇功效:听音乐而知礼,观舞乐而明礼,礼乐皆备于是有德。

《礼记·乐记第十九》进一步认为:"乐观其深矣。"这是说,听音乐的时候,要能够听出其中礼的深意,由此便可以更加深刻地观察社会和人事。《礼记·乐记第十九》又说:"观其舞,知其德。"观看歌舞的时候,要能够体会其中德的内涵,这样通过舞蹈,就能够考察举办舞会的人、舞者以及观舞者的德行。德,就是成。《论语·

泰伯第八》说:"兴于诗,立于礼,成于乐。""成"在这里一语双关:有始有终的音乐叫做"成",人也如此,人生如乐。

四

总而言之,乐和礼一样,其主要功能,不只在于让人不至于退化为禽兽,不只在于让人得以成其为人,不只在于让众庶有可能成为君子,更重要的是,乐与礼相辅相成,共同构建并维护着家国天下的等级秩序。所以,在《礼记·乐记第十九》中,乐总是和礼并举对照,以至于不言礼,就无法将乐说得清楚、说得透彻——

"乐统同,礼辨异。"

"乐者为同,礼者为异。"

"乐由中出,礼自外作。"

"大乐必易,大礼必简。"

"大乐与天地同和,大礼与天地同节。"

"乐由天作,礼以地制。"

"乐者,天地之和也;礼者,天地之序也。"

"乐极则忧,礼粗则偏。"

"仁近于乐,义近于礼。"

"圣人作乐以应天,制礼以配地。"

"乐者敦和,率神而从天;礼者别宜,居鬼而从地"。

"乐者,所以象德也;礼者,所以缀(停止)淫也。"

"乐,乐其所自生;而礼反其所自始。"

"乐也者,施也;礼也者,报也。"

"礼得其报则乐,乐得其反则安。"

"乐也者,动于内者也;礼也者,动于外者也。"

以上所有这些礼和乐的"对举",既可以理解为是在对比中分别定义礼和乐,更可以理解为是一种"互文见义"的定义法:说礼,也是在说乐;说乐,就是在说礼。

五

《礼记·乐记第十九》指出:"生民之道,乐为大焉。""是故先王之制礼乐也,非以极口腹耳目之欲也,将以教民平好恶(爱憎分明),而反人道之正(回归人的本性,返回到做人的正道上来)。"这是说,乐的最大功能,在于教化。安民的办法,没有比乐教更为重要、更为有效的了。乐教因此成为古代教育的第一任务、第一内容,古代学校因此从音乐教育开始,人们称之为"成均之教"。

《周礼·春官宗伯第三·大司乐》说:"大司乐掌成均之法,以治建国之学政,而合国之子弟焉。"这里的"大司乐",大致相当于当今的文化部长、教育部长和国家大学校长三个职务,而"成均",则是中国最古老的大学名称。对此汉代郑玄在《周礼注疏》[①]中援引当时的大儒董仲舒的话注解说:"成均,五帝之学。"又说:"五帝名大学曰成均。"所谓"五帝",通常是指黄帝、颛顼、帝喾、尧、舜。"均"在古文字中通"韵",也指乐器。成均,就是成韵,就是学习音乐——音乐因此成其为音乐,人因此成其为人。

六

《周礼》时代的音乐,包括音乐、歌唱和舞蹈。《周礼·春官宗

[①] 见北京大学出版社2000年版李学勤主编整理本《十三经注疏》之《周礼注疏·卷第二十二·春官宗伯下·大司乐》。以下凡出现《十三经注疏》或《周礼注疏》书名,均指此版本,不再一一说明。

伯第三·大司乐》说："以乐德教国子中、和、祇（zhī，敬）、庸、孝、友，以乐语教国子兴、道、讽、诵、言、语，以乐舞教国子舞《云门》《大卷》（黄帝之舞）、《大咸》（唐尧之舞）、《大韶》（虞舜之舞）、《大夏》（夏禹之舞）、《大濩》（商汤之舞）、《大武》（周武王之舞）。"这乐德、乐语、乐舞"三乐"，可以说是中国最早的大学课程体系，这个体系，以"宫"为中心。

中国古代的音乐，以"五声（八音）六律十二管"自成体系，其中五声音阶的发音分别是"宫""商""角（jué）""徵（zhǐ）""羽"，在这最基础的五声音阶中，又以"宫"为基础的基础。"宫"相当于现代音乐首调唱名中的"do"音，其音高及音准相当于"中央C"。用中国自己的话说，"宫"为"五音之主""五音之君"。这样的表述，绝非只是五声之间音乐关系的形象比喻，而是一种实实在在的政治社会秩序的呈现。《礼记·乐记第十九》说："宫为君，商为臣，角为民，徵为事，羽为物，五者不乱，则无怗懘（tiē chì）之音矣。"的确，古代中国的天下，从很大程度上说，就是按照"以宫为主"的五声音阶结构秩序建立起来的。不仅如此，这个"以宫为主"的五声音阶结构秩序，还被认为是人的身体结构关系及其五官感觉结构关系，同时又是关于东、西、南、北、中空间结构关系的想象，也是关于世界构成元素金、木、水、火、土结构关系的直觉和猜想。

七

《史记·卷二十四·乐书第二》以太史公口吻说："夫上古明王举乐者，非以娱心自乐，快意恣欲，将欲为治也。正教者皆始于音，音正而行正。"这也就是说，自从中国有文化开始，就有了教育，或

十二 [乐] 从《乐记》的"乐合同"说起

者反之,中国自从有了教育,才开始有了文化,而一切教育从一开始都是音乐教育。同理,一切文化,从一开始都是音乐文化。换言之,在古代中国,音乐首先是教育,是教化,是国家行为,而非个人娱乐。"故乐所以内辅正心而外异贵贱也;上以事宗庙,下以变化黎庶也。琴长八尺一寸,正度也。弦大者为宫,而居中央,君也。商张右傍,其余大小相次,不失其次序,则君臣之位正矣。故闻宫音,使人温舒而广大;闻商者,使人方正而好义;闻角音,使人恻隐而爱人;闻徵音,使人乐善而好施;闻羽音,使人整齐而好礼。"就这样,即便是一张小小的"五弦琴",也是对全社会"以宫为纲"的普遍教化。由此一来,听音乐或者说观赏音乐,对于古代人来说,便成了一件十分庄重而神圣的事情,不得有任何漫不经心的轻慢和亵渎行为,天子庶人,概莫能外。"夫古者,天子诸侯听钟磬未尝离于庭,卿大夫听琴瑟之音未尝离于前。"《礼记·乐记第十九》也说:"是故乐在宗庙之中,君臣上下同听之,则莫不和敬;在族长乡里之中,长幼同听之,则莫不和顺;在闺门之内,父子兄弟同听之,则莫不和亲。故乐者,审一以定和,比物以饰节,节奏合以成文,所以合和父子、君臣,附亲万民也。是先王立乐之方也。"在这里,立乐也就是立教,中国古代的教育,从音乐开始,以音乐为宗。

八

如果说,中国古代真正意义上最早的学校是乐宫,那么,可以认为,中国古代最早的教师是乐官。有趣的是,这"官"和"宫"在古代常常通用,宫即为官,官即为宫。如前所引,《周礼·春官宗伯第三·大司乐》说:"大司乐掌成均之法,以治建国之学政","凡有道者、有德者,使教焉,死则以为乐祖,祭于瞽宗"。可见,中国最早的教师，不仅活着的时候，是地地道道的乐官，死了之后，还要作为乐祖在瞽宗祭祀。瞽宗，就是学校，古时候，在学校祭祀先师，是学校的一大教育功能，这个传统，并非始于对孔子的祭祀。

现在的人们往往对祭祀孔子存有反感，认为把孔子神化了，圣化了，殊不知最早的"师"（乐师）在古代社会，本来就是如瞽师被神化为乐祖一样"通神而圣"的角色。"师"，活着的时候作为通神者而受人敬仰，死后升华为神祇而接受崇拜，更是与天地君亲并列为"天地君亲师"，或供在家中，或奉于庙堂。"师"能享受这样的礼遇，绝非孔子的原因，而是早在孔子之前中国古代教育、学校、老师与祭祀的神圣关系使然。如前所述，学校首先是祭祀的宗庙，老师首先是祭祀的乐官。

《周礼》将掌管教育的大司乐位列春官之中，春官同时也是管理祭祀的官员。春"官"也可以理解为春"宫"，即主管祭祀的部门，其权威地位，大约相当于当今的国务院。在古代中国，"国之大事，在祀与戎"，天子最主要的职责，也就是管好祭祀和征伐这两件事情。所谓祭祀，就是祈福于天地鬼神，这关乎国家命运和民众生死，可谓天大的事。要想祈福于天地鬼神，先要能够通天通神，而通天通神只有两个途径，一是烟火，二是音乐。因此，就要用乐师来担任掌管祭祀的官员，这可谓天大的官，更是通天的官。

九

乐师究竟神通广大到什么程度，《史记·乐书》中记载了一则可能是虚构的"濮水遗音"故事，由此可见一斑。

"卫灵公之时，将之晋，至于濮水之上舍。夜半时闻鼓琴声，问左右，皆对曰不闻。乃召师涓曰：吾闻鼓琴音，问左右，皆不闻。其

十二 [乐] 从《乐记》的"乐合同"说起

状似鬼神,为我听而写之。师涓曰:诺。因端坐援琴,听而写之。明日,曰:臣得之矣,然未习也,请宿习之。灵公曰:可。因复宿。明日,报曰:习矣。即去之晋,见晋平公。平公置酒于施惠之台。酒酣,灵公曰:今者来,闻新声,请奏之。平公曰:可。即令师涓坐师旷旁,援琴鼓之。未终,师旷抚而止之曰:此亡国之声也,不可遂。平公曰:何道出?师旷曰:师延所作也。与纣为靡靡之乐,武王伐纣,师延东走,自投濮水之中,故闻此声必于濮水之上,先闻此声者国削。平公曰:寡人所好者音也,愿遂闻之。师涓鼓而终之。

"平公曰:音无此最悲乎?师旷曰:有。平公曰:可得闻乎?师旷曰:君德义薄,不可以听之。平公曰:寡人所好者音也,愿闻之。师旷不得已,援琴而鼓之。一奏之,有玄鹤二八集乎廊门;再奏之,延颈而鸣,舒翼而舞。

"平公大喜,起而为师旷寿。反坐,问曰:音无此最悲乎?师旷曰:有。昔者黄帝以大合鬼神,今君德义薄,不足以听之,听之将败。平公曰:寡人老矣,所好者音也,愿遂闻之。师旷不得已,援琴而鼓之。一奏之,有白云从西北起;再奏之,大风至而雨随之,飞廊瓦,左右皆奔走。平公恐惧,伏于廊屋之间。晋国大旱,赤地三年。听者或吉或凶。夫乐,不可妄兴也。"

这个"神之又神"的故事,在《韩非子·十过》[①] 中也有大同小异的记载。故事是说,有一次,卫灵公到晋国去见晋平公,路过濮水的时候,夜半听见了鬼魂般的鼓琴声,于是让随军的师涓(一个名叫涓的乐师)记录下来并练习演奏。后来,见到晋平公,卫灵公令师涓坐在师旷旁,将那首鬼魂般的音乐演奏出来,未等奏完,师

---

① 见中华书局1998年版王先慎撰、钟哲点校《韩非子集解·卷第三·十过第十》。

旷按住琴说，这是当年一个叫师延的人为商纣王所作的靡靡之乐，为亡国之音，不能再奏下去。晋平公说，没关系，这正是寡人所喜欢的音乐，于是让师涓继续演奏完。之后，晋平公似乎意犹未尽，问道，还有比这更悲伤的乐曲吗？师旷说，有啊。晋平公说，可以演奏来听听吗？师旷说，您的德义不高，不适宜听。晋平公说，还是给我演奏一下吧。师旷不得已，只好演奏起来。第一遍，立即引来了十六只黑色的鹤在廊门集结。第二遍，这些黑色的鹤，延颈而鸣，舒翼而舞。晋平公为之大喜，又问道，还有比这更悲伤的乐曲吗？师旷说，有啊，过去黄帝曾经以一首乐曲接引众多的鬼神而祭祀之，但以您这样的德义，不配听这首乐曲，如果勉强听了，一定会败国的。晋平公不以为然，说，我老了，也就是爱好一点音乐而已，不妨演奏来听一听吧。师旷不得已，于是演奏起来。第一遍，有白云从西北起。第二遍，大风至而雨随之，廊瓦翻飞，左右皆惊慌奔走。平公十分害怕，伏于廊屋之间。此后，晋国大旱，赤地三年。司马迁为此感叹说："夫乐，不可妄兴也。"

从这则故事可以知道，在中国古代，音乐有多么神圣，而乐师又有多么大的神通。不仅如此，还可以看到"师"的地位有多崇高——能参与国家大事，能与"王者"平等对话，能当面表达对君王的道德评价而更加受到君王的尊重……

十三

【俗】

从《仪礼》的『移风易俗』说起

風俗習變易

上面五个字，分别为小篆的风、俗、习、变、易。

风：《玉篇》解释为"教"。

俗：《释名》解释为"俗人所欲"。

风俗：上所化，曰风；下所习，曰俗。

礼俗：《礼记·曲礼上第一》说："礼从宜，使从俗。"这意思是说，礼仪顺从当地时宜，出使顺从别国习俗。

习：小鸟反复试飞，重，因，染。

变：更，易，化，通，转、改。《周易·卷一·乾卦第一》："彖（tuàn）曰：乾道变化。"

易：日月为易，阴阳变化，生生不息。

一

"风俗"，在早先不是一个词。"风"和"俗"两个字结合在一起的本义是以风化俗，以风导俗，以风易俗，其要义在于以上化下，以文明改变野蛮，以中国化四夷。所以"变"和"化"常常跟风俗一起连用，随世（年代）而变化，随时（季节）而变化，应景（情景）而变化，因人（人的喜好）而变化，但千变万化不离其宗：合于礼。合于礼就是合乎时宜，反之亦然。在古人看来，合乎时宜就是合于天，合于天就是合礼，就吉利。

汉代董仲舒在《春秋繁露·卷第十一·天容第四十五》[①]中强调说："天之道，有序而时，有度而节，变而有常，反而有相奉……圣人视天而行。"这里的天，指的就是春夏秋冬的时序和"暖清寒暑"的节令。

《春秋繁露·卷第十一·王道通三第四十四》指出："天地之化如四时。所好之风出，则为暖气，而有生于俗；所恶之风出，则为清气，而有杀于俗。喜则为暑气，而有养长也；怒则为寒气，而有闭塞也。人主以好恶喜怒变习俗，而天以暖清寒暑化草木。喜怒时而当，则岁美；不时而妄，则岁恶。天地人主一也。"可见，在董仲舒这里，风和俗最根本的要义在于"与时相宜""与天合一"。

二

与"风俗"一样，在古代社会，"礼俗"也不是一个词。"礼"和"俗"两个字连用，与"风"和"俗"两个字连用的意义十分近似，本义为"化礼为俗"，也就是说，用礼引导社会风气，用礼引领生活时尚，其结果，就是"移风易俗"。

《礼记·乐记第十九》说："移风易俗，天下皆宁"，"故先王著其教焉"。这在舜治理天下的时候，有着充分的体现。据《史记·卷一·五帝本纪第一》记载，当年，舜得天下，第一件事就是分官设

[①] 见中华书局1992年版苏舆撰、钟哲点校《春秋繁露义证》。以下凡出现《春秋繁露》书名，均指此版本，不再一一说明。

职，而在此之前，只有议事长老会之类的机制，没有分门别类的执行机构及官员。舜做的第一件事，就是启用他在摄政时期巡视天下时考核过的十大部落首领。这些部落首领此前在尧时期只参与议事，没有实际官职及职权。舜一改尧的先例，用其所长，授命他们分别组建并领导一个个有职有责有权的职能部门。其中禹任"司空"掌管治理水土，皋陶（gāo yáo）任"士"掌管刑法，契（xiè）任"司徒"掌管五教，弃任"后稷（jì）"掌管农耕，伯夷任"秩宗"掌管礼仪，夔（kuí）任"典乐"掌管乐舞和乐教，龙任"纳言"掌管搜集民情意见，倕（chuí）任"共工"掌管百工技艺，益任"虞"掌管山林。此外还有一个彭祖，司马迁在记述的时候，似乎漏掉了他的官职。这"十大"职能部门共同构成了分工有序的中央机构，舜也由此开创了中国官僚机构的先河。舜又将天下划分为十二个州，设十二牧负责管理地方事务："命十二牧论帝德，行厚德，远佞人，则蛮夷率服。"意味深长的是，司马迁对所有这些官职的设定，都只作一般交代，唯独在最后，浓墨重彩，对舜任命夔为"典乐"的情景，作了生动的记叙。舜命夔说："教稚子，直而温，宽而栗，刚而毋虐，简而毋傲。诗言意，歌长言，声依永，律和声，八音能谐，毋相夺伦，神人以和。"夔当即受命，回答说："於，予击石拊石，百兽率舞。"

或许是百兽率舞的音乐是个好兆头，后来，舜任命的这十大部门和十二个州的二十二位首领，果然不负舜的信任和寄托，"咸成厥功"。《史记·五帝本纪》记载说："四海之内，咸戴（拥戴称颂）帝舜之功。于是禹乃兴《九招》（也称九韶，箫韶）之乐，致异物（吸引来祥瑞奇异的鸟兽），凤皇（凰）来翔。"这可能是中国古代历史上第一次有"书面传说"的"歌舞升平"盛世。这样的盛世，不是靠征服得来的，而是移风易俗的结果。如前所述的"夔"，就是一个生动的例子。夔本是个一条腿的怪物,生性凶猛,而舜偏要他担任乐官,掌管乐舞教化,引领"百兽率舞"。百兽率舞,可以理解为"四海之内"众多以各种动物、怪物以及"异物"为图腾的部落受到礼乐教化而归于舜的盛世象征。如此盛世之于天下治理的典范意义,正如《荀子·乐论》所说:"乐者,圣人之所乐也,而可以善民心,其感人深,其移风易俗,故先王导之以礼乐,而民和睦。"由此而论,舜,在中国历史上成功开创了"以部落自治而以礼乐移风易俗"的天下治理模式,被历史传为永远的佳话,被世代效法。

三

《荀子·君道》认为,移风易俗,是以教化礼治而施仁政的最高境界:"百姓易俗,小人变心,奸怪之属莫不反悫(què,诚实谨慎),夫是之谓政教之极。"让广大百姓改变陋习鄙俗,让不学无术的小人转变思想心态,让奸邪之徒和怪异之辈无不改邪归正,变得诚实起来,如果能这样做并做到这样,就是仁政礼治最好的教化了。

移风易俗,也是实现孔子所主张的"仁政"和"礼治"的基本路径。《论语·颜渊第十二》记载了这样一段孔子关于以"风"治国的仁政对话:"季康子问政于孔子曰:如杀无道,以就有道,何如?孔子对曰:子为政,焉用杀?子欲善,而民善矣。君子之德,风;小人之德,草。草上之风必偃(倒伏)。"季康子向孔子请教说,用杀坏人的方法来引导社会行正道,这样治理国家,你看怎么样?孔子回答说,治国何必非得要开杀戒?国君向善,百姓自然就会向善。君子以德之"风",吹拂民心之"草",风吹草动,仁政至矣。这样的"风吹草动",就是以德为主导的移风易俗。

《春秋繁露·卷第十二·基本义第五十三》说:"圣人之道,同诸天地,荡诸四海,变易习俗。"董仲舒在这里将移风易俗称之为"以人治人",这也正是如前所述舜的基本办法。这样治理的结果,必然是"使人心说而安之,无使人心恐",这也正是荀子所说的"政教之极",即仁政治国的最高境界。

四

移风易俗作为仁政和礼治制度设计的重要组成部分,在《周礼·天官冢宰第一·大宰》中被列为天官大宰的重要职责,"以八则治都鄙……六曰礼俗,以驭其民"。移风易俗,也是地官大司徒的主要职责之一。《周礼·地官司徒第二·大司徒》说,大司徒"以土会(会计)之法,辨五地之物生","因此五物者民之常,而施十有二教焉"。在这"十二教"中,第六教就是"以俗教安,则民不偷(怠惰偷安)。"

这里的"十二教",是指十二个方面的礼乐教化。这里的"因此五物者",是说对民众的礼乐教化要因循五种地理条件,即山林、川泽、丘陵、坟衍(水边高平地)、原隰(xí,低湿的地方)及其物产,也就是说要"因地制宜"。不同地理气候环境中的居民,必然有不同的生产方式和生活方式,由此必然有不同的"民之常",即传统的生活习惯和民风习俗。可见,这里的"因此五物者民之常",是说对民众的礼乐教化要因应不同地区的不同传统习惯和民风习俗,也就是说要"因势利导"。

《周礼·地官司徒第二·大司徒》所说的这种因地制宜、因势利导的"以俗教安",其主要内容是"以本俗六安万民",即以礼乐制度来引导六个方面的传统民风习俗,由此让民众安居但不苟且偷安。这六个方面分别是:"一曰媺(美)宫室,二曰族坟墓,三曰联兄弟,四曰联师儒，五曰联朋友，六曰同衣服。"换用现在的大白话来说，一是按礼制的规格规范营建庙堂和住宅，二是按礼制的等级秩序安排墓地，三是以礼让促进兄弟和睦，四是全社会共同养成尊师学礼的乡风，五是以礼让对待朋友和宾客，六是以礼制的标准统一规范人们的衣着。

与《周礼》的这些细节描述相互印证，《礼记·王制第五》也说："（地官）司徒修六礼以节民性，明七教以兴民德，齐八政以防淫，一道德以同俗。"所谓"六礼"，是指与人的一生成长过程密切相关的六种礼仪，这七种关系分别是：冠礼、婚礼、丧礼、祭礼、乡饮酒礼（飨礼）及乡射礼、相见礼。所谓"七教"，其内容是对人的一生最有影响的七种家庭关系和社会关系的行为礼节，这七种关系分别是：父子、兄弟、夫妇、君臣、长幼、朋友、宾客。所谓"八政"，是指与人的生活和职事息息相关的基本常识、规则和制度，分别是饮食、衣服、事为（技艺）、异别（器物和事物的分类）、度（长度单位）、量（容量单位）、数（计数制）、制（物品规格）。

五

《周礼》和《礼记》所记民风民俗的内容，在《仪礼》中，几乎都有更为详尽的规定性描述。或许，《仪礼》就是《周礼》和《礼记》产生年代的礼乐生活记录。

《仪礼》本名《礼》，汉代称为《士礼》，又称《礼经》《礼记》，晋代开始称之为《仪礼》。今本《仪礼》存十七篇，主要记载了周代适用于士大夫的十五种礼仪及其具体细节。

《仪礼》大约成书于东周时期，是"三礼"中成书最早的一部经典，也是儒家传习最早的一本教科书。《仪礼》的作者，据信就是孔子。《史记·卷四十七·孔子世家第十七》说:"孔子之时,周室微而礼乐废,《诗》《书》缺。追迹三代之礼,序《书传》,上纪唐虞之际,下至秦缪,编次其事。曰:夏礼吾能言之,杞不足征也。殷礼吾能言之,宋不足征也。足,则吾能征之矣。观殷夏所损益,曰:后虽百世可知也,以一文一质。周监二代,郁郁乎文哉!吾从周。故《书传》《礼记》自孔氏。"这里所说的《礼记》,是指《仪礼》。

《仪礼》所载十五种礼仪,根据杨天宇先生在其《仪礼译注》(上海古籍出版社,2004年版)中的说法,大致可分别归为以下四类:第一类为士礼,共有七种,分别是士冠礼、士昏礼、士相见礼、乡射礼、士丧礼及既夕礼、士虞礼、特牲馈食礼,其中士相见礼其实涉及各个阶层;第二类为大夫礼,有两种,乡饮酒礼和少牢馈食礼;第三类为诸侯及天子礼,有五种,分别是燕礼、大射仪、聘礼、公食大夫礼、觐礼;第四类为通礼,只有一种,即丧服,上到天子,下至庶民,都适用。

《仪礼》因为成书最早,又因为专讲细节,不仅文字艰涩,而且内容繁缛,在"三礼"中,是最难卒读的。历代学者莫不对它望而生畏,可是又都爱不释手。韩愈在《读仪礼》[①]中说,一方面,"余尝苦《仪礼》难读,又其行于今者盖寡,沿袭不同,复之无由,考于今诚无所用之",另一方面,"然文王、周公之法制粗在于是"。韩愈深知,如果不读《仪礼》,就很难真正理解"十三经"之类古代经典以及先秦诸子的许多著述。不仅如此,在周代,正如孔子在《论语·颜渊第十二》中所讲述的,"非礼勿视,非礼勿听,非礼勿言,非礼勿动",没有了通行的仪礼规则,人们无所适

[①] 见四川大学出版社1996年版屈守元、常思春主编《韩愈全集校注》。以下凡出现《韩愈全集》书名,皆指此版本,不再一一说明。

从，无所措手足，而《仪礼》恰恰就是周代最具权威性的一本礼乐生活教科书。

六

在《论语·雍也第六》中，孔子说："齐一变至于鲁，鲁一变至于道。"这里的"变"，指的就是"移风易俗"。齐国是姜太公的封国，鲁国是周公的封国，两个国家都是由周代的大功臣开创的，都有周的遗风，但又各不相同。鲁国有地利之厚，而周公长于礼乐，其子伯禽代他受封为鲁公，自然要子秉承父志，致力让鲁国成为礼乐典范之邦，为天下所效法。《史记·卷三十三·鲁周公世家第三》说："伯禽之初受封之鲁，三年而后报政周公。周公曰：何迟也？伯禽曰：变其俗，革其礼，丧三年然后除之，故迟。"

相比之下，齐国有山海之利，而姜太公长于韬略，其做法与鲁公不同，甚至截然相反："太公亦封于齐，五月而报政周公。周公曰：何疾也？曰：吾简其君臣礼，从其俗为也。"《史记·卷三十二·齐太公世家第二》也说："太公至国，修政，因其俗，简其礼，通商工之业，便鱼盐之利，而人民多归齐，齐为大国。"

总之，齐鲁相邻，开国同封，以礼治国，各有千秋。鲁以"变俗"治国，齐以"从俗"安国；鲁以"革礼"化民，齐以"简礼"近民。但无论怎样不同，两种治国方略，都是遵循着同一个道理：因地制宜而移风易俗。相比较而言，鲁公伯禽的"变俗革礼"过于复杂，所以周公不无忧虑地感叹说："呜呼，鲁后世其北面事齐矣！夫政不简不易，民不有近；平易近民，民必归之。"看来，移风易俗的关键在于"平易近民"，这一点如果把握不好，就会适得其反，变成不得民心的繁文缛节。

尽管如此，在孔子心目中，姜太公的"从俗简礼"只算得上权宜之计，而鲁国的"变俗革礼"才是根本的移风易俗。孔子据此认为，鲁国的"礼俗"更接近于"大道"。所以，要知礼俗典范，还是要看鲁国，而《仪礼》很有可能也是鲁国"一变至于道"的礼俗记录。

七

周代以姜太公和周公旦分封齐鲁，以移风易俗而变东夷，这样一种"变俗融夷"以服四海而王天下的治国方略，如前所述，具有深厚的历史渊源，取法于舜，且与舜的做法有异曲同工之妙，二者共同成为此后中国历代王朝处理中原与周边多民族融合关系的不二法门。

与周代分封功臣于边地而化四方之夷的方略不同，《史记·卷一·五帝本纪第一》记载说，舜早在"为尧臣"的摄政时期，就采取了将"四凶"流放到"四夷"的办法，一举两得，既惩罚了"四凶"的"四罪"，又通过他们改变了"四夷"的风俗。这个典故的原文如下：

"驩兜（又称浑敦，浑沌）进言（向尧推荐）共工（又称穷奇），尧曰不可而试之工师，共工果淫辟。四岳举鲧（又称梼杌）治鸿水，尧以为不可，岳强请试之，试之而无功，故百姓不便。三苗（又称饕餮）在江淮、荆州数为乱。于是，舜归而言于帝，请流共工于幽陵（州），以变北狄；放驩兜于崇山，以变南蛮；迁三苗于三危，以变西戎；殛鲧于羽山，以变东夷。四罪而天下服。"

十四

【本】

从董仲舒的『天人合一』说起

天地人本祖师

上面六个字，分别是小篆的天、地、人、本、祖、师。这六个字，可说是古人的生命密码，其中包含了古代社会几乎全部的生存智慧，因此也是历代中国人破解"我是谁？我从哪里来？我到哪里去？"这三个人类共同的命运奥秘的一组关键词，都属于"原始""初始""本来"的时间性概念，而不只是通常的空间性概念或者名词。

董仲舒在《春秋繁露·卷第九·观德第三十三》中说："天地者，万物之本、先祖之所出也。"《礼记·郊特牲第十一》中说："万物本乎天，人本乎祖。"他们回答的都是"本"这样一个"正本清源"的根本问题，而《礼记·礼运第九》则说："人者，其天地之德，阴阳之交，鬼神之会，五行之秀气也。"这说明，人，活着为人，死则为鬼，先祖为神，其实是"人、鬼、神"三种状态中的生命延续现象，人无论处在哪种状态，在本质上，都与天地合一。

十四　[本]　从董仲舒的"天人合一"说起

一

《论语·学而第一》说:"君子务本,本立而道生。"

什么是"本"?《荀子·礼论》说:"礼有三本(根本和源头):天地者,生(生存)之本也;先祖者,类(宗族)之本也;君师(君和师)者,治(治理家国天下)之本也。无天地,恶(wū,如何)生?无先祖,恶出?无君师,恶治?三者偏亡(如果偏废、或缺),焉无安人(人民就无法安宁)。故礼,上事(祭)天,下事(祀)地,尊(尊奉)先祖而隆(崇敬)君师。是礼之三本也……贵始(尊奉"三本"),得(德)之本也(人的德行的根本和出发点)。"

《春秋繁露·卷第十三·人副天数第五十六》说:"天德施,地德化,人德义。天气上,地气下,人气在其间。"天德之气在上,在于施与;地德之气在下,在于养育;人德之气居天地之间,在于道义。"故莫精于气,莫富于地,莫神于天。天地之精所以生物者,莫贵于人。"人,得天地之精气神,是天地之间最伟大的造化,因此无人不神、无人不圣!

综观以上说法,可见在古人心目中,大致有三个层面上的本。第一,最根本的本,是天地。第二,最亲近的本,是先祖。第三,最直接的本,是君王和师。这里的君和师,如果按照孔子和孟子"法先王"的观点,是指先君、先师;如果按照荀子"法后王"的观点,是指当下的君主和老师。古人特别强调的是,这三个本,如果离开了人,就无所依附,就无所立,所以人才是最重要的,人就是本。人这个本立,天地祖先君师之本才得以显现。所以,本,就是人,但不是孤立的人,是立于天地之间的人。立于天地之间,就是立本,用董仲舒在《春秋繁露·卷第十·深察名号第三十五》中的话说，就是"天人之际，合而为一。同而通理，动而相益，顺而相受，谓之德道"。董仲舒将这种"天人之际"的关系，总称之为"天人合一"。

二

人为什么要立本？用董仲舒在《春秋繁露·卷第六·立元神第十九》中的话回答说，立本是为了崇本："夫为国，其化（教化治理）莫大于崇本。"这是因为："天、地、人，万物之本也。天生之，地养之，人成之。天生之以孝悌，地养之以衣食，人成之以礼乐，三者相为手足，合以成体，不可一无也。"这种自问自答式的语义循环，看起来有些繁复，但也十分明确地回答了人生与社会的三个基本问题。第一，什么是本？答案是：天、地、人三位一体不可一无。第二，为什么要崇本？答案同样是：天、地、人三位一体不可一无。第三，怎样崇本？答案仍然是：天、地、人三位一体不可一无。

三个基本问题，一个同样的答案。这是因为，"立本"的目的，是为了"崇本"，"崇本"的目的是为了"反本"，而"反本"就是"礼"。《礼记·礼器第十》说："礼也者（礼的目的与功能），反本（回归本性）修古（修习古道），不忘其初者（根本和源头）也。"这可以说是对礼的根本定义。礼，就是返回到原始和初始的"天地人三体合一的本性"。

在这样一个关于礼的定义中，礼，就不只是一个名词，而是一个包含了返回的动态意义且具有目的性的动名词。要言之，所谓礼，就是"返回本性"。只有返回本性，人才能"成"其为人，国才能"成"其为国，家才能"成"其为家。这其中所谓"成"就是"立"，而"立"就是礼，就是"立于礼"。这是孔子的本意，也是董仲舒的

十四 [本] 从董仲舒的"天人合一"说起

本意。

《论语·泰伯第八》说:"兴于诗,立于礼,成于乐。"《论语·季氏第十六》说:"不学礼,无以立。"《论语·尧曰第二十》说:"不知礼,无以立也。"《论语·为政第二》说,孔子"三十而立"。一言以蔽之,立本、崇本、反本,归根结底,就是立于礼。

三

人,为什么只有"反本"才能"立"?在孔子那个时代的人看来,最直接的原因或许有两个,一是不忘祖才能知道我从哪里来,二是礼崩乐坏让人远离了自己。

君子不忘祖,这是古人的古训。《礼记·檀弓上第三》记载了一个著名的案例:"大公封于营丘,比及五世,皆反葬于周。"

这个案例说,姜太公吕尚被分封在远离家乡的营丘,即现在的山东淄博一带,其后连续五代国君死了,都要送回周地老家镐京,即现在的西安—宝鸡一带安葬。或许在现代人看来,这不过是老掉牙的"落叶归根""魂归故里"的故事,没什么太深的含义,可是古代人却不这么看。仅从案例的主人公是赫赫有名的姜太公,就可以感知这个故事在中国古代文化中的分量有多重,对中国文化的影响有多远。

中国古代人对落叶归根的慎重,远非现代人仅从文化心理层面上解读为乡愁或者爱国之类这么简单。在古人看来,魂归故里,是关涉到不忘本之礼和不忘祖之仁的天大的问题,绝非个人情感小事。对此,《礼记·檀弓上第三》评注说:"君子曰,乐,乐其所自生。礼,不忘其本。古之人有言曰:狐死正丘首。仁也。"一方面,君子以乐,来表达回归自己从哪里来的快乐;一方面,君子以礼，让自己不忘从哪里来的根本。之所以会这样，道理很简单：连狐狸死的时候，都要将自己的头正对着自己出生的狐狸洞方向，更何况是人之君子呢。

就这样，这个看似简单的故事，却以中国式的逻辑，完美回答了人类命运共同的三大永恒母题。第一，我是谁？回答是，我是天地之子。第二，我从哪里来？回答是，我从祖先那里来。第三，我要到哪里去？回答是，我要回到祖先那里去。

与这三大人类命运的永恒母题相关，中国古代人之所以要"反本而立"的另一个原因，是礼崩乐坏了，也就是人与天地的关系不那么合一了。天人"不合一"的直接危害，就是阻断了人从哪里来回到哪里去的根本道路，其后果，就是无法知道我是谁。这样的危害，之于人，就是丧失人性而与禽兽无异，诚如《礼记·曲礼上第一》所说："今人而无礼，虽能言，不亦禽兽之心乎？"之于国，就是天灾人祸而家国失序，正如《礼记·礼运第九》所言："故坏国、丧家、亡人，必先去其礼。"

四

显然，在一个日渐"先去其礼"的社会，让一个个不知所来、不知所终、不知我是谁的"小人"，单纯依靠自身的智慧和道德力量，是无法"反本"的。人们首先需要被唤起对"本"的记忆，然后需要被启蒙、被引导走上反本之路。于是，这样的唤起和引导的重任，就历史地落到了圣人身上。这时候，就必定会有圣人出。

《礼记·礼运第九》说："故唯圣人为知礼之不可以已也。"于是，如《礼记·曲礼上第一》所说："是故圣人作，为礼以教人，使人以有礼，知自别于禽兽。"于是，如孔子在《礼记·礼运第九》中所说:"今大道既隐……禹、汤、文、武、成王、周公,由此其选也。""此六君子者,未有不谨于礼者也,以著其义,以考其信,著有过,刑仁讲让,示民有常……是谓小康。"上述文字告诉我们,在文明之光逐渐暗淡的上古时期,上天明察,曾先后授命德配天地的六君子,令他们前赴后继担当起启蒙万民的大任,高举礼的义旗,引领社会重返小康之路。重返小康之路,就是反本。

孔子这里所说的小康社会六君子,也是他崇拜的六圣人。孔子以他们为榜样,更是以他们自喻。在孔子的语境中,"君子"和"圣人"是同义词,都是有"道"的人,"有道",就是"自觉反本"的人,也都是有"德"的人,"有德",就是有"能"力"引领反本"的人。《大戴礼记·卷十三·易本命第八十一》借用孔子的名义说:"唯达道德者,能原本之矣。天一,地二,人三,三三而九,九九八十一……"

十五

王【王】

从内圣外王的『素王』说起

太 王 王 祀 㞢

上面五个字，分别是甲骨文的王、金文的王、小篆的王、金文的神、小篆的圣。

感天为神，所以神字的右边象天上的闪电之形。动地为圣，所以圣字的下面是庄严的厚土。保民为王，所以王字的中间以人为干。由此可见"神、圣、王"与"天、地、人"这两组概念，具有互为注解的深刻联系，这两组六个字从不同的角度，共同注解了什么是王。

一言以蔽之，所谓"王"，就是感天动地而保民的圣人，圣人必神，神圣者王。

一

历史文化中的孔子，不仅是"万世师表"的"圣人"，还是"有王德而无王位"的"素王"，被后世历代儒者尊奉为"内圣外王"的典范。这就引出一大质疑：孔子是圣？还是神？是王？还是人？历史的回答是：全都是。孔子生于兹，所以是人；孔子立于礼，所以是圣；孔子德配天地，所以是神；孔子为帝王师，所以是王。

如前所言，仅就字面意义而论，在古代社会，神、圣、王，其实是三而一的同义词。在孔子之后不远的时代，称孔子为圣，视孔子为神，尊孔子为王，其实都是一样的，三者之间，并没有像现在这样有太大的区别。如果一定要有所区别的话，不过就是：孔子活着为素王，死后为神灵，追念为至圣，仅此而已。

二

王，在古代社会，具有十分丰富的内涵，是一个深厚的文化体系。王并非只是指君王，即便是指君王，也并非只是王位这么简单。"王之所以为王"，才是君王们在王位上要考虑的第一问题。

《春秋繁露·卷第十一·王道通三第四十四》说："古之造文者，三画而连其中，谓之王。三画者，天、地与人也。而连其中也，通其道也。取天、地与人之中，以为贯而参通之，非王者孰能当是？"董仲舒这里的"贯而通之"之"王"，就是孟子的"大而化之"之"王"。《孟子·尽心下》说："充实之谓美"，这是说"地"；"充实而有光辉之谓大"，这是说"天"；"大而化之之谓圣"，这是说"王"；"圣而不可知之之谓神"，这是说"人"，当然是指"先师""先圣""先王""先祖""先贤"之类的"先人"。总之，通灵于天者谓之神，致力于地者谓之圣，天地之间者谓之人，贯通天地人者谓之王。于是"天、地、人"与"神、圣、王"，两组六字，同质而异名，变化而归一。

关于"天、地、人"与"神、圣、王"的这些互通互转的关系，《庄子·杂篇·天下》说得更加明白："(内)圣有所生，(外)王有所成，皆原于一(道)。不离于宗，谓之天人。不离于精，谓之神人。

不离于真，谓之至人。以天为宗，以德为本，以道为门，兆于变化，谓之圣人（内圣）。以仁为恩，以义为理，以礼为行，以乐为和，薰然慈仁，谓之君子（外王）。"这便是被历代儒者所称道并归之于孔子传统的"内圣外王之道"：备古人之全，集天地之美，兼神（圣）明（王）之容。

在中国古代，以这样圣化和神化的敬畏之心看待王者孔子，可谓天经地义，只是日常生活中再普通不过的自然而然的常理，既毋庸置疑，也无须强化。

三

《论语·季氏第十六》说："君子有三畏。畏天命（无条件的使命和责任），畏大人（有道德的人），畏圣人（至德至能的人）之言。"这三畏不只是君子才有，也不只是因为孔子说过了才有。可以说，自从有人类社会以来，人们就生活在这三畏之中，古今中外，概莫能外。当然，也有没有三畏的，这就是孔子所说的"小人"，也就是那些无知（不承担使命和责任）所以无畏（不受内在的良心和道德谴责）的人。"小人不知天命而不畏也，狎（xiá，轻慢）大人，侮（亵渎）圣人之言。"

孔子虽然出身贫贱，但毕竟有贵族血统，显然不甘为小人。他一生对天命、对大人、对圣人都怀有深深的敬畏之心和景仰之情。一方面，孔子和他的同时代人一样，发自朴素的崇德之心，很容易不自觉地就会神化、圣化君子，如《论语·子张第十九》所相信的那样："君子恶居下流"，"虽小道必有可观者焉，致远恐泥，是以君子不为也"。另一方面，孔子自己以古代圣人为榜样，矢志成为圣人，所以情不自禁地会自我神化、自我圣化，自命不凡，如《论语·述而第七》所描述的那样："天生德于予，桓魋（huán tuí，人民）其如予何？""圣人，吾不得而见之矣，得见君子者斯可矣。"

孔子的学生们出于对自己老师的特殊尊重和特殊感情，常常会不自觉地神化和圣化孔子，如《论语·子罕第九》所记述的那样，将孔子视为"天纵之圣"，又如《论语·八佾第三》所记述的那样，将孔子奉之为"天之木铎"（"天下之无道也久矣，天将以夫子为木铎"）。

历代儒者、学者、文人、骚客，莫不奉孔子为先师。《孟子·万章下》说，"孔子，圣之时者也。孔子之谓集大成，集大成也者，金声而玉振之也。"《孟子·公孙丑上》又说："圣人之于民，亦类也。出于其类，拔乎其萃，自生民以来，未有盛于孔子也。"总之，无论是以传承者自居而盛赞孔子，还是以质疑者自宗而挑战孔子，离开了孔子，2500多年的中国之学，无以为学问，这是不争的事实……

孔子之后的历代王朝萧规曹随，无不遵王道而圣孔子，以圣为师，弘化德治，聚合人心。据《明史·卷二百八十四·列传第一百七十二·儒林三·孔希学》①记载，明太祖刚一开国，便于洪武元年召见孔子后人，特别关照说："先圣后，特优礼之，养以禄而不任以事也。"又特别赐之诰曰："古之圣人，自羲、农至于文、武，法天治民，明并日月，德化之盛莫有加焉。然皆随时制宜，世有因革。至于孔子，虽不得其位，会前圣之道而通之，以垂教万世，为帝者师。"同时"立孔、颜、孟三氏教授司"，"立尼山、洙泗二书院，各设山长一人"。这可说是历代帝王礼遇孔子最典型的做法。当然，君王们之所以如此，对孔子心悦诚服与利用孔子强化统治，二者兼而有之。

---

① 见汉语大辞典出版社2004年版许嘉璐主编《二十四史全译》之《明史》第九册。

民间信仰则常常以神异化的方式，在孔子身上附会许多灵验的传说，以此寄托民众自己的幸福与希望。不知道从什么时候开始，人们一致认为灵兽麒麟是孔子的化身。麒麟，在中国社会，是一种仅次于龙的吉祥象征。人们普遍相信，麒麟孔子可以给自己带来好运，可以给国家带来太平。人们还普遍相信，"天不生仲尼，万古如长夜"，孔子是照亮人们内心深处和社会黑暗的一盏不灭的神灯。

综观上述所有这些神化孔子、圣化孔子乃至异化孔子、妖魔化孔子（这同样是神化和圣化孔子）的历史文化现象，绝非"愚昧和盲从"所能概括，也绝非"权谋和利用"所能断定。究其根本原因，还是在于孔子是"师"。在古代中国，师，得志的时候是"外王"，不得志的时候是"内圣"，死后被后世追为"先师"则是"神明"，更何况是孔子这样的"至圣先师"呢！"至圣先师"，这个在孔子之后2000多年（明世宗嘉靖九年，1530年）追加给孔子的封号，对于孔子而言可谓当之无愧。不过从严格意义上说，这不是"追封"，而是"还原"，是对孔子在中国历史文化中的真实形象和地位的一个较为准确的"还原性叙事"。

《春秋繁露·卷第十四·郊语第六十五》说："圣人者，见人之所不见者也。"《春秋繁露·卷第十七·天道施第八十二》又说："天道施，地道化，人道义。圣人见端而知本，精之至也；得一而应万，类之治也。"由此观之，在中国几千年历史文化的源流中，孔子或许真就是这样一位既能够"见人之所不见"，又能够"见端而知本"的"精至"的圣人、神人和素王。

四

毋庸讳言，按照现代文明观念，人们很难接受孔子是"神、圣、王"的形象,而更愿意将孔子看做是或者还原为一个真实的人。但是,如果真的离开了"神、圣、王"这三个字,或许反而离真实的孔子更远,或者说,反而更加难以认识真实的孔子。这也就是说,如果孔子真的不是"神",不是"圣",不是"王",而只是一个普通的"人",或许就不是真正意义上的"真孔子"了。

这无疑是一个悖论,而且是每一个当代中国人都要面对历史并反观自己的"中国历史文化逻辑第一悖论"。面对悖论,挑战悖论,破译悖论,解读悖论,甚至成为悖论,这是当今中国人面对具有"神、圣、王"三大光环的孔子的时候的困境。正如每一个古希腊人都不得不面对狮身人面像回答"我是谁"这样一个斯芬克斯谜语一样,当代中国人也不得不面对"孔子是谁"这个必须回答又无法回答的不解之谜。

你必须回答孔子是谁,因为你必须回答你是谁。你无法回答孔子是谁,因为你无法回答你是谁。没有答案的答案,无须答案的答案,每一个人都有自己的答案……

十六

【祭】

从古代中国的『神谱』说起

上面四个字，分别是甲骨文的祭、金文的祭、小篆的祭、小篆的祀。

在古代社会，祭就是祀，祀就是祭，所以常常连用为一个词：祭祀。有人解释说，祭的本义为祭天，祀的本义为祭地，或者反之，都说得通。

其实，准确理解祭和祀的本义，莫过于观察上面的字形。特别是祭字，象人虔诚地用手捧着祭肉敬献给神。《尚书大传·卷第六·略说上》说："祭之为言察也。察者，至也。至者，人事也。人事至，然后祭。"要言之，所谓祭，就是向神告知人事，让神明察，接受神的监督，并以人事告慰神，以人事祈求神。

一

《礼记·祭统第二十五》说："凡治人之道，莫急于礼。礼有五经，莫重于祭。"看来祭和礼都是重大的急事，刻不容缓，怠慢不得。所以凡是改朝换代，开国皇帝的第一件事情就是祭祀。这是为什么呢？董仲舒在《春秋繁露·卷第六·立元神第十九》中说："体国之道，在于尊神"，"欲为尊者，在于任贤；欲为神者，在于同心"。这里的意思是说，祭祀就是尊神，尊神在于尊贤，尊贤在于"同心"，"同心"才是祭礼之所以又急又重要的根本原因。为什么"同心"如此重要，以至于超过神成了祭祀的目的？对此董仲舒解释说："天积众精以自刚，圣人积众贤以自强。天序日月星辰以自光，圣人序爵禄以自明。天所以刚者，非一精之力；圣人所以强者，非一贤之德也。"圣人治理天下，需要众多贤臣，正如当年舜用二十二臣那样。所以中国古代的祭祀，不只是尊一神，不只是祭一神，而是遍索诸神，同祭众神，由此神人同德，圣贤同心。这种"不独尊一神"的观念与众贤治理体制，不仅是对天子的辅助，也是对天子的制约。董仲舒在这里借用天和日月星辰的关系，来说明群贤毕至的道理。然而，群贤多了，"同心"就成为当务之急，弄不好，就会适得其反。所以要用神圣的祭祀，让圣贤们在神的面前宣誓和承诺，如有违背，就会受到神的惩罚。

二

据《礼记·祭法第二十三》记载，古代祭祀的对象，包罗万象。凡与人的生活有关，凡在人的视野之内，凡在人的想象之中，各种现象，都要祭祀。凡"山林川丘谷陵"，凡"能出云、为风雨、见怪物"的自然奇观，在古代的人心目中，皆曰神，都要祭。所以祭天，祭地，祭时，祭寒暑，祭日，祭月，祭星，祭水旱，祭四方……所以岁岁祭，时时祭，月月祭，天天祭……不过，"有天下者祭百神，诸侯在其地则祭之"。祭祀作为一种等级特权，只有天子才有资格祭祀全天下所有的自然万物诸神，而诸侯则只可以祭其所在邦国内的自然万物诸神。

《孝经注疏·卷第二·士章第五》①说:"祭者,际也,人神相接,故曰际也。"又说:"祀者,似也,谓祀者似将见先人也。"作为治国安邦的基本礼制,古代社会不仅要祭祀天地间的自然万物诸神,更要祭祀一系列上古先王、先圣、先贤、先烈等可以通称为"先师"的半神半人。与先祖、先人一样,凡称之为"先"者,就是神。凡是神,就有祭祀。总之,"先"与"神"因为祭祀成为了同义词。

然而,并非只要是"先人"就有资格受到祭祀,或者换言之,并非只要是先朝先代的人就是"先人"。那么,什么样的人才可以称得上"先人"?什么样的"先人"才有资格受到后人的祭祀呢?对此,《礼记·祭法第二十三》颁布了一个严格的标准:"夫圣王之制祭祀也,法施于民则祀之,以死勤事则祀之,以劳定国则祀之,能御大灾则祀之,能捍大患则祀之。"意思是说,凡是被列入祭祀对象的先人,都属于以下一种或多种类型:或者因为创制了天文历法,或者因为死于操劳国事,或者因为安定了天下,或者因为救民于大灾,或者因为护国于大难。总之,他们都是以超人的能力和非凡的品德为天下做出了卓越贡献和表率的人,因此才被万民尊奉为神灵,而享受世世代代的祭祀。

耐人寻味的是,在古代社会,祭祀自然万物诸神,往往是和祭祀那些成功战胜自然或者善于利用自然的先王、先圣、先贤们混在一起的。这个多少有些奇怪的矛盾复合的受祭群体,最早称之为"师"。这些"师"可说是"双面人",既代表某种不可知的自然力,也代表对这种自然力的神奇控制和有效利用。《周礼·春官宗伯第

---

① 见北京大学出版社2000年版李学勤主编整理本《十三经注疏》之《孝经注疏》。以下凡出现《孝经注疏》书名,均指此版本,不再一一说明。

三·大宗伯》说："大宗伯之职，掌建邦之天神、人鬼、地祇之礼……以槱燎（yǒu liáo，以牲体置柴堆上焚之）祀司中、司命、飌（同风）师、雨师"……这里的风师、雨师，既是专司控制和利用某种自然现象的神，也是相应的自然现象本身。

由此可见，在古代社会最早的祭祀神谱中，几乎所有的"自然之神"都不是"自然"的，而是某种"超自然"的"人化的神力"或者说"神化的人力"的"对象化显现"。中国上古时期的三皇五帝，几乎无一例外都被历史地复合成为了这种超自然的半神半人，或能呼风唤雨，或能预知命运。他们既因为拥有某种常人没有的能力，而让人臣服，又因为乐于以这种超常的能力为民除害造福，而让人心悦诚服。超人之力谓之"能"，以能为民谓之"功"，居功而让谓之"德"。于是，这些功德显赫的半神半人，在众望所归中成为德高望重的先王和先师受到世代祭祀，便是自然而然的事了。

三

《尚书·虞夏书·大禹谟》说："帝德广运，乃圣乃神，乃武乃文。"这可说是对上古半神半人的先王们的全能特征最经典的定格。汉代孔安国对此的传解说：广，谓所覆者大；运，谓所及者远。圣，无所不通；神，妙无方；文，经天地；武，定祸乱。

《礼记·祭法第二十三》按照上述选神的标准，列出了一组半人半神的先师、先王、先圣的"众神谱"，颁布天下，作为统一的祭祀对象，按照相应的规格和方式一一予以祭祀。

"是故厉山氏之有天下也，其子曰农，能殖百谷，夏之衰也，周弃继之，故祀以为稷（jì）。"

先王厉山氏（传说中的炎帝，因起于厉山而得名，又称烈山氏）

有一个儿子叫"农",能播种百谷。后来夏朝末年的时候周地有个叫"弃"的人,继承了"农"的本领。因此,要将"农"和"弃"作为"稷"来祭祀,他们都是造福于民的"农业神""谷物神"和"丰收神"。

"共工氏之霸九州岛也,其子曰后土,能平九州岛,故祀以为社。"

共工于太昊之后、炎帝之前自立为王称霸九州,他有个儿子叫后土,可能就是因为有平治水土的神力而得名。因此要以他配合"社神"一道祭祀,他们都是"土地神"。

"帝喾(kù)能序星辰以著众,尧能赏均刑法以义终,舜勤众事而野死,鲧(gǔn)鄣(同障)鸿(同洪)水而殛(jí,诛杀)死,禹能修鲧之功,黄帝正名百物以明民共财,颛顼(Zhuān Xū,黄帝之孙,昌意之子,少昊之侄,号高阳氏,传说中的上古五帝之一)能修之,契为司徒而民成,冥勤其官而水死,汤以宽治民而除其虐,文王以文治,武王以武功去民之菑,此皆有功烈于民者也。"

帝喾,有神通能测星辰的运行,而制定历法引导万民。尧,以公平正义为王,而又能够以禅让善始善终。舜,为王勤政,奔波过劳死于苍梧之野。鲧,以堵的方法治水失误被舜问责,诛杀于羽山,尽管如此,仍不失为先烈。禹,继承父亲"鲧"的遗志,改堵为疏治水成功,终成伟业。禹和他的父亲鲧,都是中国古代的"水利神"。黄帝,为万事万物定名,第一次建立了知识体系,让初民从此不再困惑而得以共享天下财物之利。颛顼,是黄帝的孙子,少昊的侄子,能够继承黄帝的治国传统,光大黄帝的事业。契,是商的始祖,曾经做尧的司徒,司徒是掌教化的官,因此可说契是中国第一位文化部长兼教育部长,其任职期间,化民成俗,引领万民从野蛮走向文明。契,或许可称之为中国古代的"教化神""教育神""教师神""文化神""文明神"。冥,是"契"的六世孙,当然也就是商的先祖,曾经担任玄冥的官职,掌管水务,最终在岗位上死于水,是中国古代的"水神"。汤,即商汤王,采用宽民的国策,废除了夏桀虐民的暴政,"汤"可谓中国古代的"宽厚之神"。文王,即周文王;武王,即周武王。两王父子相继,王业相承,先后以"文德"深得民心,以"武功"伐纣除患,"文、武"二王,可谓中国古代"明王之神"。

综观以上众神谱,不难发现一个令人思索的现象,这其中,没有一神独大,没有一族为主,没有以成败论英雄。即便是黄帝,也只是众神家族的普通一员;即便是鲧,也能与诛杀他的舜同受祭祀;即便是共工,也可与他的征服者并列为神。之所以能够这样尽弃前嫌而超越时代的局限与偏见,是因为他们都符合同一个标准,这就是"皆有功烈于民"。在造福于民的使命面前,众神一律平等。

四

时至今日,"祭祖尊神"之于不再相信神明的现代人来说,似乎已经十分遥远。不过稍稍留意就不难发现,其实祭祀意识仍然是现代社会中活的灵魂,徘徊在现代人身边不弃不离。尽管当下社会已经没有了古代那些名目繁多的祭祀活动和祭祀礼仪,但祭礼之于当代人,与之于古代人一样,仍然深深地影响着人们的生活习惯、社会风俗乃至情感世界、审美与思维。比如清明祭祖,比如传统佳节,比如灾后悼念,比如睹物思人,比如新年祈福,比如节庆许愿,所有这些,都可以说是"现代人的古代祭祀"。

十七

从箴言『毋不敬』说起

【敬】

上面三个字，分别是金文的敬、小篆的敬和小篆的警。

敬，通警，其金文和小篆的字形，右边从攴（pū），象以手执杖或执鞭，正在自己敲打自己，义为自我鞭策。左边从苟（jí），义为紧急，急迫，转义为不可丝毫怠慢。

可见，敬的本义，不是对待别人的态度，而是对待自己的要求，是自己端正自己，让自己警醒起来。所以《论语·宪问第十四》说："修己以敬"。《释名·卷第四·释言语第十二》[①]也说："敬，警也。恒自肃警也。"自警的结果，必然是恭敬。古人说，恭在外表，敬存内心，在貌为恭，在心为敬。《周易·卷一·坤卦第二》说："君子敬以直内，义以方外。敬义立，而德不孤。"这说的是厚德载物的博大气象，是君子贤人的深厚本怀。

一

"毋不敬"！这句类似咒语的箴言，来自《礼记·曲礼上第一》，

---

① 见中华书局1985年版汉代刘熙撰《释名》。

这也是《礼记》开宗明义的第一句话。敬，首先是敬天、敬地、敬神，敬祖、敬师、敬老、敬长、互敬，但最重要的是自敬。所以，"毋不敬"这句话的第一要义是：不要不敬重自己。

敬，在古代社会生活中，与之最相关的，是礼。汉代的郑玄在注解"毋不敬"这三个字的时候，用了四个字："礼主于敬"。这"一三""一四"，共同构成了中国历代礼乐教育的至理名言"敬礼"和"礼敬"。有敬才能有礼，礼是为了敬。

二

为什么敬之于礼如此重要？为什么是"礼"而不是"乐"对敬的要求更为要紧？回答这个问题，需要对中国古代社会的基本制度，有一个基本的了解。

古代中国社会，是一个"崇尚"礼乐的社会，也就是说，是以礼乐为"理想"的社会，而不一定就是完美"实现"了礼乐理想的社会。这如同当今社会倡导崇尚优秀传统文化，追求中华民族伟大复兴的中国梦，并不意味着优秀传统文化已经复兴了一样。在古人看来，礼和乐，互为补充，如同天和地，互为照应，正是这二者，天经地义地维系着家国天下的平安秩序。《礼记·乐记第十九》认为："乐者，天地之和也；礼者，天地之序也。"这说明礼与乐的分工，大致相当于天与地的分工，各有所侧重。《礼记·乐记第十九》指出："乐者为同，礼者为异；同则相亲，异则相敬。"古代中国这种"和同辨异"的社会分工，对乐和礼分别提出了不同的要求："乐者异文，合爱者也"，"礼者殊事，合敬者也"。这意思是说，礼乐社会，是一个"敬爱"的社会，敬和爱分别通过礼和乐得以实现。

《礼记·乐记第十九》说："明于天地，然后能兴礼乐也。"又说：

"乐由天作，礼以地制。"由此可知，为什么中国人总会用"天乐""天籁之音"来形容美好的音乐，又为什么《周易》会将"敬礼"与坤卦联系起来，以地说敬，以敬说礼。这与《礼记·乐记第十九》认为"乐和爱来源于天""礼和敬植根于地"的看法是完全一致的。

三

既然"礼以地制"，既然"敬"发自内心而成为礼的基础，如同"坤"立于地而厚德载物，于是《周礼》设地官，以祀礼教人以敬，就顺理成章了。《周礼·地官司徒第二·大司徒》说大司徒"施十有二教"，这其中第一教就是"以祀礼教敬，则民不苟"。《礼记·祭统第二十五》说："敬尽，然后可以事神明。此祭之道也。"可见，敬与礼，一方面并立于地而互为基础，一方面合教于人而互为前提。崇礼，在于教敬；教敬，为了崇礼。教敬和崇礼，共同的目的是为了成就人，让人成为不同于禽兽的"大人"。这样的大人，若不是君子和贤者，起码是一个孝子。

《论语·为政第二》记载说："子游问孝。子曰：今之孝者，是谓能养。至于犬马，皆能有养。不敬，何以别乎？"表面上看，这说的是孝与不孝的区别，其实，孔子在这里说的是"人"与"非人"的区别，而区别的标准，就在于敬。孝在于敬，不只在养。是否有敬，是人与犬马的根本区别。

四

《孟子·尽心上》说："食而弗爱，豕（shǐ）交之也；爱而不敬，兽畜之也。恭敬者，币（礼物）之未将者也。恭敬而无实，君子不可虚拘。"孟子说，如果只是喂养而不爱，这是猪的待遇。如果只有爱护而缺乏尊敬，这无异于对待畜生。对君子的礼遇，本应出自恭敬。如果恭敬只在表面而不是发自内心，对这样的人，君子还是尽快离去的好。

孟子在这里特别强调"礼敬待人"与"喂养牲畜"二者的区别，仅在于一个"敬"字。这是中国古代以"敬"为核心的推恩思想与西方以"爱"为核心的博爱思想的最大不同。在孟子看来，如果待人不敬，就是没有把人当人看。这似乎言重了，但喜欢较真的君子们的确这么认为。其实这很好理解，如今人们豢养宠物，莫不宠爱有加，但无论多么的爱，在主人心目中，宠物仍然只是宠物而不是人，因为，主人对自己的宠物只有爱没有敬。

五

《孟子·离娄下》说："君子所以异于人者，以其存心也。君子以仁存心，以礼存心。仁者爱人，有礼者敬人。爱人者，人恒爱之；敬人者，人恒敬之。"这是说，君子与小人的区别，不在于是否有"爱"和"敬"，而在于君子"存心"，因而有"恒爱"和"恒敬"，小人则不然。

这里的"恒"，既可以理解为"恒常"和"恒久"，也可以解读为"还报"，正如"恒"的字形，有一种解读是，左边为心，右边为月，人与人的敬与爱，恰如心月相照。如果将恒的这两重意义合起来，可说是一种"因为发自内心所以感人，因为感人所以回敬，因为回敬所以恒常的互敬互爱"。这正是"敬礼"和"礼敬"的真谛。有心才能有爱和敬，这是小人就可以做到的。存心才能有恒爱和恒敬，这是君子不同于小人的特征。

六

显而易见,在古代社会,敬与不敬,是孝与不孝的问题,是诚与不诚的问题,是君子还是小人的问题,但问题还远不止于此。古人之所以对敬这个问题特别敬重和敬畏,根本的原因在于,敬与不敬,不只是如何对待他人的问题,而首先是关乎自身究竟是人还是畜生的问题,所以一点也马虎不得。这才是古代人与现代人对待敬的最大不同。

在《礼记·檀弓上第三》中,子路引用孔子的话说:"吾闻诸夫子……祭礼,与其敬不足而礼有余也,不若礼不足而敬有余也。"孔子如此强调敬在祭礼中的主导作用,其实具有某种警示世人的意味。人们不禁要反问:如果不能像孔子所说的这样,如果在参加祭礼的时候缺乏敬畏之心,乃至玩世不恭,那会怎么样呢?历史的教训是:不能敬者,败以取祸!这也就是说,这可不是闹着玩的,在祭礼上不敬,比待人接物不敬,更加危险!不只是关乎是人还是畜生的道义问题,而且是关乎生或者死的生命问题!

七

《春秋左传·成公十三年》记载有所谓"国之大事,在祀与戎"这个典故,讲的就是"失敬弃命"的生死故事。这个悲剧故事的主角成肃公,出征前依照常规参加例行祭祀,在社庙接受脤(shèn)肉的时候,漫不经心,态度举止略有失礼,结果不幸被在场见此情形的刘康公所言中:"今成子惰,弃其命矣,其不反乎!"成子这样失敬,无异于放弃自己的性命啊!他此去大概回不来了吧?果然,成肃公后来死在了战地……

故事的原文是这样的：

"公及诸侯朝王，遂从刘康公、成肃公会晋侯伐秦。成子受脤于社，不敬。刘子曰：吾闻之，民受天地之中以生，所谓命也。是以有动作礼义威仪之则，以定命也。能者，养以之福；不能者，败以取祸。是故君子勤礼，小人尽力。勤礼莫如致敬，尽力莫如敦笃。敬在养神，笃在守业。国之大事，在祀与戎。祀有执膰，戎有受脤，神之大节也。今成子惰，弃其命矣，其不反乎？"

这个故事，听起来似乎有点危言耸听，但对于孔子前后时代的人来说，祭祀不敬的因果报应，的确无时无刻就在眼前发生。这正如现代社会的交通事故，每天都会以惨不忍睹的画面提醒人们，小心上路，谨慎驾驶，注意安全。人们对此深信不疑，但又时常抱有侥幸。

八

怎样避免成子失敬之祸，无论对于古人还是今人，都是一个不得不战战兢兢、如履薄冰地面对的人生课题。这其中包括三个具体的问题：怎样才能活得心安理得？怎样才能活得像个人？怎样才能活得像个君子或者贤人而不至于沦为小人？这三个问题其实可以归结为一个问题：怎样才能做到敬？如前所引，孔子给出的答案是"修己"，孟子给出的答案是"存心"。这两位圣人讲的，与"敬"这个字形所象征的一样，都是发自内心而自警，而《礼记·祭义第二十四》的回答却略有不同："礼乐不可斯须去身。"

初看起来，这个回答似乎有点偏题，但实际上说的正是敬的根本。敬，不是一时表演出来的礼貌，而是一种发自内心的礼乐常态。《礼记·祭义第二十四》针对恒敬的人生难题——要做到一时的敬易，要保持一贯的敬难——从礼和乐两个方面，提出了具体有效的治难办法：一是致乐以治心，用音乐加强人的内在修养，用音乐让人安下心来；二是致礼以治躬，用礼来端正外貌，使之庄重恭敬起来。庄重恭敬，人就有威严。心里只要有一点点不平和，只要有一小会儿不愉悦，鄙俗狡诈之心就会乘虚而入，马上就会在外表上表现出来。外表上只要有一点点不庄重，只要有一小会儿不恭敬，轻率怠慢之心就会随之而来。

《礼记·祭义第二十四》的这段原文是这样的："致礼以治躬则庄敬，庄敬则严威。心中斯须不和不乐，而鄙诈之心入之矣；外貌斯须不庄不敬，而慢易之心入之矣。"

一言以蔽之，礼，在于治人。治人莫外乎治心和治躬。治心在于敬礼，治躬在于礼敬。由是观之，敬礼和礼敬，不只是接人待物的一般礼仪，而是用礼和乐来加强自我修养的一门人生的基本课程，君子和小人概莫能外，古人和今人一样道理。

十八 孝【孝】

从《孝经》"以孝为教"说起

上面四个字，分别是金文的子、老、孝、教。显而易见，这四个字都与"子"或"老"有关系。

孝，子在下，老在上，就像是儿子背着父亲，《说文》解释为"善事父母者"。这个传神的形象，也是古代中国家喻户晓的"二十四孝图"带给人们关于孝的基本图景。

在古人心目中，孝是子的义务，教是老的责任，这是天经地义的事情，没有艰深的道理，无需太多的理论，一个既象形又会意的孝字，就可以说得清清楚楚明明白白。不过，如果有人这样对你说：孝，是天下至高无上的"至德要道"，你相信吗？如果对你说这句话的人就是孔子，你相信吗？

一

"仲尼居，曾子侍。子曰：先王有至德要道，以顺天下，民用和睦，上下无怨。汝知之乎？曾子避席曰：参不敏，何足以知之？子曰：夫孝，德之本也，教之所由生也。"这是《孝经·开宗明义章第一》[①]的开篇故事。故事说，有一天，孔子在家中闲坐，曾子在一旁陪他。孔子对曾子说："凡古代先帝明王，都有一种至高无上的德行和妙道，用之可使天下归心，万民和睦，居上不骄，处下不尤。你知道这是什么吗？"曾子听了，连忙起身离席说："学生愚钝，我哪里能知道这其中的奥妙呢？"孔子告诉他说："那就是孝啊。孝，是道德的根本，天下所有的教化都是从孝这里衍生出来的。"孔子这里所说的"教"，既泛指教化，也具体指"五常之教"：父义、母慈、兄友、弟恭、子孝。

有人据此推论说，曾子（约公元前505年—公元前435年）是《孝经》的作者。也有人认为，《孝经》是孔子亲自传授给曾子或者指导曾子等一班学生们整理编撰的。无论怎样，曾子与《孝经》都有很大的关系。据说，曾子还是《大学》的作者。那么这个曾子是一个什么样的人呢？《论语·先进第十一》说："参也鲁。"这个生性鲁钝的"参"，正是曾子。曾子名参（shēn），字子舆，十六岁拜孔子为师，被后世尊为"宗圣"，与"至圣"孔子、"复圣"颜回、"述圣"子思、"亚圣"孟子共为"儒家五圣"。看来所谓鲁钝，并非愚钝，而是大智若愚。曾子的父亲曾点，字皙（xī），也是孔子的学生。有趣的是，这父子俩的性格迥然不同，曾点生性狷狂，是著名的"鲁之狂士"。

二

《孝经》的体例，在"六经"和"十三经"中以"专论"为突出

[①] 见上海古籍出版社2004年版《十三经译注》之汪受宽撰《孝经译注》。以下凡出现《孝经》书名，均指此版本，不再一一说明。

特色。如果将《孝经》《论语》《大学》作个比较，《孝经》的这一特色就更加明显。这三部著述，同样是孔子的教学辑录，《孝经》不像《论语》那样话题杂多且议论广泛，而是更近似于《大学》的专题专论，但又比《大学》的论述更为集中和单纯。《孝经》全"书"，只有不到2000字，非常接近当今大学的"课程讲义"。以孝为本，以孝为教，以孝行道，是这门"孝道课程"的总纲。

三

如前所见，《孝经》从一开始，就设定了一个特定的教学场景，这个场景可说是孔子的"讲孝堂"。在这个"讲孝堂"，孔子循循善诱，大致用了五堂课，五个步骤，一步步引导学生走向"孝道"。

第一堂课，讲"以孝为本，以孝立身"。

和当今大学老师开课一样，孔子讲《孝经》，一开题就讲总论。不过，孔子在总论中不讲什么是孝的抽象概念，而是简要"描述"什么是"孝道"。

孔子说："身体发肤，受之父母，不敢毁伤，孝之始也。"这是孔子的教学特色，就近取譬，从身边说起，从小事说起。"立身行道，扬名于后世，以显父母，孝之终也。"由近及远，由小到大，由身致道。这一始一终，可谓"行孝"，这行孝之道，就是"孝行"。

"夫孝，始于事亲，中于事君，终于立身。"看来，孔子讲的孝，并不止于民间流传的"二十四孝图"所着重渲染的"孝亲"，而是更加强调"孝"的根本意义和最终目的在于"立身"，人经由孝而得以成人，是谓"孝道"。

孝，孝行，孝道。这是《孝经》总论的三个关键词。

四

第二堂课,讲"五种人等,五种孝行"。

孔子逐次讲天子之孝,诸子之孝,卿大夫之孝,士之孝,庶人之孝。有大孝,有小孝。从天子到庶民,五个社会等级,五种社会身份,责任和使命各不相同,其孝道的对象、目标、方法、重点也各不相同。

为什么讲孝道要从天子到庶民这样从上往下讲?这可说是孔子时代以"上行下效"作为社会教化第一原则和方法的具体体现。那个时代的"孔子们"似乎普遍相信:天子行孝,以身作则,则天下莫不孝。

《孝经·天子章第二》说,天子之孝,以德化天下为要务:"爱敬尽于事亲,而德教加于百姓,刑(榜样和示范)于四海。"

《孝经·诸侯章第三》说,诸子之孝,以保国和民为要务:"高而不危,所以长守贵也;满而不溢,所以长守富也。富贵不离其身,然后能保其社稷而和其民人。"

《孝经·卿大夫章第四》说,卿大夫之孝,以守其宗庙为要务:"非先王之法服不敢服,非先王之法言不敢道,非先王之德行不敢行……三者备矣,然后能守其宗庙。"

《孝经·士章第五》说,士之孝,以守其祭祀为要务:"以孝事君则忠,以敬事长则顺。(孝敬)忠顺不失,以事其上,然后能保其禄位,而守其祭祀。"

《孝经·庶人章第六》说,庶人之孝,以养父母为要务:"用天之道(因天之时),分地之利(因地制宜),谨身节用,以养父母。"

五

第三堂课,讲"以孝为教,是谓大孝"。

以上分别讲了五种人的五种孝,这是从个人的社会身份角度言孝。但孝道的意义,远非于此。在《孝经·三才章第七》中,曾子大发感叹:"甚哉,孝之大也!"曾子为什么会有这样的感叹呢?原来,他的老师孔子告诉他说,即便是天子之孝,都算不上真正的大孝!那么,真正的大孝在哪里呢?孔子说:"夫孝,天之经也,地之义也,民之行也。"原来,孝,在天地间,孝与天地同在。如同天行有常,地利万物,孝是人最根本的品行。

《孝经·三才章第七》说:"则天之明,因地之利,以顺天下,是以其教不肃而成,其政不严而治。"就这样,个人的孝行,被纳入到了天下教化的大局之中,属于教化天下的国家之政与社会之治,而不只是个人品德和一己行为。

"先王见教之可以化民也,是故先之以博爱,而民莫遗其亲;陈之以德义,而民兴行;先之以敬让,而民不争;导之以礼乐,而民和睦;示之以好恶,而民知禁。"于是,以孝为教,以孝为礼,孝道借助礼乐而推行,礼乐融入孝行而化民。所以,《孝经·圣治章第九》说:"子曰:天地之性,人为贵。人之行,莫大于孝。"就这样,个人的孝行,就被一步步提到了"天经地义"的绝对高度,成为至高无上的德行而无以复加,即便是圣人,也没有比孝行更重要的德行了:"夫圣人之德,又何以加于孝乎?"

于是,以孝治国,便理所当然地成了第一治国方略。《孝经·圣治章第九》说:"圣人因严以教敬,因亲以教爱。圣人之教,不肃而成,其政不严而治,其所因者,本也。"以孝为本,不肃而成,不严而治,这或许可以说是中国古代最朴素的无为而治理想了。

不仅如此,以孝治国还有可能是最神奇的治国之方。《孝经·孝治章第八》说:"昔者,明王之以孝治天下也……生则亲安之,祭则鬼享之,是以天下和平,灾害不生,祸乱不作。"《孝经·感应章第十六》甚至宣称:"孝悌之至,通于神明,光于四海,无所不通。"古代先王们似乎真诚地相信以孝为本的福应奇迹,相信"天地明察,神明彰矣"。孝行天下,一定能感天动地,消灾弭祸,而天下太平。这正如《诗经》所描绘的那样:"自西自东,自南自北,无思不服。"孝道精神,充塞于天地之间,放之四海而皆准。

六

第四堂课,讲"孝子之孝,君子之孝"。

知道了孝的意义,也知道了孝道的神奇,接下来就是行孝了。《孝经·圣治章第九》说:孝子之孝,首先是事亲。如果一个人连自己的亲人都不顾,却对别人很好,这是违背常理的。"不爱其亲,而爱他人者,谓之悖德;不敬其亲,而敬他人者,谓之悖礼。"

那么,怎样事亲才算是孝子呢?《孝经·纪孝行章第十》从事亲的五个方面提出了孝子孝行的五个标准:"孝子之事亲也:居,则致其敬;养,则致其乐;病,则致其忧;丧,则致其哀;祭,则致其严。五者备矣,然后能事其亲。"

这段话,看起来讲的是"孝子事亲之孝",但不止于孝子事亲之孝,更是要讲"君子事亲之孝"。一般所谓事亲,也就在"居、养、病、丧、祭"这五个方面,而所谓孝子,就是在这五个方面始终如一,尽心尽意达到"敬、乐、忧、哀、严"这五个标准的人。可是,孔子却不以为然,"五者备矣",还不是真正的"事亲",只是具备了

"然后能事其亲"的基础。换句话说，在一般人而言，这五个方面、五个标准，已经是十足的孝子事亲的孝行了，但在孔子而言，这些都只是最基本的孝行，还不是根本意义上的孝行。能这样做，只是最起码的事亲，还不是根本意义上的事亲。能这样做的人，只是最起码的孝子，还不是根本意义上的孝子。他指出："事亲者，居上不骄，为下不乱，在丑不争。"他认为，只有这样，才是真正的事亲，才是真正的行孝，才是真正的孝子，才是真正的孝。否则，"居上而骄则亡，为下而乱则刑，在丑而争则兵。三者不除，虽日用三牲之养，犹为不孝也"。

在这里，孔子提出了一个事亲之孝的社会立场和君子标准问题。

照理，既然行孝就是事亲，那么孝还是不孝的问题，就是如何对待自家老人的问题，相应，孝还是不孝，最直接的标准和基本的立场，就在家庭。但是孔子却将事亲的问题，从家庭推及到了社会："居上""为下""在丑"，在这样的社会系统中，孝还是不孝，就不再是家庭说了算，而是要由社会说了算。

当然，"骄则亡""乱则刑""争则兵"，之所以"不孝"，仍然可以认为是基于事亲的家庭立场和标准。这是因为，在古代社会，"亡""刑""兵"，都属于"毁伤""受之父母"的身体和性命，违背了孝的基本要求，而"骄""乱""争"，则让父母感到担忧和耻辱，这更是孝之大忌。不过，除了这两点家庭常理之外，孔子之所以认为其"不孝"，是因为他更加注重居家事亲的社会意义和君子事亲对社会的示范意义，由此更加强调君子事亲之于社会教化的以身作则的责任。

在孔子看来，君子事亲，不只是孝敬父母的孝行，更是推而广之以孝治国的国之大事。由此一来，君子事亲行孝的对象，就不只是父母，而是推而广之，由敬爱父母而敬爱天下百姓。君子事亲的范围，不只在家庭，而是推而广之，由一己之孝、一家之孝而孝行天下、天下大孝。所以，孔子在《孝经·圣治章第九》中说，君子事亲行孝，"言思可道，行思可乐，德义可尊，作事可法，容止可观，进退可度。以临其民，是以其民畏而爱之，则而象之。故能成其德教，而行其政令"。这里的君子，表面上看，似乎专指君临天下的君王，但实际上，说的是有君王之德而追求孝道的真正的孝子。对于君子来说，非如此，就算不得孝。

七

第五堂课，讲"推广孝道，孝行天下"。

在最后这个教学步骤中，孔子用了三个"广"，广要道，广至德，广扬名，来总结孝道之于家国天下以及人的社会价值与意义。

"广"，在孔子及儒家这里，不只是阐发、弘扬的意思，更是儒家哲学范畴中的一个专属命题，这就是孔子由己及人的"恕道"，而后被孟子发挥到极致的"推恩"。

《孝经·广要道章第十二》说："教民亲爱，莫善于孝。教民礼顺，莫善于悌。移风易俗，莫善于乐。安上治民，莫善于礼。礼者，敬而已矣。故敬其父，则子悦；敬其兄，则弟悦；敬其君，则臣悦；敬一人，而千万人悦。所敬者寡，而悦者众。此之谓要道也。"

孔子这段话的关键词是"敬"，这或许可以说是"孝敬"这个词的思想来源。敬在这里，是孝推而广之的结果，而礼，又是敬推而广之的结果。这样一来，以敬为孝，以孝为礼，为礼必敬，为敬必孝。孔子以此谓之"要道"，即孝、敬、礼三道合一之道。

《孝经·广至德章第十三》说："君子之教以孝也，非家至而日见之也。教以孝，所以敬天下之为人父者也；教以悌，所以敬天下之为人兄者也；教以臣，所以敬天下之为人君者也。……非至德，其孰能顺民如此其大者乎？"

孔子这段话的关键词是"教"。与"要道"一样，这里的"至德"，其核心思想仍然是"敬"。只不过"广要道"的重点在于将"孝之敬"从"敬一人"推而广之到"悦者众"之大"礼"的层面，而"广至德"的重点在于将"孝之敬"从"家至日见"推而广之到天下之大"教"的层面。这样的"天下大教"，已非一人之德，而是万民之德，所以是至德。这样的至德，就是"孝教"，君子教之以孝，天下以孝为教。

八

《孝经·广扬名章第十四》说："君子之事亲孝，故忠可移于君；事兄悌，故顺可移于长；居家理，故治可移于官。是以行成于内，而名立于后世矣。"对于这段话，司马迁以他不朽的一生，作出了更加深刻的解读和更加恢宏的演绎。

司马迁在《史记·卷一百三十·太史公自序第七十》中以《孝经》的话借题发挥说："孝始于事亲，中于事君，终于立身。扬名于后世，以显父母，此孝之大者。"按照《孝经》的孝道观，侍候父母，服侍君王，身体发肤保持完好且又道德健全，不让父母担忧，不让父母蒙羞，对得起父母的养育之恩，谓之有始有终，这才是合格的孝子、完美的孝道。但司马迁因言获罪，为了活下来完成《史记》，他自请宫刑，承受了有始无终之"大不孝"的奇耻大辱。于是他要用"大孝"观——扬名后世，以显父母——来激励自己。司马迁没有辜负父亲的嘱托，以残缺之身发愤著书，以君子之志立言立德，最终以彪炳史册的伟大成就，证明了大孝不死。大孝不止于肉体有限的生命，大孝以活的历史文化而永续，永远为父母彰显英名。司马迁说到做到了。

九

《孝经》中的许多思想内容，在《孟子》和《荀子》中都有大同小异的引述和表述，而孟子和荀子，又都有各自精彩的演绎。

《孟子·滕文公上》说："孟子道性善，言必称尧舜。"同样，孟子论孝道，也特别推崇尧舜。

《孟子·告子下》说："尧舜之道，孝弟而已矣。子服尧之服，诵尧之言，行尧之行，是尧而已矣；子服桀之服，诵桀之言，行桀之行，是桀而已矣。"孟子在这里说的是"人皆可以为尧舜"，对于每一个人来说，这不是能不能的问题，而是为不为的问题。至于"为"，也很简单，三个字："服、言、行"。这三个字的关键，是以什么人为"法则"。以尧舜为法则，则孝而顺；以桀纣为法则，则逆而危。这三个字及其"法则"，也是《孝经》中讲的卿大夫之孝，"三者备矣，然后能守其宗庙"。

十

《孟子·万章上》塑造了一个"天下大孝"的"孝舜"形象，舜因此列为后世"二十四孝图"中的第一孝。孟子说：

"天下之士悦之，人之所欲，而不足以解忧；好色，人之所欲，妻帝之二女，而不足以解忧；富，人之所欲，富有天下，而不足以解忧；贵，人之所欲，贵为天子，而不足以解忧。人悦之、好色、富、贵，无足以解忧者，唯顺于父母可以解忧。人少，则慕父母；知好色，则慕少艾；有妻子，则慕妻子；仕，则慕君；不得于君，则热中（热衷）。大孝终身慕父母，五十而慕者，予于大舜见之矣。"

孟子指出，舜广受天下爱戴，得到了天下最美的女色，拥有天下之大富，尊为天子之大贵。尽管所有这一切，舜都有了，但所有这一切都不足以让舜解忧，这是因为，只有让父母欢心，才能心无愧疚而此生无忧。一般的人，只有小时候才思慕父母，等到长大一点，就开始思慕少女，娶妻生子后，就思慕妻子和孩子，到了官场，就思慕君主和上级，得不到上面的信任，就老是想着怎样得到重用……但是，大孝就不是这样的。所谓大孝，就是一生从小到老，无论年龄和身份怎样变化，无论父母对自己怎样，思慕父母始终如一，从不间断，从不转移。舜，就是这样的大孝之人。孟子十分感佩地说，一个人直到五十岁还思慕父母，这样的大孝子，我可是在大舜身上看到了。孟子因此称舜为"大舜"，大舜因大孝而大。

十一

孟子如此推崇舜这样的大孝，还有一个更重要的原因，就是舜的父母和弟弟，非狠即毒，按照常理，是不值得孝敬友爱的，孟子恰恰要用这样极端的例子，来回答关于孝的两难问题。

《孟子·万章上》借孟子的学生万章之口讲述了下面这个极端之孝的故事：

"父母使舜完廪，捐阶，瞽瞍焚廪。使浚井，出，从而掩（yǎn，同掩）之。象曰：谟（谋）盖（盖井）都君（舜有都君之称，据《史记·五帝本纪》记载：舜耕历山，万众跟随，一年所居成聚，二年成邑，三年成都）咸我绩。牛羊父母，仓廪父母，干戈朕，琴朕，弤（dǐ，赤漆雕弓）朕，二嫂使治朕栖。象往入舜宫，舜在床琴。象曰：郁陶（忧郁）思君尔。忸怩。舜曰：惟兹臣庶，汝其于予治。"

十八 [孝] 从《孝经》"以孝为教"说起

舜的父亲叫瞽瞍，是一个冥顽不化的瞎老头，舜的母亲性格暴躁，舜有一个同父异母的弟弟叫象，贪婪不义。这三个最亲的亲人都十分嫉妒舜，一心想要除掉他。有一次，舜的父母叫舜去修谷仓，等他刚爬到屋顶上，他的父亲和弟弟就抽掉了梯子，并且放火烧了谷仓，舜借着头上的斗笠飞翔而下得以逃生。又有一次，父母要他淘井，等舜一下去，他的父亲和弟弟就填土塞井，舜早有预感，从事先挖好的井下通道中逃了出去，而舜的父母和弟弟一无所知。他们以为舜再也不能活着回来了，就开始瓜分舜的财产。象说，除掉舜，都是我的计谋和功劳，舜的牛羊归父母，粮仓也归父母好了，舜的盾和戈归我，琴和雕弓也都归我，两个嫂嫂让她们伺候我、陪我睡觉。象来到舜的住处，见舜若无其事地在弹琴。象说，你被埋在井下之后，我好痛心啊，以为你死了，一直闷闷不乐地思念你。象说这些话的时候，心有惭愧，很不自在。可是舜就像没有察觉到一样，很真诚地对象说：此刻，我在心里想的，是我的臣民，你帮我来管理他们，怎么样？后来，舜就将他的弟弟象分封在了有庳（bēi，同鼻）。

有关舜的这些孝行传奇，除了《孟子》之外，《尚书》《史记》等都有很多记载，历代关于孝道的故事，对舜的大孝又有很多演绎，其中最大的误读和误解，在于"愚孝"。《孟子》这里，对舜的"愚孝"作了很好的阐释。舜的愚，不是愚昧的愚，而是敦厚之愚，哲人之愚，大孝之愚。在舜这里，绝对的孝，是不讲条件的。

按照孟子理解的舜的愚孝逻辑，如果因为父母有过就有理由不孝，因为弟弟有过就可以不友，以此类推，不孝之人会很容易找到不孝的借口。况且，人无完人，天下没有完人父母，也没有完人弟兄。如果只有完人父母才配得上孝敬，只有完人弟兄才配得上友爱，天下就无孝敬可言，就无友爱可见了。

为了强调孝道的这种无条件的绝对性，孟子甚至不惜再一次将舜推到更加危险的两难境地。在《孟子·尽心上》中，孟子的学生桃应假设说："舜为天子，皋陶为士，瞽瞍杀人，则如之何？"如果舜是天子，皋陶当法官，舜的父亲瞽瞍杀了人，而瞽瞍又不是个好父亲，对舜一向都很不好，舜会怎样处理这件事呢？

"孟子曰：执之而已矣。"孟子回答说，那很简单呀，让皋陶依法将瞽瞍抓起来就是了。

"然则舜不禁与？"那么，舜不阻止皋陶吗？

"曰：夫舜恶得而禁之？夫有所受之也。"舜怎么能够阻止呢？皋陶是在履行职责啊。

"然则舜如之何？"那么，舜该怎么办呢？

"曰：舜视弃天下，犹弃敝蹝（xǐ）也。窃负而逃，遵海滨而处，终身欣然，乐而忘天下。"孟子说，这同样很简单呀。舜抛弃王位如同扔掉穿破的鞋子一样，他一定会"劫狱"，偷偷地背起自己的瞎眼父亲，一同逃往人迹罕至的海边住下，一辈子欣然快乐而不再想起天下。

显然，和孔子及其《孝经》一样，孟子及其大舜的孝道传奇，之所以要将一个人的极端孝行一次次推向"绝对的、无条件"的境地，并非只是在说一个人的孝行，也不只是唯孝而孝，鼓吹愚昧的事亲，而是为了推而广之：君子孝行天下，同样也是绝对的、无条件的。如果可以借口天下百姓有过失，就有理由不关爱他们，天下就没有什么仁政可言了。

《孟子·离娄上》说："不得乎亲，不可以为人；不顺乎亲，不可以为子。舜尽事亲之道，而瞽瞍底（致）豫（乐）；瞽瞍底豫，而天下化；瞽瞍厎豫，而天下之为父子者定。此之谓大孝。"这段话，可以看做是对舜"弃天下""窃负而逃"的道德辩护。"弃天下"是为了以大孝化天下，"窃负而逃"是为了以大孝定天下。

所以，《孟子·万章上》说："孝子之至，莫大乎尊亲；尊亲之至，莫大乎以天下养。为天子父，尊之至也；以天下养，养之至也。《诗》曰，永言孝思，孝思维则。此之谓也。"孝子最大的孝行，莫过于尊敬父母，尊敬父母的最高境界，莫过于奉养天下百姓。《诗经》说，永尽孝道，孝是永远的最高法则，说的也就是这个意思。奉养天下，是奉养的极致，也是孝的极致，这也是《孝经》推而广之的"要道"和"至德"。

十二

关于孝道，相比孟子，《荀子》似乎有更多自己的发挥。关于孝道的两难问题，荀子的论述也更具有思辨色彩和逻辑力量，当然也更加掷地有声。

《荀子·子道》说："入孝（在家孝顺父母）出弟（在外敬重年长的人），人之小行也。上顺（对上顺从）下笃（对下诚恳），人之中行也。从道不从君，从义不从父，人之大行（德行）也。若夫志（意志）以礼安（约束），言以类（统类，这是荀子特有的概念，指礼义）使（推导），则儒道毕矣（完全具备）。虽舜，不能加毫末于是矣。"

荀子的这段话，显然是针对孟子而来的。他以礼义作为衡量孝行的最高标准，即便是舜，也要接受这个标准的约束和检验："从道不从君，从义不从父"。在荀子这里，道义才是"至德""要道"。基于这样的理由，荀子进一步提出了孝子"三不从命"的大胆主张：

"孝子所以不从命有三：（第一）从命则亲（父母）危，不从命则亲安，孝子不从命乃衷（忠）；（第二）从命则亲辱，不从命则亲荣，孝子不从命乃义；（第三）从命则禽兽，不从命则修饰（合乎礼仪），孝子不从命乃敬。故可以从而不从，是不子也；未可以从而从，是不衷也；明于从不从之义，而能致恭敬、忠信、端悫（què，悫，诚实）以慎行之，则可谓大孝矣。"

在这里，荀子提出了自己的"大孝"定义，这就是"忠、义、敬"，这也是孝子可以不从命的三大理由。

经常引用孔子的话来陈述自己的观点，是《荀子》的一大特色。至于所引的这些话是否真为孔子所说，或者即便是孔子所说但是否真如荀子所认为的那样，已经不再重要。重要的是，荀子在诸子百家中，的确最尊重孔子，最认同孔子所代表的儒家，却不认同孟子。荀子自认为最能代表孔子，孔子也的确因为他而得到更为广泛的传播。在关于孝道方面也不例外，荀子照样请来了孔子帮他说话。

下面是《荀子·子道》所记关于"孔子论孝"的两则故事。

三问不对

鲁哀公问于孔子曰：子从父命，孝乎？臣从君命，贞（忠贞）乎？三问，孔子不对（回答）。孔子趋（急步）出，以语子贡曰：乡者（刚才），君问丘也，曰：子从父命，孝乎？臣从君命，贞乎？三问而丘不对，赐以为何如？子贡曰：子从父命，孝矣；臣从君命，贞矣。夫子有奚对焉（此外还有别的答案吗）？孔子曰：小人哉（小人之见），赐不识（不懂）也。昔万乘之国，有争（诤）臣四人，则封疆不削；千乘之国，有争臣三人，则社稷不危；百乘之家，有争臣二人，则宗庙不毁。父有争子，不行无礼；士有争友，不为不义。

故子从父，奚子孝？臣从君，奚臣贞？审其所以从之之谓孝、之谓贞也。

这个故事的要义，在于"审"。孝在这里，因此不再具有在孟子和舜那里绝对的、无条件的"至德"地位。

荀子将这个故事的主人公说成是孔子，并非完全没有根据，《孝经·谏争章第十五》也记载有同样的故事，原文是这样的：

曾子曰：若夫慈爱、恭敬、安亲、扬名，则闻命矣。敢问：子从父之令，可谓孝乎？子曰：是何言与！是何言与！昔者，天子有争臣七人，虽无道，不失其天下。诸侯有争臣五人，虽无道，不失其国。大夫有争臣三人，虽无道，不失其家。士有争友，则身不离于令名。父有争子，则身不陷于不义。故当不义，则子不可以不争于父，臣不可以不争于君。故当不义，则争之。从父之令，又焉得为孝乎！

第二则故事是：

无孝之名

子路问于孔子曰：有人于此，夙兴（早起）夜寐（晚睡），耕耘树艺（种植），手足胼胝（pián zhī，老茧）以养其亲，然而无孝之名，何也？孔子曰：意者（或许是），身不敬（行为举止不恭敬）与？辞不逊（言语不谦逊礼貌）与？色不顺（态度脸色不温和）与？古之人有言曰：衣与缪与（给你衣穿，给你酒喝），不女聊（不依赖你）。今夙兴夜寐，耕耘树艺，手足胼胝，以养其亲，无此三者（如果不是因为这三个方面的问题），则何为而无孝之名也？

这个故事的要义,在于"敬"。以敬为孝,这样的观念,的确是孔子的本怀。《论语·为政第二》说:"今之孝者,是谓能养。至于犬马,皆能有养。不敬,何以别乎?"敬,在这里,成了"人之孝"与"禽兽之养"的根本区别,当然也是人与禽兽的根本区别。

十九 【养】

从庠序的『学养』说起

上面四个字,分别为小篆的庠(xiáng)、小篆的养、小篆的学、甲骨文的老。这四个字本义相通,都与安居美食有关,在共同的屋檐下,老少济济一堂。

庠,从广,房子;从羊,同养。本义养老的学校。

养,供养,奉养,抚养,养育,教养,修养。

学,上面象双手构木为屋之形,下面象孩子在向老人学习之形。

老,象手里拄着拐杖的长者之形。

一

养,在中国文化中,是一个极具道德情感内涵的"积极词",单从字面上看,就可见是美善之举。《孟子·尽心上》说:"食而弗爱,豕(shǐ)交之也;爱而不敬,兽畜之也。"只是喂饱而不加爱护,与喂猪没有区别;有爱护但缺乏尊敬,与畜养禽兽没有区别。所以人之养子,凡养必爱,子之养老,凡养必敬,这是人与禽兽的根本区别。孔子在《论语·为政第二》中也说:"今之孝者,是谓能养。至于犬马，皆能有养。不敬，何以别乎？"这是说，无敬非养，无养非人。

二

《孟子·万章上》说："孝子之至，莫大乎尊亲；尊亲之至，莫大乎以天下养。为天子父，尊之至也；以天下养，养之至也。"《礼记·祭义第二十四》说："食（sì，宴请）三老五更于大学，所以教诸侯之弟也。"这里是说，天子以养天下万民为己任，其中尤以养天下之老为要务。那么天子怎样才能做到"以一人而养天下"呢？做好的办法之一，莫过于"以敬天下之老而养天下之民"。具体而言，就是天子设大学供养"三老五更"，每逢节日便亲自到大学宴请"三老五更"，由此以身作则为天下养老做出示范和表率，这样"以学为养"，"以养为教"，可谓一举两得。以学为养，谓之"学养"，以养为教，谓之"教养"。以"教养"教天下之民，而天下之老得以养；以"学养"养天下之老，而天下之民得以教。

"三老五更"，可以理解为是一种荣誉职位，只授予老人中极少数德高望重的退休者。郑玄在《礼记正义·卷第二十·文王世子第八》①中对此注解说："三老五更各一人也，皆年老更事致仕者也。天子以父兄养之，示天下之孝悌也。名以三五者，取象三辰（日、月、星）五星（金、木、水、火、土五方之星），天所因以照明天下者。"按照这样的说法，天子在大学里只象征性地供养"三老"和"五更"两位荣誉退休的老人。

---

① 见北京大学出版社 2000 年版李学勤主编整理本《十三经注疏》之《礼记正义》。以下凡出现《礼记正义》书名，均指此版本，不再一一说明。

与郑玄的说法略有不同，《礼记·文王世子第八》记述说，天子视学，"适东序，释奠于先老，遂设三老、五更群老之席位焉"。显然，供养在东序并接受天子宴请的老人，是一群人。而且，在这之后，"王乃命公、侯、伯、子、男及群吏曰：反养老幼于东序"。这可以理解为，从天子到诸侯再到乡下，各级"政府"都设有自己的官学，统称为"东序"，而"东序"既是养老的地方，也是孩子们的学校。当然，这句话也可以理解为，各级官员都要像天子在"东序"的示范这样，在各自的官学，举行养老礼，设养老宴。

三

《礼记·祭义第二十四》说，有五种"天下之大教"，或者说，天下有"五大教"，分别是："祀乎明堂，所以教诸侯之孝也；食三老五更于大学，所以教诸侯之弟也；祀先贤于西学，所以教诸侯之德也；耕藉（亦作耕籍、耕耤，每年春耕前，天子、诸侯亲耕籍田，种植供祭祀用的谷物，以示劝农），所以教诸侯之养也；朝觐，所以教诸侯之臣也。"这所谓"五大教"，其实是指"五种社会教化"。由此可见，中国古代的教育，是典型的"政教合一"。当然，这里的"政"，不是现代政治的政，而是匡正的"正"；这里的"教"，不是现代宗教的教，而是效法的"效"。"正"和"效"，是古代社会政治和教育的本义。

不难看出，中国古代这种由"五大教"构成的"政教合一"的"社会教化系统"，其实是一个十分周密的"天下治理系统"，其特点也有五个方面：第一，教育的责任，从天子到诸侯都责无旁贷；第二，教育的方式，主要是上行而下效；第三，教育的对象，涵盖天下老幼妇孺；第四，教育的场所，从庙堂到学堂，从朝廷到田野；

第五，养老的地方也就是各级学校。

在这"五大教"及其五大特点之中，尤其特别的是"大学之养"。在天子的大学里，供养老人与供奉先祖是同等重要的大事。在这里，所谓"养老"，首先是养老者（天子）为天下做出的"孝悌示范"，所以，凡养老的地方，在王畿，就是天子以身作则教化天下百姓敬老的学校，在邦国，就是诸侯以身作则教化国人尊老的课堂。对于受到奉养的老人而言，所谓"养老"，其实是老者以其德高望重对年幼者进行言传身教，所以，凡养老的地方，无论是在王畿、在邦国，还是在乡野，都是受人尊敬的老者在那里"以老为师""以师为范"而教育国人和孩子们的学校。

四

何以为老？《礼记·曲礼上第一》说："人生十年曰幼，学（上小学）。二十曰弱，冠（冠礼成人）。三十曰壮，有室（结婚成家）。四十曰强，而仕（担任官职）。五十曰艾，服官政（担任长官）。六十曰耆（qí），指使（资深人士）。七十曰老，而传（传宗）。八十、九十曰耄（mào）耋（dié），七年曰悼（dào，怜爱），悼与耄虽有罪，不加刑焉。百年曰期颐（期，待；颐，养）。大夫七十而致仕，若不得谢（退休），则必赐之几杖，行役以妇人（有女仆随从照护），适四方（出访外国）乘安车，自称曰老夫，于其国则称名，越国而问焉，必告之以其制。"

这段话告诉人们说，老，在古人心目中首先是一种"责任年龄"。人到七十始称老，这意味着从此要肩负起"传"和"告"的双重责任。具体而言，七十为家族之老，要将主持家族宗庙祭祀的权利传给嫡长子，谓之"传宗接代"，这不只是权利的移交，更是祭祀礼仪的教育和传授。七十为国家之老，不只是尊享几杖、女佣、安车的特别待遇，还有向宾客介绍、讲解、传播本国知识的职责。这一"传"一"告"，可说是中国古代典型的"老师"。

五

《礼记·王制第五》说："有虞氏养国老于上庠，养庶老于下庠；夏后氏养国老于东序，养庶老于西序；殷人养国老于右学，养庶老于左学；周人养国老于东胶，养庶老于虞庠，虞庠在国之西郊。"这也就是说，虞、夏、商、周四代，所有学校，无一例外都是养老的地方，反过来说，因为都是养老的地方，才都是有"老师"的学校。的确如此，中国古代的学校，源于祭祖，成于养老。中国最早的学校，就是以老为师、以教为养的"养老院"。

《礼记·明堂位第十四》记载说，鲁国由于是周公封国，得以享受天子礼乐规制的特殊待遇，鲁国的学校也因此能和天子王城的学校一样，兼备虞、夏、商、周四代学校之形制："米廪(lǐn)，有虞氏之庠也。序，夏后氏之序也。瞽宗，殷学也。頖宫，周学也。"可见，当时的鲁国，俨然是一个"教育王国"，这个教育王国首先是一个"教养王国"，即"以养老为教育"的王国。

米廪，本来是有虞氏时期储藏祭祀用粮的仓库。郑玄认为，虞舜上（崇尚）孝，米廪是供养老人以尽孝道的地方，是教国子以行孝礼的学堂。《史记·卷六十二·管晏列传第二》说"仓廪实而知礼节"，看来，"仓"与"礼"的确有着某种天然的联系。

庠，同样是养老的地方，与米廪同指而异名。《孟子·滕文公上》说："庠者，养也；校者，教也；序者，射也。夏曰校，殷曰序，周曰庠,学则三代共之,皆所以明人伦也。"孟子的意思是说,庠,本来的功能是养老;校,本来的功能是教(校的本意是木栏杆围起来的养马场,教可以理解为驯马,也可以理解为训练骑马);序,本来的功能是射(射在这里指射箭礼,而不是射击,序的本意是根据国子在射箭礼仪中的表现,排出次第,选拔人才)。夏商周三代相继都将"养、教、射"这三种功能结合在一起成为学校,共同的教育宗旨也都在于"明人伦"。所谓"明人伦",就是引导人们明白并遵守"以长幼定尊卑"和"以德能定上下"的社会伦理秩序。或许,这就是"教养"——由养而教——这个概念的由来和最初的含义。

六

如上所见,古代教育从教养开始,教养从养老开始,养老从学校开始。与此相应,古代的家庭养老,作为全社会养老风尚的主要载体,具有和学校同等重要且更加直接的教化作用,受到国家的高度重视和特别鼓励。夏、商、周三代,都推行了详尽的"家庭养老"优惠政策。

《礼记·王制第五》说:"凡三王养老皆引年。八十者,一子不从政。九十者,其家不从政。……父母之丧,三年不从政。齐衰、大功之丧,三月不从政。"这里的意思是说,夏、商、周三代,为了确保老人在家中得到充分的关照,每年都要挨家挨户核定人口的年龄,称之为"引年"。凡家中有年逾八十老人的,可以有一个儿子不服徭役。凡家中有年逾九十老人的,全家都可以免服徭役。凡为亲父母服丧者,免三年徭役。凡为非父母服丧者,可以免三个月徭役。

《礼记·王制第五》说:"少而无父者谓之孤,老而无子者谓之独,老而无妻者谓之矜(guān,同鳏),老而无夫者谓之寡。此四者,天民之穷而无告者也,皆有常饩(xì,赠送食物)。"这其中,那些无家可养的老人,与少年失父的孙子相依为命的老人,国家保障其日常所需。

对于有残障的"特殊群体及老人",《礼记·王制第五》说,夏、商、周三代也有特殊的照顾,主要是帮助他们从事各种合适的技艺工作(而不是体力劳作),而得以自食其力:"瘖(yīn,同喑,哑)、聋、跛、躃(跛脚)、断(肢体残缺)者、侏儒,百工各以其器食之。"

七

为什么古代社会如此重视"养老"?或者准确地说,为什么如此重视"以养老为教化的养老"?对此,孟子援引西伯文王的故事,提供了一个很完美的参考答案,《孟子·尽心上》称之为"善养老",并誉为天下归心之道。

《孟子·离娄上》说:"得天下有道,得其民,斯得天下矣;得其民有道,得其心,斯得民矣;得其心有道,所欲与之聚之,所恶勿施尔也。民之归仁也,犹水之就下,兽之走圹也。"孟子指出,得心、得民、得天下的关键,在于"民之归仁",而要想民之归仁,就要实行"所欲与之聚之,所恶勿施尔也"的政策。给予人民最向往的东西,人民就会从四面八方聚合而来;人民最厌恶的事情,不要施行,否则人民就会离开。那么,什么是人民最厌恶的呢?回答是:无以养老,无以尽孝。那么什么是人民最向往的呢?用《论语·公冶长第五》中孔子的话说,最向往的就是"老者安之,朋友信之,

十九 [养] 从庠序的"学养"说起

少者怀之"。这可说是孔子和孟子他们那个时代人民的共同心声。于是就有了将梦想寄托于先王的西伯文王"善养老"的故事。

这个故事告诉人们一个简单的道理：要得天下民心，先要得老人的心；要得老人的心，先要善养老。《孟子·离娄上》和《孟子·尽心上》都描述了当时文王因善养老而天下来归的盛况：

"伯夷辟纣，居北海之滨，闻文王作，兴曰：盍归乎来！吾闻西伯善养老者。太公辟纣，居东海之滨，闻文王作，兴曰：盍归乎来！吾闻西伯善养老者。二老者，天下之大老也，而归之，是天下之父归之也。天下之父归之，其子焉往？诸侯有行文王之政者，七年之内，必为政于天下矣。"

孟子说，当年偏于一隅的西伯文王，因为"善养老"，轻而易举就赢得了德高望重的伯夷和足智多谋的姜太公的信任，这"二老"义无反顾地带领族人归附于西伯，起到了带动天下归心的示范作用，使得周文王在没有得天下之前，就先得了天下之心。孟子因此鼓励有志于天下的诸侯，如果能像文王当年这样"善养老"，不出七年就能赢得天下。

因为有"天下有善养老，则仁人以为己归矣"这样立竿见影之奇效，所以关于西伯文王善养老的这则经典案例，就成了中国历代帝王——无论是想要保住王天下者，还是想要成为王天下者——的第一教科书，且经久不衰。

那么，这个被孟子所极力称道的西伯文王的"善养老"社会，究竟是一种什么样的美好景象，以至于如此吸引天下老者引万民来归呢？《孟子·尽心上》是这样描述的：

"五亩之宅，树墙下以桑，匹妇蚕之，则老者足以衣帛矣。五母鸡，二母彘，无失其时，老者足以无失肉矣。百亩之田，匹夫耕之，八口之家足以无饥矣。所谓西伯善养老者，制其田里，教之树畜，导其妻子，使养其老。五十非帛不暖，七十非肉不饱。不暖不饱，谓之冻馁（něi）。文王之民，无冻馁之老者，此之谓也。"

八

"无冻馁之老者"，不只是文王"善养老"的社会目标，不只是伯夷和姜太公向往的保民国土，而且也是孟子最大的仁政王道理想，更是孔子最美的大同小康的礼乐梦想。

《孟子·梁惠王上》说：

"老吾老，以及人之老；幼吾幼，以及人之幼。天下可运于掌。""不违农时，谷不可胜食也；数罟（gǔ，鱼网）不入洿（wū，洼地）池，鱼鳖不可胜食也；斧斤以时入山林，材木不可胜用也。谷与鱼鳖不可胜食，材木不可胜用，是使民养生丧死无憾也。养生丧死无憾，王道之始也。五亩之宅，树之以桑，五十者可以衣帛矣；鸡豚（tún，小猪）狗彘（zhì，大猪）之畜，无失其时，七十者可以食肉矣；百亩之田，勿夺其时，数（八）口之家可以无饥矣；谨庠序之教，申之以孝悌之养（义），颁白者（须发斑白的老者）不负戴（载）于道路矣。老（七十）者衣帛食肉，黎民不饥不寒，然而不王者，未之有也。"

在《礼记·礼运第九》中，孔子说：

"大道之行也，天下为公，选贤与能，讲信修睦（讲究信用，与人和睦）。故人不独亲其亲，不独子其子，使老有所终，壮有所用，幼有所长，鳏（矜）寡孤独废疾者，皆有所养；男有分（各有分工），女有归（嫁人为妻）；货恶其弃于地也，不必藏于己（物资丰富，不愁没有，只担心浪费）；力恶其不出于身也，不必为己（人有

十九　[养]　从庠序的"学养"说起

余力,不需利己,只愁没有出力的机会)。是故谋闭(阴谋没有用武之地)而不兴,盗(抢劫财物)窃(偷,趁人不知取人钱财)乱(破坏社会秩序)贼(危害他人生命和财产安全)而不作,故外户而不闭,是谓大同。今大道既隐,天下为家,各亲其亲,各子其子,货力为己,大人世及以为礼(以世袭国君为礼制),域郭沟池以为固。礼义以为纪,以正君臣,以笃父子,以睦兄弟,以和夫妇,以设制度,以立田里,以贤勇知,以功为己(为自己追求建功立业),故谋用是作,而兵由此起。禹、汤、文、武、成王、周公,由此其选也。此六君子者,未有不谨于礼(慎重地实行礼制)者也,以著其义(彰显道义),以考其信(成就信誉),著有过(彰明罪过),刑(提倡)仁讲让(谦让),示民有常(向民众显示国有常法)。如有不由此者,在埶者去,众以为殃(如果有人不这样遵循礼义,即便这个人是执政的君王,也会被废黜,被人民视为祸殃)。是谓小康。"

诚然,以上关于中国古代各种政治理想的描绘,在当今各种媒体上都有大量刊载,人们也大都耳熟能详,偶尔还会背上一小段,或者引用一两句。不过,无论是西伯文王的"善养老"社会,还是孟子的"王道乐土",孔子的"大同小康",在很多当代人那里,大致会产生两种完全相反的印象。一种印象,相对于当今生产力高度发达的社会,这些所谓理想,实在太过简陋、太过单薄了,甚至有些鸡零狗碎,居然连几棵树、几亩地、几只鸡、几条狗、几头猪,都会堂而皇之地列入孟子的仁政王道清单,这样的仁政王道也未免太廉价了。另一种印象,同样相对于生产力高度发达的社会,这些返璞归真的理想,颇有陶渊明的意境,其中的王道、仁政、礼乐、大同、小康,这些恢弘的思想和宏伟的蓝图,被赋予了很多梦境般的诗意，令人玩味。

　　不过，这两种印象，其实都离孔子和孟子相去甚远。人们或许应该知道，其实孔子和孟子都是很讲究实用的人，也都是很现实的人。他们的所谓理想，其实绝非遥不可及的乌托邦之类，也绝非文人墨客的浪漫情怀，而是深刻解剖当时社会现实后非常具体地对症下药的治国对策。这些针对现实的对策，之所以被认为是理想或者梦想，只不过是因为没有被当时的当权者采纳或者没有被完全实施而已。这从《论语》《孟子》以及《礼记》中所记叙的不少经典对话场景就看得出来，比如孔子与卫灵公、鲁哀公的对话，比如孟子与梁惠王、齐宣王的对话，等等。孔子和孟子提出的这些针对现实的对策，最为难能可贵的是，万变不离一个"养"字，无论针对何国，无论面对何君，始终都坚持以"保民而养"进谏，始终都坚信由养老，而养民，而养天下，而天下归心。

九

　　综上所述，本章说"养"，却转而说"教"，说到"教养"，却转而说"梦"，以至于不嫌累赘地将记述孔子和孟子的所谓梦想的原文整段引出，为的就是要在这些字里行间重新拾回被人们忽视或者忘却的这个"养"字。显而易见，无论文王，还是孔子，还是孟子，他们的所谓理想和梦想，无论多么伟大，无论多么富有诗意，也无论多么简单或者琐屑，其着眼点都在"养老"，都不离开"养老"这个亘古的命题。养，才真正是构建孔子大同小康理想广厦的基石，才真正是登上孟子仁政王道高地的台阶。一个人、一个家庭、一个国家、一种社会，如果连养老都做不好，还能做得好什么呢？这就是文王、孔子、孟子共同的仁的尺度、礼的规矩和教的道义。"善养老"这个问题,在今日中国,相比 2500 多年前,并没有因为经济发达和物资丰富而有所改善,有所进步,事实或许恰恰相反:人们越来越"不善养老"了。

二十 【尊】

从『几杖』的『礼遇特权』说起

尊 賢 齒 序 几 杖

以上六个字，分别是小篆的尊、贵、齿、序、几、杖。这六个字在中国古代的社会秩序构架中，发挥着重要的支撑作用。

中国古代社会，是一个以尊为基础和核心构建起来的"老人特权社会"和"老人优先社会"，这大致可以用当今社会是一个"妇女和儿童优先社会"作为比较来予以理解。

尊，象双手捧尊之形，本义为酒器，引申为贵重。

贵，从贝，本义为价高，反义为贱。同尊，指地位高。

齿，象牙齿之形，转义年龄，引申为以年齿相次列，转指并列、序列。

序，本义为堂屋内的东西墙，东序、西序。转义序列和行次，竖排称行，横排称列。

几（jī），古人席地而坐时使用的有靠背的坐具。

杖，本义为持，转义为用杖打，通倚仗，引申为权威的象征。可见，在古代社会，挂杖不一定是因为年老体弱，持杖者往往更是尊者。尊者持杖，持杖者尊。

二十 [尊] 从"几杖"的"礼遇特权"说起

一

尊,在古代社会,最早特指老人。在古代社会,老人不只因为年老体弱受到社会的特别关爱,更因为辈分高和阅历深而受到社会的尊重和尊敬。

要说"尊",先要说"齿"。齿,在中国古代被用作构建社会秩序的第一规则。按年龄大小排列先后次序,这样最为公平合理,最容易得到意见各方的公认,且简便易行,一看就明白,最容易监督。这对于一个尚不复杂的早期文明社会而言,尤其实用。如此一来,"齿"便代表了"长者为尊"的尊卑观,奠定了中国伦理道德最初的基础,构建了中国社会等级制度最早的形制。从这个意义上说,"齿"是中国文明社会第一词,或许并不为过。

今日中国,其社会秩序的构建,早已不再是主要按年龄排序,而更多的采用了姓氏笔画、拼音字母、官职高低、财富多少、学衔大小、先来后到、贡献大小等更加公平也更加文明的方式,但"长者为尊",仍然作为一种最基本的排序方式,与各种新式的排序方式一道,共同维系着社会政治与伦理的平衡与稳定。

二

《礼记·祭义第二十四》说:"昔者有虞氏贵德而尚齿,夏后氏贵爵而尚齿,殷人贵富而尚齿,周人贵亲而尚齿。虞、夏、殷、周,天下之盛王也,未有遗年者。年之贵乎天下久矣,次乎事亲也。"这段话的意思是说,舜的时候是"德本位",即道德优先,德高望重的人排在前面,在同样是德高望重的情况下,按照年龄大小排列先后。夏朝是"爵本位",即爵位优先,爵位高的人排在前面,在同样爵位的情况下，按照年龄大小排列先后。殷商是"财本位"，即财富优先，富有的人排在前面，在同样富有的情况下，按照年龄大小排列先后。周朝是"亲本位"，即宗亲优先，在同样宗亲的情况下，按照年龄大小排列先后。舜、夏、商、周，这四代都是明君盛世，尽管四代"贵德""贵爵""贵富""贵亲"各有不同，但无一例外都"尚齿"，即"长者为尊"。可见，尊重老人的社会价值观，在中国由来已久，且世代相传。尊老被重视的程度，仅次于孝敬父母双亲。

三

在上面这段引文中，还隐含着一种意味深长的现象。这种现象，与当下社会的价值观演变极其相似。舜、夏、商、周，四代的社会秩序优先原则，先是贵德，而后贵官，再后贵富，最后贵亲。《礼记正义·卷第四十八·祭义》为这段话作注疏的时候，针对这一现象评论说：舜时贵德，而夏时贵爵位，爵位因功而赏，社会由尚德而争功，这是退了一步。爵位世袭，几代继承，累积而有财富，至于殷商，成为贵族之家，是为富贵，社会由尚功再到尚富，这是又退了一步。到了周朝，由尚富到贵亲，唯宗亲而分封赐爵，这是更退了一步。这期间唯一没有"退"、没有"变"的，是"尊老尚齿"。

显然，历代圣明的君王都知道，无论社会价值观如何变，"尊老尚齿"这一古老法则，王天下者"不可须臾离"。于是就出现了另一种更加意味深长的现象，姑且称之为"逆尊老"。所谓"逆尊老"，是指一个社会越是崇尚功利和财富，越是需要鼓励尊老尚齿来维持社会的平衡。

"是故朝廷同爵则尚齿。七十杖于朝，君问则席。八十不俟朝，君问则就之。而弟达乎朝廷矣。行肩而不并，不错则随。见老者则

二十 [尊] 从"几杖"的"礼遇特权"说起

车、徒辟。斑白者，不以其任行乎道路，而弟达乎道路矣。居乡以齿，而老穷不遗，强不犯弱，众不暴寡，而弟达乎州巷矣。古之道，五十不为甸徒，颁禽隆诸长者，而弟达乎蒐狩矣。军旅什伍，同爵则尚齿，而弟达乎军旅矣。孝弟发诸朝廷，行乎道路，至乎州巷，放乎蒐狩，修乎军旅，众以义死之，而弗敢犯也。"

《礼记·祭义第二十四》中的这段话是说，古代开明盛世，先由朝廷做出尊老尚齿的范例。上朝的时候，官员们在爵位同等的情况下，按年龄大小排列先后顺序。不仅如此，七十岁还没有退休的老者，可以拄着拐杖上朝，君王如果有事要询问，先赐席请他坐下再说。八十岁还参与国事的老者，不用上朝，君王如果有事要询问，就亲自到他家里去。这样，君主做出了榜样，在朝廷引领"孝弟"——尊重并顺从长上——的尊老风气之先，全社会就可效法了。

这样一来，全社会尊老，会产生一种什么样的效果呢？《礼记》描述说，在路上，年轻后辈出于对长者的尊重，不敢与长者并肩而行，要么与之雁行，也就是错开一点距离与之同行，要么紧跟其后随行。途中遇见长者，无论是驾车、乘车还是步行者，任何人都要给长者让路。见到头发花白的老人，无论是否认识，都不能让老人携带重物走在路上，要帮他拿东西。在乡里，按照年龄大小决定尊卑，老者和穷人就不会被遗弃，强者就不会侵犯弱势人群，多数人就不会欺负少数人。自古以来，人上了五十岁就可以不承担田猎的甸役，但在分配猎物的时候，总是要给长者多分一些。在军队中，官爵相同的情况下，则长者上位。总而言之，尊重长上这样的"孝弟"美德，自上而下，由朝廷倡导，并作出表率，风行于道路，流行于街巷，实行于田猎，施行于军旅，天下百姓都能够做到宁愿为坚守这样的尊老道义而死，也不会去违背这样的尊老道义。

四

《礼记·祭义第二十四》说:"先王之所以治天下者五:贵有德,贵贵,贵老,敬长,慈幼。此五者,先王之所以定天下也。"不难看出,在这"天下五定"之中,有"三贵"都与老者有关。贵有德,以德为贵,尊敬有德的人。贵贵,以有社会地位的人为贵,尊敬有社会地位的人。贵老,以老者和长者为贵,尊敬老人和年长的人。这里的贵,就是尊。如前所述,在古代社会,老人之所以值得尊重和尊敬,不只是因为年长,还因为德高望重。

在古代社会,尊一定贵,谓之"尊贵"。贵不一定尊,但贵可能富,谓之"富贵"。由此引发一个有趣的文化现象,这就是在中国古代词汇中,只有"富贵"而没有"富尊",只有"尊贵"而没有"尊富"。看来,无论一个社会的价值观如何演变,无论一个时代如何尚富,在古人心目中,财可以贵但不足以尊。

《孟子·公孙丑下》引述曾子的话说:"晋、楚之富,不可及也。彼以其富,我以吾仁;彼以其爵,我以吾义。吾何慊(遗憾)乎哉?"曾子说,晋国和楚国富有,的确没人比得上。但是,他们仰仗财富,我自信有仁;他们仰仗爵位,我自得有义。与之相比,没有什么值得遗憾的!孟子对此十分认同,他说:"天下有达尊三:爵一,齿一,德一。"孟子认为,天下有三种东西最值得尊重:一种是爵位,一种是年龄,一种是美德。这三者之中,既没有财,也没有富。显然,和曾子一样,孟子不尊富。

孟子说:"朝廷莫如爵,乡党莫如齿,辅世长民莫如德。恶得有其一以慢其二哉?故将大有为之君,必有所不召之臣,欲有谋焉则就之。其尊德乐道,不如是不足与有为也。"孟子认为,朝廷最尊重爵位，乡人最尊重年龄，而长治久安最尊重美德。在孟子眼中，这"三尊"之中，美德最尊，年龄次之，爵位最次，若反过来以爵位之尊而轻慢年龄和美德，是不可理喻的。孟子坚持认为，凡是想要有所作为的君主，一定有"不召之臣"。所谓"不召之臣"，是说对德高望重的"尊臣"，君主不可以随便召唤指使。君主如有事咨询，就亲自登门拜访。如果君主能够这样尊重德行，乐于王道，君子就值得与之共谋大业，反之，就不值得君子一见了。孟子因此不屑于见齐宣王。

五

总之，由于老者在中国古代社会是尊者，是贵者，即便是富贵之人也不可比拟，因此，与现代国家将养老作为社会福利最大的不同之处在于，中国古代的养老，不只是对弱者的同情和关爱，更是对长者所代表的社会秩序的尊重。养老的实质，因此不是扶弱，而是"养尊"。被养的老人，因此不是社会的负担，不是"被养者"，而是社会的财富，是全社会所"尊贵者"。为此，在舜、夏、商、周四代，代代相因，都赋予了老人们许多"尊者特权"，而"杖"就是"老人尊者特权"的最好象征。

《礼记·曲礼上第一》说："谋于长者，必操几杖以从之。"这意思是说，当有求教于长者时，一定要带上几和拐杖跟在长者后头，以便他们随时坐下来休息。几和杖，是老人的必备用品，在中国古代，也因此敬指老人。

《礼记·王制第五》说："五十杖于家，六十杖于乡，七十杖于国，八十杖于朝。"杖，在这里，既是老人助行的拐杖，更是老人尊严的权杖。可以想见，五十岁的长者，柱着拐杖，堂前训子，是何等肃敬。六十岁的老人，拄着拐杖，巡视乡里，是何等威风。七十岁的老人，拄着拐杖，在朝廷上对话国君，是何等从容。八十岁的老人，拄着拐杖，在家中接待天子来访，是何等尊荣。

在古代社会，"杖"所突出体现的这些特权，不只是赐给老人们的"空头荣誉"，更是作为一种强制性"养尊国家规范"，颁布给社会，从天子到庶人，无一例外都必须严格遵守执行。

《礼记·曲礼上第一》说："故君子式黄发，下卿位，入国不驰，入里必式。"国君乘车途中遇见老年人要减速缓行，并致"轼礼"（扶着车把手行注目礼）。国君经过卿的地方要下车，进入国都城内要减速，穿过街道和里巷要行"轼礼"。

《礼记·王制第五》说："父之齿随行……斑白者不提挈（qiè，用手提着）。君子耆（qí，六十岁以上老人）老不徒行，庶人耆老不徒食。"陪同与父亲年龄相当的人行走时，要跟在后面走。上了年纪的人在路上，不要让他（负重）提东西。有社会身份的老人，不能让他徒步上路（要坐车或骑马）。普通身份的老人，不能让他只吃白饭而没有美味的菜肴。

《礼记·王制第五》说："五十不从力政，六十不与服戎，七十不与宾客之事，八十齐衰之事弗及也。"上了五十岁的人，服徭役的时候可以不再干重体力活。上了六十岁的人，可以不服兵役。上了七十岁的人，可以不应酬宾客。上了八十岁的人，可以不参加祭礼和丧事。《礼记·王制第五》还说："八十拜君命，一坐再至，瞽亦如之。"八十岁的老人，天子和国君要派使者到家中慰问他们，在拜谢君王赏赐的时候，可以不行大礼，只需要下跪一次，头两次触地即可。盲人也可以享受这样的特殊礼遇。

《礼记·王制第五》又说："九十日有秩"，"九十使人受"，"九十者，天子欲有问焉，则就其室，以珍从"。九十岁以上的老人，国君每天都要派人给他馈送美食，这些老人甚至可以不出来迎接君王的使者，只需让人代为接受赏赐就行。如果有事要询问他们，即便是天子，也要亲自上门请教，还须随行带上珍贵的礼品。

六

以上这些描述，共同呈现了古代中国建立在"尊老"基础上的"老人特权社会"的动人景象。老人优先、老人优待、老人优越的"三优特权"，体现在社会生活的方方面面，得到社会各方面的认同和遵从，老人不仅要"养尊"，更要"处优"。

《礼记·王制第五》说："五十始衰，六十非肉不饱，七十非帛不暖，八十非人不暖，九十虽得人不暖矣。"又说："五十异粻(zhāng，米)，六十宿肉，七十贰膳，八十常珍，九十饮食不离寝，膳饮从于游可也。"这段话的大意是说，人到五十，就开始变老，所以要让五十岁的老人能够吃上精细的粮食。人到六十，没有肉食就不能吃饱，所以要让六十岁的老人隔一天可以吃上一次肉食。人到七十，不穿丝帛就不能暖身，所以要给七十岁的老人（配备丝帛），供应双份膳食。人到八十，没有别人的帮助就不能暖身，所以要让八十岁的人（常有人陪伴护理），常吃珍美的食品。人到九十，即使有人帮助也不能暖身，所以要让九十岁的老人（少吃多餐，随饿随吃），饮食不离居室，带老人出外游玩时，走到哪里，老人的饮食也要随之带到哪里。

由此可见，中国古代尊老，即便是在国家制度层面，也都是规定得非常细致、非常周全的。

二

【宴】

从学校的『养老礼』说起

宴 饗 享 燕 飲

上面五个字，分别是小篆的宴、饗、享、燕、饮。这五个字都与古代的养老礼有关，养老以宴，宴老以礼。

宴，本义安居，闲居，乐居。

饗，乡人饮酒，从乡从食。通享，同宴、燕。

享，本义祭献上供，让神享受。

燕，本义燕子，引申快乐、安适、亲昵，通宴请、宴饮之宴。

饮，象人伸舌头向酒坛饮酒之形。

一

"宴"，是礼仪，不是现代意义上的宴会的礼仪，而是"以宴会为礼仪"。在古代社会，"宴"是礼乐制度的重要组成部分，有燕礼、饗礼、食礼、饮酒礼等多种饮宴之礼。这些宴礼的名称，在随着历史演变的过程中，逐渐模糊了各自的界限，常常通用或互用。大致上，天子和国君之宴，称为"燕礼"，各级地方之宴，称为"乡饮酒礼"。

二一　[宴]　从学校的"养老礼"说起

古代社会的宴礼,与当今社会的宴会有很大的不同,主要有八个方面的特征。第一,宴礼大都与祭祀有关,或者是某种祭祀活动的组成部分,或者是在饮宴中包含有祭祀成分。第二,宴礼大都与尊老养老有关,老人、长者,永远是饮宴的尊者和主角。第三,宴礼大都在学校举行,天子和国君的燕礼在大学或小学举行,乡、州、党等地方官吏的乡饮酒礼在各自地方的庠或者序等乡校举行。第四,宴礼大都伴有特定的音乐和歌舞,不同类型、不同等级的宴礼,其音乐和舞蹈有严格的分别。第五,宴礼常常与选贤荐能的活动及射礼穿插进行。第六,宴礼大都是官办,而目的在于与民同乐。第七,宴礼大都与民俗节日活动融为一体。第八,宴礼大都是饮酒礼,不是大吃大喝,更不是喝酒买醉。

二

《礼记·王制第五》说:"凡养老,有虞氏以燕礼,夏后氏以飨礼,殷人以食礼,周人修而兼用之。五十养于乡,六十养于国,七十养于学,达于诸侯。"这里的"养老",指的是"举行养老礼"和"养老、尊老的礼节"。这里的"燕""飨""食",均是指与祭祀结合的仪式性宴请和宴会。这里的"乡""国""学",均是指举行养老礼、宴请老人们的特别场所,也就是分别属于天子王城、诸侯国都、郊野地方这三个层次级别的学校。

在学校举行养老礼,如同在宗庙祭祀一样,是一件极为隆重的大事,其庄重和讲究,或许丝毫不亚于我们今天仍然可以见到的国外一些王室的贵族礼仪。其规格和形制,据《礼记·王制第五》记载,虞、夏、商、周,四代各有不同:"有虞氏皇而祭,深衣而养老;夏后氏收而祭,燕衣而养老;殷人冔(xǔ)而祭,缟衣而养老;周人冕而祭，玄衣而养老。"这里的"皇""收""冔""冕"，都是指天子、国君及官员们出席养老礼时要戴的冠，类似于今日的礼帽；这里的"深衣""燕衣""缟衣"和"玄衣"，均是指出席养老礼时必穿的礼服。

《礼记·祭义第二十四》说："食三老五更于大学，天子袒（郑注：左免衣）而割牲（特指供宴飨祭祀用的牛、羊、猪），执酱而馈，执爵而酳（yìn，吃过后用酒漱口），冕（大夫以上官员戴的礼帽）而揔（同总，持，合，结）干（盾），所以教诸侯之弟也。是故乡里有齿，而老穷不遗，强不犯弱，众不暴寡，此由大学来者也。"这段话生动地记述了天子宴请老人们的情形。天子在大学（明堂）举行"养老礼"时，为了表达诚意，竟可以不顾体统"赤膊上阵"，亲自为老人们分割祭祀后的牲肉，亲自为老人们送上肉酱和调料，亲自给老人们斟上漱口的酒，还亲自戴上冠冕、举着盾牌，为老人们跳舞助兴。天子之所以这样做，不只在取悦老人，更重要的是为了体现"大学的根本精神"。古代的大学教育，其宗旨就是要让学子们懂得礼乐社会是以长幼年龄而不是以强弱富贫论尊卑。这样的社会，老人和穷人就不会被遗弃，弱者就不会被强者欺负，少数人就不会被多数人压制。

可以看出，在古代中国，养老显然不只是个人尽孝道的家庭义务，更是被上升为国家礼制。与国外至今尚存的一些王室宴会情形一样，中国古代在大学里举办的养老礼，似乎也是一个"君主与资深元老们"的"假面舞会"。所不同的是，中国古代大学里的养老礼被赋予了更多示范性教化意义。中国古代的天子和国君们，似乎非常懂得教育首先是一件身教胜于言教的"体力活"，非常重视身体力行，上行下效，因此无不以身作则，以身示范，为人师表。这正是"教"这个字的本意，教者，效也，上所施，下所效也。

三

在古代中国，以教化为主要目的的官办宴会活动，除了在大学及各地学校举行的养老礼之外，还有乡饮酒礼。与养老礼一样，乡饮酒礼也是在各地学校中举行，有时也与养老礼融为一体，甚至可以说乡饮酒礼就是乡养老礼。不过这两者之间还是各有所侧重：乡养老礼重在养老，乡饮酒礼重在选贤荐能。

在进一步了解乡饮酒礼之前，有必要先大致了解一下中国古代的"乡"。根据《周礼·地官司徒第二》的记述，天子的王城之外，百里以内，称之为"郊"，其中五十里以内为近郊，百里以内为远郊。"郊"又分为六乡，称之为"天子六乡"。六乡之内：五家为比，五比为闾，四闾为族，五族为党，五党为州，五州为乡。六乡之外称之为"野"，"野"又分为"六遂"。六遂之内：五家为邻，五邻为里，四里为酂（zàn），五酂为鄙，五鄙为县，五县为遂。由此计算，乡、遂各为一万二千五百家。天子王城四周所属范围的六乡六遂，总体规模为十五万家，按照孟子"八口之家"的说法，乡、遂人口规模各为十万人，十二乡遂，总共一百二十万人。

乡由三公六卿实行双重管理。所谓"三公"，有两种类型。一是直接为天子服务的"三大资政"，即太师、太傅、太保。二是古代中央的三大最高官衔，即司马、司徒、司空。所谓"六卿"，是指古代中央六大主管部门的最高官员，分别是天官冢宰，地官司徒，春官宗伯，夏官司马，秋官司寇，冬官司空。隋唐以后，演变为吏、户、礼、兵、刑、工六部尚书。天子身边的三公，各担任两个乡的乡老，掌管乡民教化。每一乡设一位乡大夫，位在地官司徒之下，由卿担任,是该乡的最高行政长官,主要是掌管全乡政教禁令。

《周礼·地官司徒第二·乡大夫》说:"三年则大比,考其德行、道艺,而兴贤者、能者。乡老及乡大夫帅其吏与其众寡,以礼礼宾之。厥明,乡老及乡大夫群吏献贤能之书于王,王再拜受之,登于天府,内史贰之。退而以乡射之礼五物询众庶:一曰和,二曰容,三曰主皮,四曰和容,五曰兴舞。此谓使民兴贤,出使长之;使民兴能,入使治之。"

依照周制,各乡每三年举行一次"大比"。所谓"大比",就是进行人口和财物普查,与此同时,公开、公平、公正考核乡吏的业绩,考察全体乡民的德行和道艺,从中选拔有德行和有才能的人,举荐为乡里的模范,推荐给天子,或予任用,或予嘉奖。这样的模范选出来以后,年高德劭(shào,高尚美好)的乡老和乡大夫就率领乡里全体官吏和自愿前来的乡民,举行乡饮酒礼,像对待尊贵的宾客一样,礼敬这些楷模。乡饮酒礼作为举贤荐能的一个重要程序,类似今天公务员任职前的"公示"。在当时相对分散闭塞的社会条件下,或许只有举行乡饮酒礼,才有可能将属地民众聚集起来,让推举出来的贤能面对乡民的目测,也让乡民看到自己的楷模,受到教益。经过这种公示之后,第二天一早,乡老、乡大夫及全体官吏,就正式向君王呈献本乡举贤荐能的名单文书。君王行再拜礼接受文书,然后交给天府登录收藏,而内史则保留一份副本,供君王随时查阅。

至此,三年一届的大比还没有结束。乡老和乡大夫及其众官吏向君王举荐过贤能之后,回到乡里,还要举行"乡射礼",让全体乡民参加观摩和评选,分别从和(举止雅致)、容(仪容合礼)、主皮(射中目标)、和容(射箭动作与音乐节奏合拍)、兴舞(舞姿和乐合

二一　[宴]　从学校的"养老礼"说起

礼）这五个方面观察比赛射箭者。用这样的方法，让乡民自己推举出有德行的人担任官员，接受他的领导，选拔出有才能的人担任公职，接受他的治理。

关于大比活动中乡饮酒礼的具体仪式细节，《仪礼》中有十分详尽的记述，其中要义，《礼记·乡饮酒义第四十五》中也有精准的描述与说明：

"主人（乡大夫）拜迎宾（乡里选出来的贤能者）于庠（乡校）门之外，入，三揖而后至阶，三让而后升，所以致尊让也。盥，洗，扬觯（zhì），所以致絜（同洁，干净、明亮、廉洁、修饰）也。拜至，拜洗，拜受，拜送，拜既，所以致敬也。尊、让、絜、敬也者，君子之所以相接也。君子尊、让则不争，絜、敬则不慢（冷淡、轻视、怠慢），不慢、不争，则远于斗辨矣。不斗辨，则无暴乱之祸矣。斯君子所以免于人祸也，故圣人制之以道。"这段话所描述的饮酒过程，显然不在饮酒，而在于"尊、让、洁、敬"这四大"君子相接"之道。

不仅如此，乡饮酒礼中的饮酒，更在于"教"。通过饮酒，学习尊老、养老、孝悌、成教、安国，这正是为什么各种飨宴要在各级学校举行的原因。《礼记·乡饮酒义第四十五》描述说："乡饮酒之礼，六十者坐，五十者立侍以听政役，所以明尊长也。六十者三豆，七十者四豆，八十者五豆，九十者六豆，所以明养老也。民知尊长养老，而后乃能入孝弟。民入孝弟，出尊长养老，而后成教，成教而后国可安也。君子之所谓孝者，非家至而日见之也，合诸乡射，教之乡饮酒之礼，而孝弟之行立矣。"由此可见，乡饮酒礼，其实更像是社会教化中的一门"孝悌课程"。《礼记·乡饮酒义第四十五》引用孔子的话说："吾观于乡，而知王道之易易也。"这里的"乡"，指的就是乡饮酒礼。孔子从中看到了王道教化可以导风化俗的希望之所在。

四

如前所述，古代社会，凡燕礼、飨礼、食礼、乡养老礼、乡饮酒礼，常常会与射礼一道举行。换言之，古代的"宴"与"射"，往往互为内容，互为仪式，互不可或缺。所以，要更好地了解"宴礼"，有必要了解一下"射礼"。

古时候，天子、诸侯、卿大夫及士，都各有相应规格的射礼。

《礼记·射义第四十六》说："古者诸侯之射也，必先行燕礼；卿大夫、士之射也，必先行乡饮酒之礼。故燕礼者，所以明君臣之义也；乡饮酒之礼者，所以明长幼之序也。"诸侯举行射礼之前，一定要先举行燕礼，其作用在于明确君臣关系。卿大夫、士举行射礼之前，一定要先举行乡饮酒礼，其目的在于明确长幼关系。

《礼记·射义第四十六》说："古者天子，以射选诸侯、卿、大夫、士。射者，男子之事也，因而饰之以礼乐也。"又说："天子将祭，必先习射于泽。泽者，所以择士也。已射于泽，而后射于射宫。"可见，天子的射礼，主要有两个作用：一是选拔贤能之士，二是考察诸侯及各级官员。举行射礼的时间，一般都要安排在重大祭祀之前。举行射礼的地点，主要有两处，一处在郊外的泽宫，寓意"择士"，一处在城里的射宫。射礼，有一整套严格的礼仪程序，而且自始至终在音乐声中进行。

《礼记·射义第四十六》说："故射者，进退周还必中礼，内志正，外体直，然后持弓矢审固。持弓矢审固，然后可以言中。此可以观德行矣。"作为考察诸侯和选拔贤能的射礼，其射箭比赛，不仅要看射手是否射中靶的,更要看射手在射箭过程中,是否"中礼",即是否合乎礼仪规范的要求。根据射礼的比赛规则,射手在射箭的时候,进、退、转身等动作,都有严格的礼仪要求,其内心要端正,其身体要正直,只有这样,才能持弓稳,瞄得准,射得中。这样,通过射手的一系列动作,便可以观察到射手内在的德行。

比"中礼"更难的,是"礼节"。所谓"礼节",是指射手在比赛中的仪容仪态,不仅要符合礼的要求,还要符合音乐的节奏,让"礼"和"节"配合默契。这或许是"礼节"一词的来源。根据射礼的比赛规则,不同身份的射手,其伴射的音乐是不一样的。这些音乐的内容,分别体现了与射手身份相关的"职守道德",所以,通过观察射手的动作是否与其音乐合拍,可以得知这个人是否忠于职守。

《礼记·射义第四十六》说,"天子以《驺虞》为节,诸侯以《狸首》为节,卿大夫以《采蘋》为节,士以《采蘩》为节。"这四首主题音乐,其中《驺虞》表现的是天子百官齐备,"乐官备也"。《狸首》表现的是诸侯按时来拜会天子,"乐会时也"。《采蘋》表现的是卿大夫遵循法度,"乐循法也"。《采蘩》表现的是士不失职,"乐不失职也"。

总之,射手懂得并且合乎音乐节奏的意义,就不会失职误事,由此行政就会成功,德行就会树立起来。德行树立了,国家就不会遭受暴乱的祸害。行政成功了,国家就会安定下来。所以说,射礼的作用,正在于观察各级官员的德行是否充实。不仅如此,训导各级官员树立良好的德行,莫过于射礼了,所以圣王很重视射礼。"故明乎其节之志,以不失其事,则功成而德行立。德行立,则无暴乱之祸矣,功成则国安。故曰:射者,所以观盛德也。""以立德行者,莫若射,故圣王务焉。"

五

《礼记·射义第四十六》说:"诸侯岁献贡士于天子,天子试之于射宫,其容体比于礼,其节比于乐,而中多者,得与于祭。其容体不比于礼,其节不比于乐,而中少者,不得与(于)祭。数与于祭,而君有庆;数不与于祭,而君有让。数有庆而益地,数有让而削地。故曰:射者,射为诸侯也。是以诸侯君臣尽志于射,以习礼乐。"

这段话的意思是说,依照古制,各级地方诸侯、卿大夫等,有逐级选贤荐能的义务。诸侯每年都要向天子贡献士,天子就将这些贡献来的士集中起来,临到举行祭祀之前,在射宫举行淘汰制考试。那些仪容仪态符合礼,动作节奏合于乐,且射中次数多的,就能参加祭祀,反之就不能参加祭祀。作为对诸侯选贤荐能的奖惩制度,一个国家所贡献的士被选中参加祭祀的次数多,其国君就会受到奖励,反之就会受到贬责。多次受到奖励的国君,天子就会增加封地给他,反之就会被削地。所以,人们都说,射箭的人,是为诸侯而射。因此诸侯各国君臣无不致力于射箭练习和比赛,以此演练礼仪,学习音乐。

六

射礼,被孔子誉为"仁者之道""君子之争"。

《礼记·射义第四十六》说:"射者,仁之道也。射求正诸己,己正而后发,发而不中,则不怨胜己者,反求诸己而已矣。孔子曰:君子无所争,必也,射乎。揖让而升,下而饮,其争也君子。"射礼,体现了仁的道理。射箭要求自身端正,身正而后射。如果没有射中,

二一　[宴]　从学校的"养老礼"说起

不是埋怨胜过自己的对手,而是反省自己。孔子说,君子没有与人相争的事,如果要说有,那就是射礼了。比赛前,互相行揖让礼而后开始射箭,比赛后,下来一道饮酒,这可谓君子之争。

孔子认为,射礼是"贤者之射",只有贤者才能射得好箭。

《礼记·射义第四十六》引用孔子的话说:"射者何以射?何以听?循声而发,发而不失正鹄(gǔ,箭靶的中心)者,其唯贤者乎。若夫不肖之人,则彼将安能以中?"射箭的人,一边运弓,一边听着音乐,一边按照音乐的节奏将箭发射出去,又能射中靶心,他怎么能够如此协调呢?这大概只有贤者才能做到吧。否则,如果是无德无能的人,怎么可能射中呢?

为什么射礼是"贤者之射"?《礼记·射义第四十六》生动记述了孔子师生的一段轶事,或许有助于回答这个问题。

"孔子射于矍(jué)相之圃(pǔ,苗圃),盖观者如堵墙。射至于司马,使子路执弓矢出延射,曰:贲(bēn,通奔,急走,逃亡)军之将,亡国之大夫,与为人后者,不入。其余皆入。盖去者半,入者半。又使公罔之裘、序点,扬觯(zhì,酒器)而语。公罔之裘扬觯而语曰:幼壮孝弟,耆耋(qí dié)好礼,不从流俗,修身以俟死,者不?在此位也。盖去者半,处者半。序点又扬觯而语曰:好学不倦,好礼不变,旄(máo,八九十岁为旄,本作耄)期称道不乱,者不?在此位也。盖仅有存者。"

有一次,孔子带着学生来到矍相这个地方,在一片菜园子空地上练习射礼,引来很多人围观。按照程序,射礼正式开始之前,先举行了乡饮酒礼。主人(或许是孔子本人)先在他的属下中指定了一个人担任射礼的主持人(司马),又让子路担任司射,维持射礼秩序或兼有裁判职责。于是子路手持弓和箭站出来,邀请周围的观众参加射箭比赛。他说:"败军之将,亡国之官员,放弃自己的宗姓而继嗣别家为后人的,不要进来,其余的人都可进来。"结果有一半人进来了,有一半人走开了。射礼举行过后,按例要接着举行旅酬礼。旅的本义是众,是客,酬(醻)的本义是答谢,即客人给主人祝酒后,主人再次给客人敬酒作答。按照古礼,主人酌宾曰献,宾还酌主人曰醋(酢,zuò),主人自饮以酌宾曰酬。旅和酬,用在这里,作为专门的饮酒礼节,是在正礼或祭礼完毕后,主宾之间、众宾之间相互敬酒。旅酬礼因此相对比较轻松,人们可以相互交谈,而此前乡饮酒礼和射礼的正礼,是不可以随意说话的。这时候,作为主持人的孔子,又让公罔之裘站出来,举起觯对大家说:"年轻时有孝悌德行,到了老年还好礼不弃,不随流俗,洁身自好,善始善终,是这样的人,就请入宾位。"话音未落,在场的人就走了一半。接着孔子又让序点走出来,举起觯对大家说:"好学不倦,好礼不变,即使到了八九十岁乃至百岁高龄,也仍然坚守礼节不乱,是这样的人,就请入宾位。"这样一来,在场的人就所剩无几了。

七

从孔子"矍相之圃"这则轶事中可以明显地感知到,古代所谓射礼,志不在射,而在选贤荐能,重在鼓励好男子立志立功立德而严格修身习礼。这样的定位,对参与者的德行提出了很高要求,甚至到了不近人情的苛求程度。射礼的这种"完美人格"导向,直接影响着社会价值取向,以至于古代中国普遍盛行"好男儿从小就志在四方"的民风习俗。

《礼记·内则第十二》说:"子生,男子设弧于门左,女子设帨(shuì,巾)于门右。三日始负子,男射,女否。"孩子出生后,如果是男孩,就在门的左边悬挂一个弓;如果是女孩,就在门的右边悬挂一条佩巾。孩子出生后第三天,才能抱出产房,如果是男孩,就要抱着他举行射礼,如果是女孩就不用了。

《礼记·射义第四十六》说:"故男子生,桑弧蓬矢六,以射天地四方。天地四方者,男子之所有事也,故必先有志于其所有事,然后敢用谷也,饭食之谓也。"这意思是说,男孩子出生后三日,父亲要用桑树枝条做弓,用蓬杆做六支箭,射向天地四方。古人认为,好男儿要志在四方,先要让他立下高远的大志,然后才敢用粮食喂养他,只有这样才叫做"吃饭"。

八

在古代社会,各种官办的宴礼及饮酒礼和射礼,作为选贤荐能的制度性仪式,常常会安排在一年四季的各种民俗节日中举行,以便更好地发挥引导乡风民俗的作用,宴礼也因此成了各级官吏与民同乐的"狂欢"活动。与此同时,各级官吏往往都会在举行宴礼集会的日子,宣示礼法,发布安民告示,明令戒禁。这样一来,宴礼就与一年四季的各种民俗节日结合在一起,成了一个个寓教于乐的"国民教育节"。

《周礼·地官司徒第二·州长》说:"正月之吉,各属(聚会)其州之民而读(宣读告示)法,以考其德行、道艺而劝之,以纠其过恶而戒之。若以岁时祭祀州社,则属其民而读法,亦如之。春、秋以礼会民,而射于州序。"与乡大夫一样,州长每逢正月开年之际和举行四季祭祀活动的时候,都要将天子颁布的法规和本州制定的地方法规悬挂在城门或市井最显眼的地方,告示民众,并当众宣读,勉励民众据此修习德行和道艺,并以此为标准,纠正和惩戒越轨的行为。除此之外，每年春、秋两季，还要在州里的学校（序），举行全州的射礼，用这样的方式，让民众在节日的欢乐气氛中，知礼合乐。

《周礼·地官司徒第二·党正》说："及四时之孟月吉日，则属民而读邦法，以纠戒之，春、秋祭禜（yíng）亦如之。国索鬼神而祭祀，则以礼属民，而饮酒于序。"这里的"禜"，是指祈求神灵消除水旱疫疠灾祸的祭祀。"国索鬼神而祭祀"，是指年终周历十二月，相当于夏历十月，举行"蜡（zhà）祭"，又叫"天子大蜡八"，将一年以来有助于农作物收成的稼穑神、种子神、农官、田间房舍神、堤防神、水沟神、猫、老虎等八种鬼神都搜索一遍，聚合起来，一道祭祀，称为"索"。天子以此告示天下："古之君子，使之必报之"，这叫做"仁之至，义之尽"。这段话是说，每到一年四季的第一个月第一天，党正都要将属下的百姓召集起来，宣告国法乡规，并对照检查予以纠正或惩戒。在春、秋两次祭祀鬼神的时候也要这样做。此外，在年终天子大蜡八祭祀鬼神的时候，党正要在党里的学校（序），举行饮酒礼，与民同乐。可见天子祭祀，成了举国狂欢的大节日。

《礼记·杂记下第二十一》记述说："子贡观于蜡。孔子曰：赐也，乐乎？对曰：一国之人皆若狂，赐未知其乐也。子曰：百日之蜡，一日之泽，非尔所知也。张而不弛，文、武弗能也。弛而不张，文、武弗为也。一张一弛，文、武之道也。"孔子的学生子贡，与孔子一道观看蜡祭。孔子问他："你感到快乐吗？"子贡回答说："整个国家的人都饮酒狂欢，我不知道这有什么好欢乐的。"孔子告诉他说："百姓终年劳作，难得君主恩泽，借蜡祭鬼神之时放纵一下，尽享一日饮酒之乐，这其中的深意，恐怕不是你这种见识的人所能够理解的。只紧张劳作而不偶尔放松一下,即便是圣明的文王、武王也做不到。反之,只放松自己而不紧张劳作,文王、武王绝不会这样做。既要让百姓紧张劳作,又要给百姓一点放松欢乐的机会,这就是文王、武王治理国家的方法。"

《礼记·礼运第九》开篇说:"昔仲尼与于蜡宾,事毕,出游于观上,喟然而叹。"这里的蜡,就是指蜡祭。鲁国因为是周公的封国,享有和天子一样祭祀的特权,所以鲁国可以和天子一样举行蜡祭。"蜡祭"之后,要在学校(序)举行饮酒礼。饮酒礼须设主宾,这里的主人当然就是鲁国国君,而宾一定要是国中德高望重的人。孔子得以成为蜡祭饮酒礼上的宾,说明他在当时的确很受尊重。

关于天子大蜡八的细节,《礼记·郊特牲第十一》记载说:

"伊耆(yī qí,复姓,或为神农氏)氏始为蜡。蜡也者,索也,岁十二月,合聚万物而索飨(祭祀)之也。蜡之祭也,主先啬(最早教民稼穑的神,如神农)而祭司啬(掌管农事的官,如后稷)也,祭百种(掌管百谷种子的神),以报啬(报答其教民稼穑之功)也。飨农(农官田畯),及邮表(交通要道及其交叉处树立的路标)畷(zhuì,田间小道,通缀,连结,指田畯为督促农民耕作在田间居住的房舍)、禽兽(守护庄稼不为其他动物所害的猫和老虎),仁之至,义之尽也。古之君子,使之必报之。迎猫,为其食田鼠也;迎虎,为其食田豕也;迎而祭之也。祭坊(堤防)与水庸(沟),事也。(祷告)曰:土反其宅,水归其壑,昆虫毋作,草木归其泽。皮弁、素服而祭。素服,以送终也,葛带、榛杖,丧杀也。蜡之祭,仁之至,义之尽也。黄衣、黄冠而祭,息田夫(让农民休息)也。野夫黄冠。黄冠,草服也。

"大罗氏,天子之掌鸟兽者也,诸侯贡属焉。草笠而至,尊野服也。罗氏致鹿与女，而诏客告也，以戒诸侯曰：好田，好女者，亡其国。天子树瓜华，不敛藏之种也（天子只取应时之需，不聚敛民财）。

"八蜡，以记四方（各地酌情举行）。四方年不顺成（收成不好的年份），八蜡不通（就不举行蜡祭），以谨民财也（不劳民伤财）。顺成之方（风调雨顺而收成好的地方），其蜡乃通，以移民也（移风易俗）。既蜡而收，民息已。故既蜡，君子不兴功（蜡祭之后，不再劳民兴建工程，以让农民休养生息）。"

九

只要是宴，无论古代还是今天，都离不开酒。因此，了解一点中国古代特别是周代有关酒的信息，对正确理解古人之宴，是有必要的。

据《周礼·天官冢宰第一·酒正》记载，古时候设有"酒正"一职，专门掌管有关酒的政令。其职责之一，是按照造酒的法式，授给"酒人"即造酒者以造酒的原材料，如米、酒曲等。看来那时候造酒的原料实行国家专供。

古时候的酒，按酿造工艺分，有五种，称之为"五齐"，"齐"就是以酿酒法式对酒的称谓："一曰泛齐（酒色最浊，上有浮沫），二曰醴（lǐ）齐（醴酒，甜酒），三曰盎（àng）齐（白色的酒），四曰缇（tí）齐（橘红色的酒），五曰沈齐（糟滓下沉的清酒）。"按照酒的功用分，有三种，称之为"三酒"："一曰事酒（冬酿春成的新酒，有事而饮），二曰昔酒（久酿的酒），三曰清酒（祭祀用的清洁的酒）。"此外还有四种带酒精的饮料，称之为"四饮"："一曰清（滤去酒糟的甜酒），二曰医（粥加酒曲酿成的甜酒），三曰浆（微酸的米汁饮料），四曰酏（yǐ，用黍米酿成的酒）。"

凡王室、祭祀、宾客、燕饮、飨礼、老臣等用酒，实行定量专供甚至专送，但王及王后的饮酒不计量。此外，飨士、庶子、耆老、孤子的饮酒也不计量。

为了保质保量并且及时供应各方面所需，周代设有专职酿酒技官，称之为"酒人"，其主要任务是管理 300 名造酒女奴"奚（xī）"，酿造"五齐""三酒"。另设有专职饮料技官，称之为"浆人"，主要任务是负责生产并保障供应六种饮料，称之为"六饮"：水、浆、醴、凉（水浆）、医、酏。

十

古代社会，尤其是周代，制定有严格的饮酒制度。所谓"饮酒礼"，不只是一种"礼仪"，更是一种法规，具有相当于现代"饮酒法"的强制性。

《尚书·周书·酒诰》说："文王诰教小子：有正（大臣），有事（小臣），无彝（yí，礼器总称，此处可解读为常规、经常）酒。越（与）庶国（各国），饮唯祀（通已，止，或可解读为只有祭祀时才能饮酒），德将无醉。"文王告诫有正、有事等属吏说：诸臣们一律不许经常喝酒。与各国国君们聚会（参加祭祀），出于礼节不得不喝酒时，也要适可而止，以德自持，不能喝醉。关于这段《酒诰》的缘起，《史记·卷三十七·卫康叔世家第七》说："周公旦惧康叔齿少，乃申告康叔曰：必求殷之贤人君子长者，问其先殷所以兴，所以亡，而务爱民。告以纣所以亡者，以淫于酒。酒之失，妇人是用，故纣之乱自此始。以《梓材》，示君子可法则。故谓之《康诰》《酒诰》《梓材》以命之。康叔之国，既以此命，能和集其民，民大说。"周公在平定管叔、蔡叔叛乱之后，将康叔封为卫君，领殷商遗民。周公告诉康叔，殷商灭亡的直接主因是淫于酒。于是作《酒诰》，史称"中国第一禁酒令"。

《礼记·乐记第十九》说："夫豢豕为酒，非以为祸也，而狱讼益繁，则酒之流生祸也。是故先王因为酒礼。壹献之礼，宾主百拜，终日饮酒而不得醉焉，此先王之所以备酒祸也。故酒食者，所以合欢也。乐者，所以象德也。礼者，所以缀（zhuì，止）淫（过度）也。是故先王有大事，必有礼以哀之；有大福，必有礼以乐之。哀乐之分，皆以礼终。乐也者，圣人之所乐也，而可以善民心，其感人深，其移风易俗，故先王著其教焉。"

养猪酿酒，本意并不是制造祸害，但结果却是引发越来越多的狱讼，这都是饮酒没有节制造成的。所以先王制定了饮酒礼，规定祭祀和宴饮时，进酒一次为"一献"。不同等级的饮酒礼，其进酒之献的次数各有严格规定。士饮酒礼为一献，称之为"一献之礼"。一献之中，主要有三个环节：主人献酒，宾客回敬酢酒，主人又酬宾自饮。这一献、一酢、一酬之间，还有取爵、洗爵、奠爵、执爵等诸多细小的礼仪环节，而每一个环节，宾主都要反复互敬互拜，所以说，"宾主百拜"，一点也不夸张。饮酒礼的过程，看起来如此繁琐，但这恰恰保证了即使整天喝酒也不会醉。先王就是用这样的方法，有效地防止了酗酒闹事。不仅如此，伴随礼乐的酒食，能够让人们感情融洽，增加欢乐。乐，象征德行；礼，节制行为。所以先王规定，凡有丧亡这样的大事，必须要举行相应的（饮酒）礼来表示哀悼。凡是有大喜事，必须要举行相应的（饮酒）礼来表达欢乐。悲哀和欢乐都要有法度和节制，最终都要符合（饮酒）礼。（饮酒）礼中有乐，是圣人所乐见的，因为它可以让人向善，让人感动，起到移风易俗的作用。所以先王制定（饮酒）礼乐，来教化民众。

十一

由下面这几段话，可以进一步窥见古人对酒的态度，并由此可见所谓"中国酒文化"的本质，在其源头，究竟意味着什么。

《礼记·射义第四十六》说："酒者，所以养老也，所以养病也。"这清楚地说明了酒在古代除了用于祭祀之外的主要用途。

在《论语·子罕第九》中，孔子讲"不为酒困"。不因为醉酒误事，是君子守"敬"的自觉要求。在《论语·乡党第十》中，孔子说："唯酒无量，不及乱。"喝酒不限量，不喝醉就行。

《礼记·明堂位第十四》说："夏后氏尚明水，殷尚醴，周尚酒。"这是说鲁国享受天子礼乐的特权，祭祀可以同时用三代的酒，从水，到醴，再到酒，其酒精浓度越来越浓。如前所述，虞、夏、殷、周四代的社会价值观，呈现为尊德、尊爵、尊富、尊亲不断"退化"的现象，与这里所说的三代酒精浓度不断"强化"的现象形成密切的"反相关"关系。这种"德的退化"与"酒的强化"之间的"反相关"关系，在当今社会更为明显。

《孟子·离娄下》说："禹恶旨酒而好善言。"这个典故，在《战国策·魏策二·梁王魏婴觞诸侯于范台》中也有记载："昔者，帝女令仪狄作酒而美，进之禹，禹饮而甘之，遂疏仪狄，绝旨酒，曰：后世必有以酒亡于国者。"禹的这个预言，不幸在商纣王那里得到了应验。

《孟子·梁惠王下》说："从流下而忘反谓之流，从流上而忘反谓之连，从兽无厌谓之荒，乐酒无厌谓之亡。先王无流连之乐，荒亡之行。"顺流而下，乐而忘返，称之为"流"。逆流而上，乐而忘返，称之为"连"。爱好打猎，不知满足，称之为"荒"。喜好喝酒，没有节制，称之为"亡"。古代先王，没有流连之乐，没有荒亡之行。

三 【冠】

从『成人礼』说起

上面三个字，分别是小篆的冠、笄（jī）、昏（婚）。这三个字对于中国古代的宗法社会，具有极为神圣的意义。

本章以冠礼说男子成人，以笄礼说女子待嫁，以婚礼说两家和合。

成人礼之于男子，是在先祖的见证下，成为一个可以承担起家族和社会责任的人的神圣仪式。

笄礼之于女子，只是可以出嫁的"出门"仪式。成人的女子，没有成人的男子的那种责任。所以笄礼为经典不录，为学者不记。

婚礼之于男女，家族的需要大于个人的幸福。婚礼的所有礼仪细节，都在传宗接代这个主题下小心进行。

一

中国古代的礼，名目繁多。《礼记·礼器第十》说："经礼三百、曲礼三千。"《礼记·中庸第三十一》说："礼仪三百，威仪三

二二　［冠］　从"成人礼"说起

千。"这些林林总总的礼数,大致可分为五类:吉礼、凶礼、宾礼、军礼和嘉礼,统称"五礼"。在所有这五大类礼仪中,冠礼,即男子的成人礼,排在第一位。冠礼属于"五礼"中的嘉礼。嘉礼又可分为五礼:冠礼、婚礼、燕礼、飨礼和射礼。所有嘉礼,都始于冠礼。

二

在《仪礼》中,冠礼称为"士冠礼"。这里的"士",特指低于卿大夫的贵族阶层,也就是最低一级的贵族,但也可以理解为"男子"的通称。从字义上看,"士冠礼"似乎只是讲的"士"这个阶层的男子的成人礼,其实,士冠礼广泛适用于卿大夫、诸侯、天子等所有贵族阶层。《仪礼·士冠礼第一》特别指出:"天子之元子犹士也,天下无生而贵者也。继世以立诸侯,象贤也。"这意思是说,天子在没有成为天子之前,与士没有两样。天子、诸侯之所以是天子和诸侯,并不是因为他们的父辈是天子和诸侯,而是因为他们自己的贤德配得上天子和诸侯。换言之,即便他们的父辈是天子和诸侯,如果他们自己没有贤德,也不可能继父辈之后成为新一代天子和诸侯。因此,在古代社会,并没有专为那些所谓生来就注定了要成为天子和诸侯的人特别定制的成人礼。

三

古代的男子,无论是否贵族,无论属于贵族的哪个阶层,到了二十岁,都要通过一个特定的加冠仪式才得以被社会认可为成人。男子的成人礼之所以要用"加冠"来体现,突出的是"加"而不是"成"。成人礼之"加",加的不只是一顶象征成人的帽子,更是加上

~241~

了成人必须承担的责任。由此而观所谓"加冠成人",有两重的"加"和"成":一是赋予加冠者继承家国天下的成人资格,二是赋予加冠者守护家国天下的成人责任。有了资格,有了责任,不一定就真的能够有所承担,这个刚刚加冠的人,还需要在加冠之后自加修养,培养自己承担责任的能力和履行义务的德行。这就是成人礼要加给加冠者的最基本的信息。

四

《礼记·冠义第四十三》说:"凡人之所以为人者,礼义也。礼义之始,在于正容体(仪容体态端正),齐颜色(面部表情和内在心态与场合和人事相宜得当),顺辞令(言辞得体语气和顺)。容体正,颜色齐,辞令顺,而后礼义备。以正君臣,亲父子,和长幼。君臣正,父子亲,长幼和,而后礼立。故冠而后服备(衣冠整齐合宜),服备而后容体正,颜色齐,辞令顺。故曰:冠者,礼之始也。是故古者圣王重冠。"

这段话的意思是说,人之所以是人,是因为有礼义。礼义从修正仪容、规范态度、调顺言语开始。仪容端正,态度得体,语言和顺,礼义就具备了。礼义具备了,就可以严正君臣关系,亲密父子关系,和睦长幼关系,这是说礼义的作用。君臣关系正,父子关系亲,长幼关系和,礼义就树立起来了,这是说礼义社会的理想和目标。礼义既然是人之所以是人的标志,就只能从人成为人开始,而成为人,要从冠礼开始。冠礼让人衣冠整齐,只有衣冠整齐,仪容体态才能端正,表情态度才能合宜,言辞语气才会和顺。所以说,冠礼是礼义的开始。所以,自古圣王就重视冠礼。

怎样重视?重视到什么程度?《礼记·冠义第四十三》说:"古者

二二 [冠] 从"成人礼"说起

冠礼,筮(shì)日(占卜选择举行冠礼的日期),筮宾(占卜选择冠礼的宾客),所以敬冠事。敬冠事,所以重礼;重礼,所以为国本也。"自古行冠礼,都要虔诚地占卜选择日期,敬畏地占卜挑选宾客。这是因为,是否重视冠礼,直接关系到国家的根本。

"故冠于阼(zuò,通祚,大堂前东西的台阶,也指主人出行立位的东阶,即主阶),以著代(表明代代相传)也。醮(jiào,冠、婚礼所行仪式,在冠礼中,尊者对卑者酌酒,卑者接受敬酒后饮尽,不回敬)于客位,三加弥尊,加有成也。"冠礼在主阶举行,表明加冠者从此可以成为家族的主人,寓意传宗接代。尊者在客位上向加冠者敬酒,且三次加冠一次比一次尊贵,一次比一次赋予的责任更大,这样同尊重成人一样尊重加冠者,表明加冠者已经成人,从此要承担起成人的责任。

"已冠而字之,成人之道也。见于母,母拜之;见于兄弟,兄弟拜之。成人而与为礼也。"三次加冠后,要给加冠者取字。字是成人的标志,从此人们对加冠者要以字相称。加冠取字后,加冠者先去见母亲,母亲对加冠者行拜礼;然后去见兄弟,兄弟对加冠者行拜礼。这是因为,加冠者已经成人,母亲和兄弟都要以对待成人的礼节对待他。

"玄冠、玄端,奠(敬献)挚(见面礼)于君,遂以挚见于乡大夫、乡先生,以成人见也。"冠礼之后,加冠者要戴着玄色的冠,穿着玄色的端服,带上见面礼去拜见国君。见国君的时候,要将见面礼放在地上。拜见国君之后,加冠者要带上见面礼,以成人的礼节去见乡大夫和乡先生,以此向社会表明自己已经成人。

"成人之者,将责成人礼焉也。责成人礼焉者,将责为人子,为人弟,为人臣,为人少者之礼行焉。将责四者之行于人,其礼可不重与！故孝、弟、忠、顺之行立，而后可以为人。可以为人，而后可以治人也。故圣王重礼，故曰：冠者，礼之始也。嘉事之重者也。"

成人，意味着承担责任。具体来说，是要承担起孝、悌、忠、顺（孝敬父母、敬爱兄长、忠于君主、顺从长上）四个方面的责任。这其实是成人的四种主要社会角色，也意味着加冠者要具备承担这四种责任的德行和能力，为此要更加注重自己的修养和学习，由此才可以说真正成为了人。成为了人，才可以治人，所以，自古圣王都特别重视冠礼。总而言之，冠礼是人生礼仪的第一礼，是礼乐制度中最重要的嘉礼。

"重冠，故行之于庙。行之于庙者，所以尊重事。尊重事，而不敢擅重事。不敢擅重事，所以自卑而尊先祖也。"古人由于重视冠礼，所以冠礼是在亲庙举行的。这意味着主人既重视冠礼，又不敢擅自作主，而要尊重先祖的"意志"。

五

关于男子成人礼（冠礼）的礼仪程序，《仪礼》中有详细记载。这些礼仪程序的细节，在过去2000多年间，随着社会的发展变化，历代各有不同，但其主要内容基本保持不变，概括起来，大致有以下八个方面的环节。

第一，占筮择吉。用蓍草占卦，依从天意，选择举行冠礼的良辰吉日。

第二，占筮择宾。通过占卜，遵照天意，在德高望重的乡人中，挑选给加冠者加冠的正宾。

第三，东房洗盥。冠礼仪式开始前的头一天晚上，加冠者入住东房。仪式的当天一大早，加冠者在东房特设的"洗"处盥洗净身，然后到设在堂前东阶偏北的冠席上就位。

第四，阼阶三加。仪式开始后，先是由助理嘉宾为冠者梳头，挽髻（jì，用簪子将头发盘起来），然后由卜筮选定的正宾在阼阶上给加冠者三次加冠。阼阶是堂前的东阶，按照古代礼节，主人在这个位置上迎接宾客，在此加冠，寓意加冠者将要成为主人。三次加冠，三致祝辞。所加的冠，一次比一次尊贵；所致的祝辞，一次比一次庄严，由此逐次加强加冠者成人的责任意识。

冠，类似于现在的帽子，但不同于帽子的是，冠的礼仪意义大于实用功能。现在的帽子，是直接罩在头上，御风保暖，兼顾美观。古代的冠，是用一个圈套在发髻上，在固定发髻的同时，与特定的服装服饰相配合，表示身份，装饰礼貌，端正礼容。

一加缁（zī）布冠。所谓"缁布冠"，是用黑色麻布制作的礼帽，寓意不忘根本，并承担起治家的责任。此次加冠时致辞的大意是：去掉童稚之心，慎修成人美德。

二加皮弁（biàn）。所谓"皮弁"，是用白鹿皮做的武冠，寓意加此冠者要承担起保卫国家的责任。此次加冠时致辞的大意是：端正容貌威仪，敬慎内心德性。

三加爵弁。所谓"爵弁"，是一种形状像爵的文冠，用红黑色的细葛布或丝帛做成，是古代的士参加祭祀的礼服，寓意加此冠者要承担起为国家服务的责任。此次加冠时致辞的大意是：成就美德，承受上天赐福。

第五，行醴礼或醮礼。所谓醴，是指只酿了一宿的甜酒，即仅有酒味的薄酒。古代以薄酒为尊，天子以醴祭天地，宴宾客。醴也通礼。行醴礼的时候，所致祝辞的大意是：拜祭先祖，诚敬吉祥。

所谓"醮礼",用在婚礼时,是指用酒祭神的简单仪式。用在冠礼时,是加冠者的父辈和正宾在客位上向加冠者三次敬酒,以示成人的祝贺。加冠者每次接受敬酒后饮尽,不需回敬。

一行醮礼,所致祝辞的大意是:尽孝友之道,保永久安康。

二行醮礼,祝辞的大意是:美酒祭祝,承天降福。

三行醮礼,祝辞的大意是:承天之庆,恭受福禄。

第六,命字表德。所谓"命字",也就是给加冠者取"字"。取"字"的原则,一般是解释"名"的含义,所以叫"命字",也叫"表德"。古时候,孩子的名是父亲取的。按照古礼,成人后不宜直呼其名,所以要取一个与"名"有关的"字",从此后,人们要敬称其字。

命字的时候,也要致祝辞。祝辞的大意是:表字美好,正配俊士。适宜为大,永远保有。

第七,拜父母。这个环节有两个方面的含义:一是成人者拜父母,以此感谢父母,并告别未成年;二是成人者接受父母拜,从此承担起成人应该承担的家庭责任。

第八,拜宾客。这个环节同样有两个方面的含义:一是成人者感谢宾客出席;二是成人者接受宾客拜,从此以成人身份承担社会责任。

六

古代女子十五岁为成人,可以盘发插笄,因此十五岁的女子也称为及笄、笄年,其成人礼也因此称之为"笄礼"。

笄的本意,是将头发盘起来用簪子固定住。《说文》说:笄,簪也。唐代贾公彦在《仪礼注疏·卷第五·士昏礼第二》[①]中说，笄有两种，一是安发之笄："男子去冠仍有笄，与妇人之笄并有安发之笄也。"二是固冠之笄："爵弁、皮弁及六冕之笄，皆是固冠冕之笄。"作为固定头发和冠帽的簪子，笄在古代的使用，有严格的等级区别和用法规定。《仪礼注疏·卷第二十九·丧服第十一》说："吉时，大夫、士与妻用象（象牙质地的笄），天子诸侯之后、夫人用玉为笄。"

古代女子由于没有独立的社会地位，笄，作为女子的成人礼，也就没有男子加冠礼那样具有从此自立于社会的身份意义。女子笄礼，不仅不是女子自立的标志，反而是女子从此可以依附于男子的标志，是一个女子从此可以嫁人的标志。女子笄礼，因此不是独立的成人礼，而只是婚礼的重要组成部分。凡是要出嫁的女子，必须先行笄礼，否则就嫁不出去。

《仪礼·士昏礼第二》说："女子许嫁，笄而醴之，称字。"《礼记·曲礼上第一》说："女子许嫁，笄而字。"《礼记·内则第十二》说："女子十年不出……十有五年而笄，二十而嫁，有故二十三年而嫁。"《礼记·杂记下第二十一》说："女虽未许嫁，年二十而笄，礼之。妇人执其礼。"综合以上记述，女子成人的笄礼，主要有以下规制：

第一，女子在许嫁（相当于现在的订婚）后才举行成人的笄礼。

第二，女子在十五岁后许嫁（订婚）。

第三，女子如果十五岁之后一直没有许嫁（订婚），到了二十岁时，也要举行成人的笄礼。

---

① 见北京大学出版社 2000 年版李学勤主编整理本《十三经注疏》之《仪礼注疏》。以下凡出现《仪礼注疏》书名，均指此版本，不再一一说明。

第四，女子成人的笄礼，其主要程序有三：先是用象牙或者玉制作的簪子，将头发盘起来；然后，洒酒告慰先祖；最后，起个字。

关于女子成人笄礼更多的礼仪细节，少见经传，这在一个男尊女卑的古代社会，不难理解。唐代杜佑在《通典·卷五十六·女笄》① 中简要综述了古代典籍所记载的女子笄礼："周制，女子许嫁，笄而醴之，称字。许嫁，已受纳征礼也。笄女礼犹冠男也，使主妇、女宾执其礼。祖庙未毁，教于公宫三月；祖庙已毁，则教于宗室。祖庙，女高祖为君者之庙，以有缌麻（孝服，用细麻布制成）之亲，就尊者之宫教之也。教以妇德、妇言、妇容、妇功。"此后，宋代有司马光的《书仪》，宋明有朱子的《家礼》，均辟专门章节，简要记述了女子笄礼仪式的有关细节。

七

《礼记·昏义第四十四》说："昏礼者，礼之本也"，"夫礼始于冠，本于昏，重于丧、祭，尊于朝、聘，和于射、乡，此礼之大体也"。这里列举了古代四个方面人与社会关系的基本礼仪，其作用分别为"本、重、尊、和"，而婚礼是所有这些礼仪的开端、基础和根本。没有婚礼，就没有人的社会身份及社会生命，其后三个方面的礼仪便无从谈起。

然而，在中国古代社会，婚礼之所以重要，并非主要是为了个人幸福的需要，而首先是为了服从宗族传承的需要与要求。《礼记·昏义第四十四》说："昏礼者，将合二姓之好，上以事宗庙，而下以

---

① 见中华书局1988年王文锦等点校版《通典》。以下凡出现《通典》书名，均指此版本，不再一一说明。

继后世也，故君子重之。"娶回媳妇成了家，男子才有资格祭祀祖先。娶个女人能生儿子，男家才能传宗接代。显而易见，婚礼之于男女的这两方面意义，都不是从婚姻男女个人幸福生活的角度而言的。在古代社会，婚礼及婚姻，首先不是两个人的私事，而是事关两个家族命运的重大事件，所以要"听命于庙"，要在祖先的见证下，恭敬地举行婚礼仪式，慎重对待婚礼的每一个细节。

古代婚礼，一般由六个环节组成，称之为"六礼"：纳采、问名、纳吉、纳征、请期，最后是迎亲。

第一，纳采。男方先请媒人到女方提亲，女方同意后，男方再请媒人到女方纳采，即送采礼。这里的"采"，是采取的采，表示男家采纳该女子。后来人们所谓的"彩礼"是"采礼"的误用。

第二，问名。纳采当天，向女家询问女子的名字，此前是不得问女子名的，然后回来占卜，看是否吉利。

第三，纳吉。如果占卜吉利，男家就请媒人到女家报告好消息。

第四，纳征。男家请媒人向女家赠送聘礼，征就是聘的意思。纳征之后，婚姻关系正式确定。

第五，请期。男方占卜选择好吉日后，请媒人将结果告诉女方，在告诉前，礼节性先请女方提出婚期。

《礼记·昏义第四十四》中说："皆主人筵几于庙，而拜迎于门外，入，揖让而升，听命于庙。"这意思是说，进行以上五个程序时，每一次男家派来媒人，女方的父亲都要在自己家的亲庙接待，而不是在家中接待。女方的父亲先要在家庙中为神摆设好席几，安神休息，然后亲自到庙门外迎接男方派来的媒人，行再拜礼，进庙后，行三揖、三让礼，然后登上庙堂，听取媒人表达男方的礼辞。

接下来是第六个步骤，迎亲。以下文字，是《礼记·昏义第四十四》中关于"迎亲"之礼的记载：

"父亲醮子而命之迎，男先于女也。子承命以迎，主人筵几于庙，而拜迎于门外。壻（婿）执雁入，揖让升堂，再拜奠雁，盖亲受之于父母也。降，出。御妇车，而壻授绥（suí，登车时手挽的索），御轮三周。先俟于门外。妇至，壻揖妇以入。共牢而食，合卺（jǐn，专用于结婚仪式，一个匏瓜剖成两个瓢，新郎新娘各拿一个饮酒，谓之饮合卺酒）而酳（yìn，用酒漱口，少饮），所以合体，同尊卑，以亲之也。"

男子的父亲为儿子酌酒，命他去迎亲，这表示男子先迎娶而女子后相从。儿子承父命前来迎亲，女方父亲先在家庙为神设席几，然后到庙门外亲自迎接女婿。女婿手里捧着雁，作为给自己的女子的见面礼，进入庙门，向岳父行三揖、三让礼，登上庙堂后，将雁摆在地上，向女子行再拜礼，表示亲自从女方父母接受了女子为妇。女婿下堂，带妇出庙门，婿为妇驾车，并把绥递给妇，驾着车转三圈，然后将车交给车夫驾驶。婿的车先到自家门口，然后在门外恭候妇。婿向妇行揖礼请妇进家门。夫妇共食祭牲（牛羊豕），用同一匏分成的两个瓢饮酒，象征夫妇合为一体，同尊卑，共亲爱。

迎亲之后，婚礼是结束了，可新婚的礼节还刚刚开始。第二天一清早，新妇就要早早起来沐浴洗头，等到天大亮之后去见公婆……

女子嫁到婆家之后的这一系列礼节，其实是在娘家早早就经过训练的。《礼记·昏义第四十四》说："是以古者，妇人先嫁三月，祖庙未毁，教于公宫；祖庙既毁，教于宗室（大宗家里）。教以妇德、妇言、妇容、妇功。教成祭之,牲用鱼,芼之以蘋藻,所以成妇顺也。"由此看来,古代社会,有专门的婚前培训学校"公宫";有专门的婚前培训课程"妇德、妇言、妇容、妇功";有严格规定的培训时间,即婚前三个月,即还有培训合格的仪式,即祭祀。

二三 从『籍田礼』说起

【田】

上面五个字，分别是小篆的田、耕、农、桑、蚕。在这五个字中，包含了古代社会最美好的生活理想：丰衣足食，安居乐业，息兵弭灾，万民来归。

《孟子·公孙丑上》说："耕者助而不税，则天下之农皆悦，而愿耕于其野矣。廛（chán，住宅和宅基地）无夫里之布，则天下之民皆悦，而愿为之氓（méng，外来移民）矣。"这句话的意思是说，如果耕种者只需助耕公田而不需另为自己的私田交租税，天下的农家都会乐于来到这个国家的田野上耕种。如果暂无职事的居民和暂时空荒的宅地不会被罚款和罚服徭役，天下的民众都会乐意迁到这里来安居。这里的"氓"指外来人口。"廛"为一家之居的宅基地，约一亩半。"夫"此指暂住且暂无职业者。"里"此指暂住。"布"，本义钱币，此指罚款或罚服徭役。"夫里布"合在一起，指针对暂住而无职业者和住宅占地而空荒者的罚款和罚徭役。古代设此制度，为的是劝民桑麻，后来演变为一种苛捐杂税。

二三 [田] 从"籍田礼"说起

一

田，在春秋早期，特指"井田"。所谓"井田"，是指殷周时期实行的一种土地制度。《孟子·滕文公上》记载了一则滕文公派其臣子毕战向孟子请教井地的故事，历来被公认为关于井田制最可采信的"答案"之一。孟子告诉毕战说："夫仁政，必自经界始。经界不正，井地不钧，谷禄不平。是故暴君污吏必慢其经界。经界既正，分田制禄可坐而定也。……无君子莫治野人，无野人莫养君子。请野九一而助，国中什一使自赋。卿以下必有圭田，圭田五十亩。余夫二十五亩。死徙无出乡，乡田同井，出入相友，守望相助，疾病相扶持，则百姓亲睦。方里而井，井九百亩，其中为公田，八家皆私百亩，同养公田。公事毕，然后敢治私事。所以别野人也。此其大略也，若夫润泽之，则在君与子矣。"可见，孟子心目中的井田制，远非土地制度，而是一种理想的社会制度，其根基在于土地，其要义在"正""钧""平"，其本质在于"仁政"，其保障在于"耕者有其田"，其特色类似于老子的"小国寡民"。

二

《春秋谷梁传·宣公十五年》[①] 记载了在中国历史上影响深远的"初税亩"事件，这一年是公元前594年。所谓"初税亩"，顾名思义，即第一次开始按亩计税，中国的农民从此要为自己的土地交纳"田赋"。记录如此重大的历史事件，《春秋》却只用了极为简短的三个字——"初税亩"，这其中的微言大义耐人寻味。《春秋谷梁传》

[①] 见上海古籍出版社2004年版《十三经译注》之承载撰《春秋谷梁传译注》。以下凡出现《春秋谷梁传》书名，均指此版本，不再一一说明。

则直言不讳地指出："初税亩，非正也。"初税亩之所以不正，是因为它不符合古制，而所谓古制，就是井田制。《春秋谷梁传》将这个不正的初税亩与正宗的井田制进行了对比分析，从中可知，这里的"正"与"不正"，不仅仅关乎其依据是否正当的问题，还直接关系到社会是否公平正义的问题。《春秋谷梁传》说："古者什一，籍而不税……古者三百步为里，名曰井田。井田者，九百亩，公田居一。私田稼不善，则非吏；公田稼不善，则非民。初税亩者，非公之去公田，而履亩十取一也，以公之与民为已悉矣。古者，公田为居，并灶葱韭尽取焉。"这段话的意思是说，周代的井田以九百亩为一个单位，分为公田和私田，其中公田一百亩，私田八百亩。农民只要助耕相当于自己私田的十分之一面积的公田，就可以不再交任何税了。为了加强管理，如果私田的收成不好，就要问责当地官吏，如果公田的收成不好，就要责罚农民。而初税亩的办法则是取消公田，丈量每户农民的实际耕种面积，按照田亩收成的十分之一收取租税。这样一来，不仅加重了农民的负担，而且拆散了井田这样一种最基本的社会组织单元。"公田为居"，在井田制下，八户农民共同居住在公田之中，其乐融融，"并灶葱韭尽取焉"，这样的生活情境，与《孟子·滕文公上》所描述的景象，有着异曲同工之妙。

三

如上所引，孟子将"井田"首先视为"经界"，也就是说井田之所以成为田，首先要以阡陌沟洫（xù）来划分地块。这样的地块究竟是一种什么样子？人们在这样的地块上过着怎样的生活？孟子对毕战作了"大略"的描述，《春秋谷梁传》也作了简要的记载，《周礼·地官司徒第二·遂人》则从地方治理角度，记述了井田制的有关信息,可与前两者相互参照。

"凡治野,夫间有遂,遂上有径。十夫有沟,沟上有畛。百夫有洫,洫上有涂。千夫有浍,浍上有道。万夫有川,川上有路,以达于畿。"这里的"遂、沟、洫、浍、川",既是农田水利系统,又是井田的边界屏障。同样,这里的"径、畛、涂、道、路",既是纵横田野的阡陌,又是不同等级的交通。从这里不难看到,山、水、田、林、路,纵横交织,是井井有条的井田家园,更是井然有序的农耕社会。

"遂人掌邦之野……以岁时稽其人民,而授之田野,简其兵器,教之稼穑。凡治野,以下剂(最轻的徭役)致氓,以田里安氓,以乐昏(促成婚姻)扰(顺应)氓,以土宜教氓稼穑,以兴锄(鼓励互助)利氓,以时器(适时提供农具)劝氓,以强予(身强体壮的人多授予田)任氓,以土均平政。"这里所说的"遂人",大致相当于当今的乡镇长,这里所说的"氓",大致类似于今天的农民工。当时的社会,一方面战乱频仍造成人口锐减,各国都需要吸引外地移民,另一方面灾祸不断,老百姓逃离家乡寻找安身之地,引发各种规模的移民潮,而各国君主似乎都默许人口在国家间自由迁徙。正是在这样的社会背景下,遂人的第一要务,就是如何让自己的地方对外地移民更有吸引力,遂人的全部工作,都旨在想方设法吸引氓,留住氓,用好氓。

"辨其野之土,上地,中地,下地,以颁田里。上地夫一廛,田百亩,莱(休耕地)五十亩,余夫亦如之。中地夫一廛,田百亩,莱百亩,余夫亦如之。下地夫一廛,田百亩,莱二百亩,余夫亦如之。"这段话的意思是说,为了确保授田的公平合理,遂人的另一项重要工作,是对土地质量进行评估,以此为基础,通过以数量换质量的方法,进行土地的公平分配。

四

综观以上所引经典文献有关井田制的记述可知，田，在古代社会，不只是"耕者有其田"这么简单。在"井井有条"的土地制度基础上，先王先贤们构建起四重"井然有序"的文化价值体系，深刻地影响了此后2500多年中国人的思想观念。第一，田是社会安定的保障。天子以田赐封诸侯，诸侯以田役使百姓，天下邦国以田赋得以维持，田因此代表富贵和秩序。第二，田是养民安国的基础。百姓赖以生存，家国赖以安定，天下赖以和平，田因此代表仁义和道德。第三，田是鬼神的领地。鬼神保护田，也享受来自田的收获，田是祭祀贡品的主要来源，田因此代表神圣和洁敬。第四，田是人心人性的隐喻，所谓心田，既需要养护，又需要修饰，田因此代表慈爱和教养。

田的这四重文化价值，都离不开耕。地只有耕，才成其为田。于是田因为耕成为了文化。因为耕，野人与君子站在了同一处田野的地平线上。因为耕，天子与百姓的命运在田野上连在了一起。因为耕，天和地在田野中与人合一，人在田野上成为与天地合一的人。因为耕，学校和书院成为必要和可能，"耕读"成为古代社会礼乐文明的主要象征。

五

《礼记·礼运第九》说："故圣人修义之柄，礼之序，以治人情。故人情者，圣王之田也，修礼以耕之，陈义以种之，讲学以耨(nòu)之，本仁以聚之，播乐以安之。故礼也者，义之实也，协诸义而协，则礼虽先王未之有，可以义起也。义者，艺之分，仁之节也。协于艺,讲于仁,得之者强。仁者,义之本也,顺之体也,得之者尊。故治国不以礼,犹无耜（sì）而耕也；为礼不本于义,犹耕而弗种也；为义而不讲之以学,犹种而弗耨也；讲之于学而不合之以仁,犹耨而弗获也；合之以仁而不安之以乐,犹获而弗食也；安之以乐而不达于顺,犹食而弗肥也。四体既正,肤革充盈,人之肥也；父子笃,兄弟睦,夫妇和,家之肥也。大臣法,小臣谦廉,官职相序,君臣相正,国之肥也。天子以德为车,以乐为御,诸侯以礼相与,大夫以法相序,士以信相考,百姓以睦相守,天下之肥也,是谓大顺。大顺者,所以养生送死,事鬼神之常也。故事大积焉而不苑,并行而不缪,细行而不失,深而通,茂而有间,连而不相及也,动而不相害也,此顺之至也。故明于顺,然后能守危也。"

这一段文字,可说是中国古代社会关于"理想国"最精彩也是最系统的描述,是建立在"田与耕"的地基上扎扎实实的"耕读文明"。这个耕读文明叫做"大顺",其精髓在于人肥、家肥、国肥、天下肥。山西乔家大院的院门上,刻有时任清朝直隶总督兼北洋大臣李鸿章亲笔书写的一副对联："子孙贤,族将大；兄弟睦,家之肥。"当今游客大都不太明白其中"肥"字的说法。这个来自《礼记·礼运第九》的"肥"字,正是耕读文明的精髓及耕读之家的奥秘之所在。

在《礼记·礼运第九》所构想的这个"天下之肥"的大顺社会中,所谓"治国",就是耕耘人心这片田园,以"义"为法则,以"礼"为工具。不仅如此,"义"作为耕耘心田而治国的法则,可以应时而变。同样,"礼"作为耕耘心田而治国的工具,可以因地制宜。所以,义和礼都是可以而且必须创新变通的。工具得当,法则得宜,家国就能"肥",就能强盛,这其中的关键在于以仁为本。所谓"以仁为本",就是"以人为本"。此外,"义"不只是耕耘心田的法则,还是播种在心田的种子,更是种子在心田成长起来的良苗。种子需要精心培育,良苗需要去除杂草,这样一来,就有了教和学,"讲学以耨之"。这里的"耨",比喻教育的功能和作用,教育就是给心田的良种松土培根,学习就是剪除心田的杂草。这里的教育,主要是指"耕读"。所谓"耕读",既是指边耕边读、半耕半读的乡校教育模式,更是指以读为耕,通过教育,养护本性这片心田,使之合于仁,让本性不生荒草,不让荒草侵害"义"的良苗。

六

如上所见,在耕读社会,君子之耕兼有耕作农田和修养心田的双重意义,即便是天子,也无法让人代替,必须"躬耕",于是就有了天子和国君亲自耕作的籍田。

《礼记·祭义第二十四》说:"是故昔者天子为藉(通籍)千亩,冕(大夫以上戴的冠)而朱纮(hóng,冠冕两旁的带子,下系于颔),躬秉耒。诸侯为藉百亩,冕而青纮,躬秉耒。以事天、地、山、川、社(土地神)、稷(谷神)、先古,以为醴酪(lǐ lào,甜酒和奶酪)齐盛(粢盛,zī chéng,专用于祭祀的谷物),于是乎取之,敬之至也。"古时候,天子耕种千亩籍田。籍有践的意思,天子践行在自己的籍田,头戴着冕,冕下系着红丝带,亲自推耒而耕。诸侯耕种百亩籍田。诸侯推耒而耕的时候,头上也戴着冕,但冕下系的是青色丝带。籍田收获的谷物以及用这些谷物酿造的酒浆,专用于祭祀天地、山河、社稷和先祖,以此表达对鬼神最大的敬意。

七

古时候所谓耕田，除了种植农作物，还包括畜养牲畜。与之相应，祭祀鬼神和先祖的供品，当然也少不了肉食。《礼记·祭义第二十四》说："古者天子、诸侯必有养兽之官（管理饲养专供祭祀的牲口的官员，也可以理解为宫，即饲养专供祭祀的牲口的地方），及岁时，齐戒，沐浴，而躬朝之。牺（祭祀用牲的通称，色纯为牺，体全为牲）牷（quán，用作祭品的纯色全牲）祭牲（特指供宴飨祭祀用的牛、羊、猪），必于是取之，敬之至也。君召牛，纳而视之，择其毛而卜之，吉，然后养之。君皮弁（用白鹿皮制成的冠，皮弁为天子之朝服，故亦通称朝服），素积（素绩，腰间有褶裥的素裳），朔月（月朔，每月初一）、月半，君巡牲，所以致力，孝之至也。"古时候，天子和诸侯祭祀鬼神，除了由籍田专供谷物酒浆之外，还专设养兽机构，特别畜养祭祀所需牺牲。每到祭祀时节，天子和诸侯都要斋戒、沐浴，然后来到养兽之处，亲自挑选其中毛色最纯、肉体完好的牲畜用作牺牲，以此表达对鬼神最高的敬意。不仅如此，养兽机构畜养的所有牲畜，都是天子和国君早先亲自挑选的，先是目测，然后取其毛加以占卜，吉，就养起来。此后，每到初一和十五，天子和国君都要头戴皮弁，身穿白衣白裳，前来察看牲畜的情况，以这样尽心尽力地准备祭祀，来表达对先祖最大的孝行。

八

古时候，所谓农耕，严格地说是"农桑"，农耕不仅要解决吃饱问题，还要解决穿暖问题，所以耕田不仅意味着种植谷物，畜养牲畜，还包括种植桑麻，养蚕织衣。由此一来，天子和国君祈福保民的祭祀，就有了穿什么样的祭祀礼服才最能够感天地动鬼神的问题。

《礼记·祭义第二十四》说："古者天子、诸侯，必有公桑、蚕室，近川而为之，筑宫仞（八尺为仞）有三尺，棘墙而外闭之。及大昕（xīn，黎明，天亮）之朝，君皮弁素积，卜三宫之夫人、世妇（参见《礼记·曲礼下第二》：天子有后，有夫人，有世妇，有嫔，有妻，有妾。又参见《周礼·天官冢宰第一·世妇》：世妇掌祭祀、宾客、丧纪之事）之吉者，使入蚕于蚕室。奉种浴于川，桑于公桑，风戾（lì，反）以食之。岁既单（通殚，尽）矣，世妇卒蚕，奉茧以示于君，遂献茧于夫人。夫人曰：此所以为君服与。遂副（首饰）、袆（王后的祭服，上有五彩野鸡图纹，也指朝服的蔽膝）而受之，因少牢（祭礼的牺牲，牛羊豕都用叫太牢，只用羊豕叫少牢）以礼之。古之献茧者，其率用此与。及良日，夫人缫（sāo，抽茧出丝），三盆手，遂布于三宫夫人、世妇之吉者，使缫，遂朱、绿之，玄、黄之，以为黼黻（fǔ fú，礼服上华美的图纹）文章（错杂的色彩或图纹，车服旌旗），服既成，君服以祀先王、先公，敬之至也。"

这段话的意思是说，古时候，天子和诸侯都设有专供织造祭祀礼服的公桑园和养蚕室，其选址在河边，其主建筑或曰"蚕宫"。蚕宫高一仞三尺，围墙上布有棘刺，院门紧闭。三月初一清晨，国君头戴皮弁，身穿白衣白裳，对三宫夫人及其世妇进行占卜，吉利的，就让她们将蚕带进蚕室喂养。她们先捧着蚕种到河里浸一下，到公桑园采摘桑叶，翻动桑叶让风吹干叶面的露水，然后喂蚕。到了春末，世妇们的蚕养好了，就将蚕茧捧给国君看，然后将蚕茧献给国君夫人。于是国君夫人按照接受献茧的古礼，戴上"副"这种首饰，穿上"袆"这样的祭服，接受献茧，并且说：就用这来给国君做祭服吧。然后，就用少牢之礼酬劳献茧的世妇。接下来，等到良辰吉日，国君夫人便亲自缫丝，将手浸入泡有蚕茧的盆中三次，然后将所有的蚕茧交给三宫中占卜吉利的夫人和世妇们，让她们缫丝，再将丝染成红、绿、黑、黄多种颜色，织成图纹与色彩交错的华美丝绸，然后做成祭服，国君穿上这样的祭服祭祀先王先公。这样精心对待祭祀，可说是达到了敬的极致。

九

关于天子亲耕和夫人养蚕的说法，《礼记·祭统第二十五》中也有类似记述："是故天子亲耕于南郊，以共齐盛；王后蚕于北郊，以共纯服。诸侯耕于东郊，亦以共齐盛；夫人蚕于北郊，以共冕服。天子、诸侯，非莫耕也（没有不亲自耕种的），王后、夫人，非莫蚕也（无一不亲自养蚕），身致其诚信（只有亲力亲为才能表达对鬼神先祖的诚信）。诚信之谓尽（尽心），尽之谓敬（恭敬），敬尽（极尽恭敬之心）然后可以事（侍奉）神明，此祭之道也。"尽管这里强调的好像只是祭祀的道理，其实，尽心、恭敬、诚信，这既是天子祭祀的模范表现，更是天子通过祭祀所要教化天下的内容。这里所谓的南郊、东郊、北郊，都是既有祭坛又有学校的地方。《周礼·春官宗伯第三·小宗伯》说："小宗伯之职，掌建国之神位：右社稷，左宗庙。兆（选定祭坛的位置）五帝于四郊。四望、四类亦如之。兆山川丘陵坟衍，各因其方。"《礼记·月令第六》说，每到立春、立夏、立秋、立冬之日，天子都要亲率三公、九卿、诸侯、大夫们，分别到东郊、南郊、西郊、北郊，举行相应的迎春、迎夏、迎秋、迎冬典礼。在典礼过后，宴请，酬劳，赏赐，抚恤群臣。《礼记·王制第五》说："天子命之教，然后为学。小学在公宫南之左，大学在郊。"的确，天子亲耕而祭祀，与天下祭祀而教化，有着莫大的关系。

《礼记·乐记第十九》引用孔子的话说，天下有五大教化。第一，散军而郊射，贯革之射息。第二，裨冕（穿裨衣、戴冕，诸侯卿大夫朝觐或祭祀时所穿礼服）搢笏（jìn hù，插笏，君臣朝见时均执笏，以记事备忘，不用时插于腰带上），虎贲之士说剑。第三，祀乎明堂，而民知孝。第四，朝觐，然后诸侯知所以臣。第五，耕藉（籍），然后诸侯知所以敬。这里的意思是说，解散军队，让贤能者在郊外的学校举行射礼，以军事为目的的射箭就停止了。群臣穿着礼服上朝和祭祀，武士们就可以放下战剑了。天子在明堂祭祀先祖，民众就知道什么是孝道了。按照时令朝见天子，诸侯就知道怎样遵守为臣之道了。天子亲耕籍田，诸侯就知道怎样敬事天地鬼神了。

《礼记·祭义第二十四》说："祀乎明堂，所以教诸侯之孝也；食三老五更于大学，所以教诸侯之弟也；祀先贤于西学，所以教诸侯之德也；耕藉，所以教诸侯之养也；朝觐，所以教诸侯之臣也。五者，天下之大教也。"这里所说的"天下五大教"，与上引孔子所说五大教化略有不同，但以"耕藉"为天下最大的教化之一，却是相同的。天子亲耕，重在礼，重在教，不在耕。这样就有了完全仪式化的"籍田礼"。

十

关于籍田礼的细节，《礼记·月令第六》是这样描述的："是月也，天子乃以元日祈谷于上帝。乃择元辰，天子亲载耒耜，措之于参（古代乘车，尊者在左，御者在中，一人在右陪乘，称之为参乘或车右）保（衣）介（甲）之御（驾车人）间，帅三公（太师、太傅、太保）、九卿（少师、少傅、少保、冢宰、司徒、宗伯、司马、司寇、司空)、诸侯、大夫,躬耕帝藉。天子三推,三公五推,卿、诸侯九推。反,执爵于大寝。三公、九卿、诸侯、大夫皆御,命曰劳酒。"

这段话说,每年孟春上旬,天子都要率领公、卿、诸侯及百官,来到郊外,下到田间,亲自推动耒耜,启动春耕。天子用自己的车,载上耒耜,让陪乘的参乘穿上甲衣,将耒耜放在参乘和御者之间,护卫着耒耜,以示神圣。天子率领三公、九卿、诸侯、大夫等群臣,来到天子的籍田。籍田是古代天子征用(借助)民力耕种的田,其收获专用于天子祭祀上帝,所以称之为"帝藉"。诸侯也有籍田,其收获专用作宗庙祭祀的粢盛,即盛在祭器内以供祭祀的谷物,黍稷曰粢,在器曰盛。举行籍田礼的时候,天子先将耒耜推三下,接着三公推五下,卿、诸侯推九下,由此一年之计的春耕就开始了。籍田礼毕,天子从田野驾车回到王城之后第二天,还要在其正殿举行酒宴,慰劳三公、九卿、诸侯、大夫等群臣,称之为"劳酒"。

二四 【菜】

从『释菜礼』说起

春 释 菜 奠

上面四个字，分别是小篆的春、释、菜、奠。

春，在中国古代社会不只是四季之一，更是一年之始，具有寄希望于未来的特殊象征意义，所以春季也是学子启蒙、学校开学的季节。

释，本义为辨识和放下，引申为解释和舍弃，用于祭祀先师的"释菜礼"，具有奉献、释道、解惑、增长见识等与教学相关的多重含义。

菜，本义采菜、采取、采集，用于祭祀先师的"释菜礼"，与"释"构成舍和取的相反关系，所以释菜礼又称"舍采礼"，舍弃的是菜，采集的是知识。

奠，本义指设置酒食用于祭祀，引用为"敬献"。所以释菜礼又称为"释奠礼"，二者的区别在于释菜礼敬献的是时令菜蔬，释奠礼敬献的是酒食。

据说释菜礼的缘起，是颜回采菜敬献给落难中的老师孔子，由此而言，所谓释菜礼，应该是顶礼活着的老师，而释奠礼则是祭祀先师。

二四　［菜］　从"释菜礼"说起

一

在古代，一年之计的春天，是在三大礼仪活动中开始的。

立春那天，天子要率领诸侯百官，在东郊举行"迎春礼"，人间的春天才算正式来到了。接下来，在正月第一个辛日之后的某个吉日，天子要率领诸侯百官，来到南郊，举行"籍田礼"，天子亲耕启动春耕，新一年的辛勤劳作开始了。迎春和春耕，还只是人间春天的序曲，真正的人间春天，是学校开学、学子入学，而开学从"释菜礼"开始。

二

所谓"释菜礼"，直白地说，就是开学的那一天，举行开学典礼，以菜为祭品，祭祀先师。不过，也有可能是学子们在开学的那一天，带上新鲜的时令蔬菜送给老师，以示敬意。《周礼·春官宗伯第三·大胥》说："大胥掌学士之版，以待致诸子。春，入学，舍采，合舞。"这意思是说，大胥是掌管学生花名册的学校教官，主要职责是点名召集学生。春季，学生入学，要举行释菜礼。入学后，要教学生舞蹈，练习动作整齐，符合音乐的节奏。

根据《礼记·月令第六》的说法，《周礼》这里所说的春入学，应该是在孟春正月。"是月也，命乐正入学习舞，乃修祭典。"相应，这里所说的释菜礼，则是在仲春二月。"上丁，命乐正习舞，释菜，天子乃帅三公、九卿、诸侯、大夫亲往视之。仲丁，又命乐正入学习舞（乐）。"这是说，春季第二个月（仲春）上旬的丁日，命令乐正到学校教习舞蹈，并举行释菜礼，天子率百官亲往观礼。中旬的丁日，又命令乐正到学校教习音乐。

《礼记·学记第十八》说："大学始教，皮弁祭菜，示敬道也。"从这段话中，可以管窥大学开学时举行释菜礼的情形。人们穿着皮弁礼服，如同当今西装革履，一个个正人君子模样，其庄重氛围可想而知。

三

古时候，不仅开学时要举行释菜礼，凡是新建的学校启用时，也都要举行包括释菜礼在内的一系列庄严的礼仪。《礼记·文王世子第八》说："始立学者，既兴（衅）器，用币，然后释菜，不舞不授器，乃退，傧于东序，一献，无介，语（旅）可也。"凡是新建的学校，先要"衅器"，这是一种血祭仪式，杀牲，用其血涂于新制成的器物缝隙中，以此祭祀。接着，"用帛（币）"作为祭品，行释奠礼。然后行释菜礼。行释菜礼的时候，不表演舞蹈，因此也不授予舞蹈的道具。释菜礼毕后，退到堂下，来到东厢房（东序）向宾客敬一献礼，不为宾客设往来于主宾之间的助理"介"。此时可行旅酬礼，宾主及宾客之间可以谈话交流。这里的"无介，语（旅）可也"，也可断句为"无介、语（旅），可也"，由此的意思则是不设介，不行旅酬礼，也是可以的。

四

古时候的开学礼，也称之为释奠礼。释奠礼与释菜礼的不同之处在于，释奠礼较为隆重，祭祀以牺牲玉帛，祭祀时必有乐舞，释菜礼则较为简便易行，祭祀仅以几棵青菜即可。什么时候的开学礼要用释奠礼，什么时候的开学礼要用释菜礼，可能决定于以下三种因素：一是国家太平则释奠，国有变故则释菜；二是天子太学则释奠，地方乡校则释菜；三是新学校第一次开学则释奠，老学校例行开学则释菜。

《礼记·文王世子第八》说："凡学，春官释奠于其先师，秋冬亦如之。凡始立学者必释奠于先圣、先师，及行事必以币。凡释奠者必有合也，有国故则否。凡有大合乐，必遂养老。"这里的意思是说，按照周礼的规定，凡学校，春季（开学）的时候，学官都要举行释奠礼，祭祀该校的先师。秋季和冬季开学时，也一样。凡是新建的学校，必须举行释奠礼，祭祀先圣和先师。祭祀时必须用帛（币），必须要演奏合乐（即歌合舞），如遇国家有变故，就不用演奏合乐了。如果在举行释奠礼的时候，演奏大合乐，必须同时在此举行养老礼。

五

在古代社会，视学，是天子的一项重要职责。所谓"视学"，是指天子于春、秋两季视察学校的教学和养老情况，并举行相应的祭祀活动。视学也因此是学校的一项重要礼仪，往往与释奠礼、释菜礼和养老礼结合起来举行。

《礼记·文王世子第八》说："天子视学，大昕（黎明）鼓征，所以警众也。众至，然后天子至。乃命有司行事，兴秩节，祭先师、先圣焉。有司卒事反命，始之养也。适东序，释奠于先老，遂设三老、五更、群老之席位焉。适馔省醴，养老之珍具，遂发咏焉。退修之以孝养也。反。登歌《清庙》，既歌而语，以成之也：言父子、君臣、长幼之道，合德音之致，礼之大者也。下管《象》，舞《大武》，大合众以事，达有神，兴有德也。正君臣之位，贵贱之等焉，而上下之义行矣。有司告以乐阕，王乃命公、侯、伯、子、男及群吏曰：反养老幼于东序。终之以仁也。"

这段话记述说，每逢天子要来学校视察时，黎明击鼓，叫醒学生，振作精神前来集合。等大家都到齐了，天子才到。于是命令学官（有司）履行职责，按照常礼程序，先祭祀先师、先圣。学官祭祀完毕后，向天子复命。

接下来举行养老礼。天子来到东序（《礼记·王制第五》有"夏后氏养国老于东序"，郑玄注：东序、东胶亦大学，在国中王宫之东），举行释奠礼祭祀先老。依礼设置三老、五更、群老的席位。天子一一察看为养老礼准备的食物、醴酒和菜肴等。在全都已经准备好了之后，命奏乐，迎请三老、五更和群老们入席。天子先退席，再捧着酒食给老人们献上，由此表达对老人们的孝养，然后再返回自己的席位上坐下。这时候，乐工上堂，先演唱《清庙》。欣赏完这一曲后，老人们就开始交谈起来，说的都是天子养老礼的意义，谈的都是恪守父子、君臣、长幼秩序的道理，与刚才演唱的《清庙》歌颂文王美德的内容十分吻合，这是养老礼最重要的部分。与此同时，堂下开始用管演奏《象》，表演舞蹈《大武》，这是表现武王伐纣的音乐和舞蹈。全体师生都来和着音乐跳舞，用这样的乐舞，通达神明，让有德的人兴盛，端正君臣之位，区分贵贱等级，遵循上下关系的规矩。

最后，学官（有司）向天子报告音乐结束，于是天子就命令公、侯、伯、子、男及众官吏们说：（你们）回到各自的地方后，都要在各自的学校举行养老礼。天子就这样以自己的仁心，让养老礼有始有终。

六

释菜礼在孔子时代之后，被历代学校以及书院所重视，由此扩展开来的祭祀功能，成为各类学校无一例外的教育内容的重要组成部分。这除了尊师敬老的原初传统之外，还有一个更重要的原因，就是宣示学校的教育宗旨——培养学子的穷通精神。当初孔子穷困陈蔡，颜回释菜敬师，这个千古佳话，是中国历代学校及书院最经典的励志教案，其穷通之道，通过释菜礼，在神圣庄严的氛围中，在先师先圣面前，深入每一个学士的灵魂，融入一代又一代儒子的血脉之中。

《庄子·杂篇·让王》记载说："孔子穷于陈蔡之间，七日不火食，藜羹不糁（sǎn，煮熟的米粒；shēn，谷类制成的小渣，如玉米糁），颜色甚惫，而犹弦歌于室。颜回择菜于外，子路子贡相与言曰：夫子再逐于鲁，削迹于卫，伐树于宋，穷于商周，围于陈蔡。杀夫子者无罪，藉（毁）夫子者无禁。弦歌鼓琴，未尝绝音，君子之无耻也，若此乎？颜回无以应，入告孔子。孔子推琴，喟然而叹曰：由（仲由，字子路，又字季路）与赐（端木赐，复姓端木，字子贡，同子赣），细人（浅薄的小人）也。召而来，吾语之。子路子贡入。子路曰：如此者，可谓穷矣！孔子曰：是何言也！君子通于道之谓通，穷于道之谓穷。今丘抱仁义之道以遭乱世之患，其何穷之为！故内省而不疚于道，临难而不失其德。大寒既至，霜雪既降，吾是以知松柏之茂也。陈蔡之隘，于丘其幸乎！孔子削然反琴而弦歌，子路扢（xì，喜悦）然执干而舞。子贡曰：吾不知天之高也，地之下也。古之得道者，穷（贫穷）亦乐，通（显达）亦乐。所乐非穷通也，道德（明白了道理）于此，则穷通为寒暑风雨之序（自然的变化）矣。故许由（不接受尧的禅让，隐居于颍水之阳，今洛阳南）娱于颍阳，而共伯得志乎丘首。"

这个极具戏剧性的故事，犹如禅宗的"公案"，是由"菜"作为"话头"提起来的。小小的几棵青菜，引出了君子之道的重大命题，"通于道之谓通，穷于道之谓穷"。在孔子看来，这样的穷通观，正是君子与小人的区别。从这个意义上来说，君子是为道而存在的，而小人是为生活而活着的。君子的穷通观，决定了君子的修养，"内省而不疚于道，临难而不失其德"。这也决定了君子的命运，并塑造了君子的形象，正如孔子在《论语·子罕第九》中所说，"岁寒，然后知松柏之后凋也"，"知者不惑，仁者不忧，勇者不惧"。在《论语·子罕第九》中，这两句话并非孔子对同一事件的先后评说，但是，用在这里却恰到好处。"不惑、不忧、不惧"，说的正是孔子穷困于陈蔡"临难而不失其德"的君子之风。岁寒的命运，松柏的形象，正是集"智者、仁者、勇者"三者于一身的君子写照。自从孔子以后，学校，被认为首先是培养君子的地方，准确地说，是培养精神贵族的地方。释菜礼，便因此具有了特殊的象征和隐喻意义。"菜"，也因此可说是中国古代学校一枚最好、最美的精神贵族徽章。

七

《庄子·杂篇·让王》记述的这段孔子师生的"穷通"佳话，历代儒子对其都有快乐的演绎。"释菜"，在很多时候成为了儒士们引以为傲并聊以自慰的快乐源泉。在2500多年总体上"岁寒"而"穷困"的历史岁月中，正如孔子需要颜回"释菜"的慰藉，历代君子们也都需要"释菜"的集体记忆以充饥取暖。这样一来，学校及书院以"释菜礼"作为开学的第一仪式，就具有了几分悲凉的意味。

二四 [菜] 从"释菜礼"说起

或许正是这样的悲凉,才能更好地激励学子发愤读书,而且可以收到立竿见影的励志效果。被孔子叹息为"细人"的子路,"扢然执干而舞",而误解孔子"不知耻"的子贡也幡然醒悟,从此才知天高地厚。

反观古代学校春季以"释菜"开学,以"合舞"为第一课,这与当年颜回释菜、子路起舞、子贡感悟、孔子弦歌的情景极为相似。或许可以说,孔子师生在乍暖还寒的春天,受困于陈蔡而言穷通之志的这个场景,是中国教育史上第一次最为经典的"释菜礼"。

关于这"第一次"释菜礼,汉代应劭的《风俗通义·卷七·穷通》[1]是这样演绎的:"孔子困于陈、蔡之间,七日不尝粒,藜羹不糁,而犹弦琴于室。颜回释菜于户外,子路、子贡相与言曰:夫子逐于鲁,削迹于卫,拔树于宋,今复见厄于此。杀夫子者无罪,藉夫子者不禁。夫子弦歌鼓儛,未尝绝音。盖君子之无耻也若此乎?颜渊无以对,以告孔子。孔子恬然推琴,喟然而叹曰:由与赐,小人也。召,吾语之。子路与子贡入。子路曰:如此可谓穷矣。夫子曰:由,是何言也?君子通于道之谓通,穷于道之谓穷。今丘抱仁义之道,以遭乱世之患,其何穷之为?故内省而不疚于道,临难而不失其德。大寒既至,霜雪既降,吾是以知松柏之茂也。昔者,桓公得之莒,晋文公得之曹,越得之会稽,陈、蔡之厄,于丘其幸乎!自卫反鲁,删诗、书,定礼、乐,制春秋之义,著素王之法,复相定公,会于夹谷,昭旧以正其礼,抗辞以拒其侮,齐人谢过,来归郓、讙、龟阴之田焉。"这段文字,与前引《庄子·杂篇·让王》的文字,基本雷同,最关键的部分,只有一字之差,这就是将"择"菜,

---

[1] 见中华书局1981年版王利器校注《风俗通义校注》。

改成了"释"菜。于是颜回一个人的动作,便成了整个社会的学校礼仪。有人诠释说,在古代,择,通释。其实,这两个字不通更有味道,从择菜,到释菜,是从师生个人情谊到学校教育宗旨的礼仪性转变。这个转变,所具有的历史文化价值和意义,不是择与释字义相通可以完全承载的。

二五 师【师】

从『孔子问官』说起

以上三个字,分别是小篆的官、师、帅。这三个字的现代字形及其意义,可谓风马牛不相及。但在古代,这三个字从字形上就可以看得出来,都有同一个意为"众"的偏旁部首,其含义都在于"治众"。

官,象众人同在一个屋顶的覆盖之下。聚众者官。

师,象众人聚集在土丘。众者为师。一师二千五百人。

帅,率众者为帅。

在古代社会,凡能够"治众"者,一定是以身作则的人。所以能为百姓效法者才能为官,能为人民模范者才能为师,能为士兵表率者才能为帅。这样,官就与法有了联系,官就是法,就是百姓效法的榜样。同样,师就与范有了联系,师就是范,师范具有如同法则一样的权威。帅,常用义为表率,率先,率领。所谓"率(lǜ)",本义效率的"率",即必须效法的法令。

二五 [师] 从"孔子问官"说起

一

唐代大儒韩愈在《师说》①中说:"师者,所以传道受业解惑也。"由此说开来,传道之人必先有道,受业之人必先精业,解惑之人必先不惑,否则,何以为师?显然,符合这"三先"标准的"先师",非圣即贤,绝非等闲之辈。孔子就是这样的"先师",而且是"至圣先师"。

为什么说孔子是"至圣先师"?"圣"和"师"有什么关系?《孟子·尽心下》说:"圣人,百世之师也,伯夷、柳下惠是也。"可见,老师不一定是圣人,圣人一定是老师。最早认为孔子是圣人的,是孔子的学生,但孔子自己并没有接受这个恭维之词。《孟子·公孙丑上》记载说:"昔者子贡问于孔子曰,夫子圣矣乎!孔子曰,圣则吾不能,我学不厌而教不倦也。"最早确认孔子就是圣人的,是孟子。《孟子·公孙丑》将孔子与伯夷、伊尹等并称为"古圣人",而且还反复强调说,"自有生民以来未有孔子也","自生民以来未有夫子也","自生民以来未有盛于孔子也"。这意思是说,像伯夷、伊尹以及尧、舜等这些可为百世之师的圣人,在过去有很多个,在将来也会有很多,但无论是百世之前还是百世之后,在所有的圣人中,像孔子这样前无古人后无来者的,只有一个,"由百世之后等百世之王,莫之能违也"。这当然可说是"至圣"了。

二

最早将孔子称为"至圣"的,可能是司马迁。他在《史记·卷

---

① 见《韩愈全集校注》。

四十七·孔子世家第十七》中以太史公的口气说："自天子王侯，中国言六艺者折中于夫子，可谓至圣矣！"这里是说，孔子的学说被后世普遍尊崇为判断学术价值的标准，所以说孔子是至圣。

此前，《孟子·万章下》也从中国思想文化的学术价值高度，对孔子毋庸置疑的"学术之圣"地位予以了精辟的描述。孟子指出，与其他几位圣人相比较，孔子作为圣人最突出的特点，在于其思想文化成就。孟子说："伯夷，圣之清者也。伊尹，圣之任者也。柳下惠，圣之和者也。孔子，圣之时者也。孔子之谓集大成，集大成也者，金声而玉振之也。金声也者，始条理也；玉振之也者，终条理也。始条理者，智之事也；终条理者，圣之事也。"这里的意思是说，中国古代的学问，只是到了孔子这里，才第一次集大成为知识体系。这里所说的"集大成"，显然不只是对古代文献资料的简单搜集和罗列，而是有条有理，有来龙去脉，有思想贯穿，有体系的"系统集成"。

三

历史上，最早封孔子为圣的，是孝文帝，他于北魏太和十六年（公元 492 年）称孔子为"文圣"。最早将孔子封为"先师"的时间，是隋文帝杨坚开皇元年（公元 581 年）。最早封孔子为"先圣"的，是唐太宗李世民，时间是贞观二年（公元 628 年）。后来，宋真宗于大中祥符元年（公元 1008 年）封孔子为"玄圣"。最早封孔子为"至圣"的，是宋真宗，时间是大中祥符五年（公元 1012 年）。最早封孔子为"至圣先师"的，是明世宗，时间是嘉靖九年（公元 1530 年）。

四

韩愈的《师说》开宗明义:"古之学者必有师"。这也就意味着,即便是"至圣先师"的孔子,也有其先圣先师。的确,按照韩愈的说法,孔子至少师从过四位名师:"孔子师郯(tán)子、苌(cháng)弘、师襄、老聃(dān,耳大而长)。"至于孔子还有可能请教过的其他不知名的"先师",就难以统计了。韩愈说:"圣人无常师","弟子不必不如师,师不必贤于弟子"。《论语·述而第七》说:"三人行,必有我师焉。择其善者而从之,其不善者而改之。"善或者不善,在孔子这里,以孔子的智慧,都可以是师。由此而言,按照韩愈和孔子的老师标准,孔子的三千弟子,也都算得上是孔子的老师。

那么,韩愈在《师说》中为什么单单要列举以上四位有名有姓的老师呢?孔子的这四位老师,既非圣贤,也非全才,孔子之所以拜他们为师,主要是基于"闻道有先后,术业有专攻"的师从观,这与韩愈在同一篇文章中所说的"道之所存、师之所存"的老师定义在侧重点上有所不同。

《史记·卷四十七·孔子世家第十七》说"孔子学鼓琴师襄子。"《孔子家语·辨乐解第三十五》说师襄"以击磬为官,然能于琴"。看来,孔子拜师襄为师,是因为师襄术业有专攻。

《孔子家语·观周第十一》记载说,孔子年轻的时候,专程到洛邑观周,"问礼于老聃,访乐于苌弘"。行前,孔子对人说:"吾闻老聃博古知今,通礼乐之原,明道德之归,则吾师也,今将往矣。"看来,孔子拜老子为师,是因为老子闻道在先。

西汉刘安的《淮南子·卷十三·氾论训》[①] 说:"昔者,苌弘,周室之执数者也。天地之气,日月之行,风雨之变,律历之数,无所不通,然而不能自知,车裂而死……苌弘知天道而不知人事。"看来,孔子拜苌弘为师,是因为其博学多才。在苌弘那里,孔子懂得了乐合同的道理,了解到周武王的"武乐"以舞息兵的教化作用,也知道了它尽美而不尽善的局限,更知道了虞舜的"韶乐"尽善尽美的境界,以至于后来在齐国真正听到韶乐的时候,竟如痴如醉,三月不知肉味。

孔子的另一位老师是郯子,在曲阜孔庙的《圣述图》中,有一则故事,叫"学于郯子"。孔子向郯子问官,而郯子告诉他说,官就是师,师就是官。的确,"师"最早是古代中国官员的通称。中国自有"官"开始,就以师"设"官,以师"名"官。师也,众也;官也,众也。"师"与"官"通。

五

郯子是中国著名的二十四大孝子之一,其"鹿乳奉亲"的传奇故事,在古代中国家喻户晓。但郯子不只是一个孝子,还是郯国的国君。尽管郯国只是鲁国诸多属国中的一个区区小国,但郯子却以仁德治国和广博的学识与才华在春秋列国中赫赫有名。据《春秋左传·昭公十七年》记载,公元前 525 年秋天,郯子第二次来鲁国朝见,鲁昭公与他饮宴的时候,鲁大夫叔孙昭子在座,席间请教郯子:过去少皞(昊)氏为什么要用鸟来设置官职并用鸟来命名呢?

郯子骄傲地说,这个我知道,因为少皞是我的祖先。鲁国是传

---

① 见北京大学出版社 1997 年版张双棣撰《淮南子校释》。

说中的少皞氏故地。少皞氏（约公元前 3000 年）相传是黄帝之子，是远古羲和部落的后裔，东夷各部落联盟的首领，后来被尊奉为远古华夏"三皇五帝"中的"五帝之首"。据说，少皞氏生于穷桑（今山东省曲阜市），故称穷桑氏；因葬于云阳山（曲阜城东高阜），故称云阳氏；死后尊为主管西方的天神，西方属金，故称金天氏；因继承其先祖太皞伏羲氏领导羲和部落，故称少皞，也作少昊、少皓、少颢、小昊。少皞氏因善于治水和农耕，使羲和部落得以在东夷各部落中成为最早走向文明社会的"方国"之一，最初建少皞国于今山东日照一带，后建都曲阜。

郯子对鲁国人娓娓道来。昔日黄帝氏以云纪事，便"以云为师"，也就是说，各部门官长均以"云"来命名，通称为"云师"。同样，炎帝氏以火纪事，便"以火为师"，当时的各类官职，便命名为各类"火师"。共工氏以水纪事，便"以水为师"，当时的各类官职，就分别为各种"水师"。太皞氏以龙纪事，便"以龙为师"，当时的各类官职，就分别为各种"龙师"。少皞氏即位的时候，正好有凤鸟飞来，便用鸟纪事，"以鸟为师"，当时的各类官职，便分别以各种鸟的名称命名并分职。比如，玄鸟氏掌管春分和秋分时节的事务，伯赵（即伯劳鸟）氏掌管夏至和冬至时节的事务，青鸟氏掌管立春和立夏时节的事务，丹鸟氏掌管立秋和立冬时节的事务，此外还有"五鸠"分别掌管五个方面的百姓事务，"五雉"分别掌管五个方面的工艺等等。

好学的孔子当时还只有二十七岁，在鲁国做个小官，听说了这件事，就赶去拜见郯子并向他求教。见过郯子后回来，孔子感叹道：我过去只是听说过天子身边的史官失职，学问都流散在周边的小国了，现在我从郯子这里看到了，还真是这样的。

《春秋左传·昭公十七年》记述的这个故事，原文是这样的：

"秋，郯子来朝，公（鲁昭公）与子宴。昭子问焉，曰：少皞氏鸟名官，何故也？郯子曰：吾祖也，我知之。昔者黄帝氏以云纪，故为云师而云名。炎帝氏以火纪，故为火师而火名。共工氏以水纪，故为水师而水名。太皞氏以龙纪，故为龙师而龙名。

"我高祖少皞挚（少皞名挚）之立（即位）也，凤鸟适至，故纪于鸟，为鸟师而鸟名。凤鸟氏，历正也。玄鸟氏，司分（春分、秋分）者也。伯赵氏，司至（夏至、冬至）者也。青鸟氏，司启（立春、立夏）者也。丹鸟氏，司闭（立秋、立冬）者也。祝鸠氏，司徒也；鴡鸠氏，司马也；鸤鸠氏，司空也；爽鸠氏，司寇也；鹘鸠氏，司事也。五鸠，鸠（聚集）民者也。五雉（zhì，本意野鸡），为五工正，利器用，正度量，夷（平均）民者也。九扈（hù，本意为鸟，引申尾随，扈从），为九农正，扈（制止）民无淫者也。自颛顼以来，不能纪远，乃纪于近，为民师而命以民事，则不能故也。仲尼闻之，见于郯子而学之。既而告人曰：吾闻之，天子失官，学在四夷，犹信。"

从郯子介绍三皇五帝"以云为师""以火为师""以水为师""以龙为师""以鸟为师"的情形来看，中国古代最早的"师"，都是些与众不同的半神半人。的确，《周礼·春官宗伯第三·大宗伯》也说："以槱燎（yǒu liáo，以牲置柴堆上焚之，扬其光焰上达于天）祀司中、司命、风师、雨师。"《屈原·离骚》中也说："雷师告余以未具。"这些能够呼风唤雨、震雷闪电的神，无一不是被初民的想象赋予了特异功能的英雄。黄帝、炎帝、大禹、共工、蚩尤……他们一开始都是这种半神半人的"英雄之师"，后来才由"师"变成了"王"。

六

在没有王的时代，这些半神半人的师就是王。王者，民之师。到了有王的时代，这些神通广大的师，转而成为王的官，官者，王之师。从王"为人之师"，到王"以人为师"，这是中国古代社会的一个文明转折点，一个个自成一体的单独部落从此走向多部落聚合的聚落社会。这个聚落社会所需要的，不再只是具有单一超能的英雄而独师天下，而是需要一个在许多方面都能够与天地沟通的神通广大的"师的集体"。

在《春秋繁露·卷第六·立元神第十九》中，董仲舒说："天积众精以自刚，圣人积众贤以自强。天序日月星辰以自光，圣人序爵禄以自明。天所以刚者，非一精之力；圣人所以强者，非一贤之德也。故天道务盛其精，圣人务众其贤。"在《春秋繁露·卷第七·考功名第二十一》中，董仲舒又反复强调说："天道积聚众精以为光，圣人积聚众善以为功。故日月之明，非一精之光也；圣人致太平，非一善之功也。"在董仲舒看来，圣王只有积聚并借助于"众精""众善"的集体力量，才能承天受命，恩被天下。这个"众精""众善"集体，就是中国上古最早的官僚体系雏形，名之为师。

七

师，从远古时期的半神半人，经过先王时期，逐步成为半神半官，到了周成王时期，又转而成为半官半师，即具有官员身份的专职太师。太师，大概可以说是中国古代最早的专职教师，也是中国自古以来最高荣誉的官衔教师。

《尚书·周书·周官》中记载了成王立太师、少师等三公、三孤的事:"立太师、太傅、太保,兹惟三公。论(阐明)道经(治理)邦,燮(xiè)理(调和)阴阳。官不必备,惟其人。少师、少傅、少保,曰三孤。贰公弘化,寅亮天地,弼予一人。"成王的意思是说,我要立三公、三孤,以他们为师,让他们辅佐我。对此,《尚书正义·卷第十八·周官第二十二》[①]中解释说:"师,天子所师法;傅,傅相天子;保,保安天子于德义者。"总而言之,师,到了周成王这里,被冠之以太师、少师等头衔,成为专属于天子的御用教师,备受尊敬和重用。以三公、三孤为代表的师,组成了拥有最高教育特权的御用教官团,其职责是守候在帝王身边,负责随时教训帝王,教导国君,教养国子弟。

如前所见,这"三公""三孤"作为官职,只立人,不设官署。"官不必备,惟其人。"对此,《尚书正义》的解释说:"三公之官不必备员,惟其人有德乃处之。"意思是说,成王要的不是官僚服务机构,而是身边可以师范的道德楷模。三公由于德高,才能胜任三公的职责。可见,成王以三公为师,实质是以德为师。一位有德之师,抵得上一个官员众多的政府衙门。

其实,不只是周成王设三公、三孤,此前的先王都是如此。太傅、少傅不只是天子的老师,同时也是太子的老师。《礼记·文王世子第八》说:"虞夏商周有师、保,有疑、丞。设四辅及三公,不必备,唯其人。""凡三王教世子,必以礼乐……立大傅、少傅以养之。""大傅在前,少傅在后,入则有保,出则有师,是以教喻而德成也。师也者,教之以事,而喻诸德者也。保也者,慎其身以辅翼之,而归诸道者也。""德成而教尊,教尊而官正,官正而国治。"总

[①] 见北京大学出版社 2000 年版李学勤主编整理本《十三经注疏》之《尚书正义》。以下凡出现《尚书正义》书名,均指此版本,不再一一说明。

而言之，天子"以德为师"，国家"以师为官"，万民"以官为师"，"师"之所以在古代社会受到如此尊重，根本的原因在于"德"。

八

《通典·卷五十三·大学》说："大学之礼，虽诏于天子，无北面，所以尊师也。"这句话是说，大学最重要的礼节，就在于尊师。在大学里，即便是天子来听老师讲课，也要以师为尊，而不是以王为尊，不能像在朝廷上那样，让老师处于臣子的位置朝北面对天子。这里引用了《大戴礼记·武王践阼》的故事，来说明古代的天子们是怎样尊师的："尊师，重道焉，不使处臣位也。武王践阼，召师尚父而问焉，曰：昔黄帝、颛顼之道存乎？意亦忽而不可见与？师尚父曰：在《丹书》，王欲闻之则斋矣。王斋三日，端冕。师尚父亦端冕，奉书而入，负屏而立。王下堂南面而立。师尚父曰：先王之道不北面。王行西折而南，东面而立。师尚父西面道书之言。"这个故事说，周武王即位后的第三天，召集士大夫们询问他们，有没有内涵简明、要言可行、万世可则的箴言。大夫们都说没有听说过。于是便召请师尚父来，问他说，先前的黄帝、颛顼有没有大道的至理名言流传下来？抑或也只是隐约听说而不见经传？师尚父说，有啊，在《丹书》中有记载。不过，如果王上想要听到的话，必须先斋戒。于是武王便斋戒了三天，然后穿戴好冕服，来听师尚父讲先王之道。师尚父也穿戴好冕服，捧着书走进来，靠着屏风站在那里。武王走下堂，对着南面站着。师尚父说，先王之道，不可以面向北方讲读。于是武王只好向前走然后转过身来，面向东方，师尚父则面向西方，向武王诵读《丹书》中先王之道的至理名言。这个有趣的故事，借了先王之道，来为教师赢得尊重，这也说明了教师之所以值得尊重，是因为教师是先王之道的代言人。

九

在古代社会，还有一种特别的教师官职，称之为"师氏"。《周礼·地官司徒第二·师氏》说："师氏掌以媺（美）诏王。"这意思是说，师氏这个官职，负责将美德行政的标准告诉王（天子和国君）。这也就是说，"师氏"不同于"太师"在天子身边参政议政，而是"安插"在天子身边的"纠察"，其职责类似于督查军人风纪的宪兵，专门纠察天子的行为。为此，师氏"居虎门之左，司王朝"。每当王临朝时，师氏就站在虎门外的左边（东边），观察王处理朝政是否合乎善道和礼节，并随时可以上前诏告。不仅如此，还有："凡祭祀、宾客、会同、丧纪、军旅，王举则从。听治亦如之。"凡是王（天子和国君）离朝或出境出席各种活动以及在野外听政，师氏也都要像在国中那样，在王身边，观察王处理朝政。

相比师氏负责"以媺（美）诏王"的特权，古代社会还有一种更为特殊的教师，这就是"保氏"。保氏的职务是负责"谏王恶"，专门负责劝谏王的过失。《周礼·地官司徒第二·保氏》说："保氏掌谏王恶。"这样的老师，周代之后似乎就再也没有见过了。

二六  【化】

从『邦教』说起

化 治 校 效 教 政

上面六个字，分别是小篆的化、治、校、效、教、政。在古代社会，这六个字是同义词，同有"教"义，或者说是同一个体系，同为"教"。化就是治，治在于校正，校正需要榜样，以官和师为榜样让民众效法就是教，教就是政，政就是正，正是教化的目的和功能。

化，变化，风化，教化，文化。

治，治水，治学，治安，治理，整治。

校，本义木囚，一种刑具；校正，考查。

效，同校，考查；效法，仿效，学习。

教，上行下效谓之教。

一

与现代"学校教育"不一样，古代社会的教育，严格意义上说，是一种"社会教化"。《周礼·地官司徒第二·叙官》开宗明义说："乃立地官司徒，使帅其属而掌邦教，以佐王安扰邦国。"这里的

"邦教",可以解读为"国家教育",但解读为"全民社会教化"可能更为准确。这可以从三个方面来理解:一是教育的性质和目的,在于"社会教化",与之相适应,国家祭祀和乡里议事的各种场所,都是教育场所。二是教育的对象和方法,在于"社会养成",国家政务和家庭事务的日常过程,也都是教育过程。三是学校的任务和功能,在于"社会效法",学校是社会政治功效和社会道德效法的复合体。

二

按照《周礼·地官司徒第二·叙官》的说法,地官的一部分功能,相当于国家教育部,而地官的总长官大司徒,其职务的一部分,相当于社会教育部长,其直接管理的部下,通称为"教官",包括大司徒、小司徒、乡师等。不仅如此,各级地方官员也都归于地官之列,当然也都是"教官之属"。由此而言,中国古代教育是由"地官"这个系统负责组织实施的。顾名思义,既然这些地官是"教官",而不是"教师",其教育就更多的是指"政教",而不是"学校教育"。事实也的确如此:各级地方长官亲自担任"教官",其主要工作的确不是"学校教育",而是社会教化。相应的教育体制,可以称之为"教官政教体制"。

这些身为教官的地方官员,组成了一个庞大而有效的社会教化系统,渗透到社会最底层,涉及生活的方方面面。这些教官,既有掌管都郊六乡各级政教的乡师、乡老、乡大夫(五州为乡,一万二千五百家)、州长(五党为州,二千五百家)、党正(五族为党,五百家)、族师(四闾为族,百家)、闾胥(五比为闾,二十五家)、比长(五家为比)等,也有掌管郊(外)野(地)六遂各级政教的遂人、遂师、遂大夫(五县为遂,一万二千五百家)、县正

（五鄙为县，二千五百家）、鄙师（五酂为鄙，五百家）、酂长（四里为酂，百家）、里宰（五邻为里，二十五家）、邻长（五家为邻）等。

三

《周礼·地官司徒第二·小司徒》记载说："小司徒之职，掌建邦之教法。"《周礼·地官司徒第二·乡师》记载说："乡师之职，各掌其所治乡之教，而听其治。"《周礼·地官司徒第二·乡大夫》记载说："乡大夫之职，各掌其乡之政教禁令。"可见，地官大司徒及其教官之属，的确掌握教典和教法，但考其实际作为，大都与现代意义上的学校教育毫无关系，主要是"体国经野"，即随时掌握一方土地和人口的变化，以此核定合理的贡税，其具体工作，如《周礼·地官司徒第二·大司徒》所记，大都是些琐碎的日常行政事务。

"以天下土地之图，周知九州之地域广轮之数。辨其山、林、川、泽、丘、陵、坟、衍、原、隰（xí，低湿的地方）之名物。""以土宜之法，辨十有二土（古人以一周天由西向东划分为十二等份，即十二次，与之对应，地上分为十二土）之名物，以相民宅，而知其利害，以阜人民，以蕃鸟兽，以毓草木，以任土事。辨十有二壤之物，而知其种，以教稼穑树蓺。""颁职事十有二于邦国都鄙，使以登（就业）万民：一曰稼穑（种谷物），二曰树蓺（种果木），三曰作材（林泽物产），四曰阜蕃（畜牧），五曰饬材（手工艺），六曰通财（商贸），七曰化材（纺织），八曰敛材（采集），九曰生材（雇工），十曰学艺（培训），十有一曰世事（家传技艺），十有二曰服事（官府供职）。"

这表明，地官以全民为政教对象，以保民、养民、安民为政教目标。这样的"民生政教"创举，实在难能可贵，恐怕只有周代才有。

《周礼·地官司徒第二·大司徒》说："辨（山林、川泽、丘陵、坟衍、原隰）五地之物生"，"因此五物者民之常，而施十有二教焉。一曰以祀礼教敬，则民不苟。二曰以阳礼（乡射礼、饮酒礼）教让，则民不争。三曰以阴礼（婚礼）教亲，则民不怨。四曰以乐（礼）教和，则民不乖（乖戾）。五曰以仪辨等（上下尊卑），则民不越（僭越尊卑等级）。六曰以俗教安，则民不偷（偷，逾越）。七曰以刑教中（遵守礼法），则民不虣（同暴）。八曰以誓（誓戒）教恤（慎），则民不怠。九曰以度教节，则民知足。十曰以世事（才艺）教能，则民不失职。十有一曰以贤制爵，则民慎德。十有二曰以庸（功）制禄，则民兴功。"《周礼·地官司徒第二·大司徒》又说："以保息六，养万民：一曰慈幼，二曰养老，三曰振穷，四曰恤贫，五曰宽疾，六曰安富。""以本俗六，安万民：一曰美宫室，二曰族坟墓，三曰联兄弟，四曰联师儒，五曰联朋友，六曰同衣服。"这表明，周代社会以天下土地的公平给养为"民生政教"的基础，以正确引导全社会的生产方式和生活风尚为"民生政教"重点，由此以教行政，以政行教，这样的"政教"和"政治"，不可谓不得民心。

四

综观以上引述，中国古代的社会教化，到了周代，形成了一整套周全的体系，其特点显而易见：第一，其形式是弥漫式的，涉及国家治理和社会规范的方方面面；第二，其方法是渗透式的，融合在日常生产、生活的每一个环节与细节之中；第三，其教学活动顺应季节和时序的变化，是随机的；第四，"十二名物""十二职事""十二教""保息六""本俗六"等等社会教化的纲目、科目乃至课程，是简单明了的。《周礼·地官司徒第二·大司徒》说："以乡三物（德、行、艺）教万民，而宾兴之（举贤荐能，并以宾客之礼向推举出来的贤者敬酒）。一曰六德：知、仁、圣、义、忠、和。二曰六行：孝、友、睦、姻、任、恤。三曰六艺：礼、乐、射、御、书、数。"经过这样的归纳和归类，"三物""六德""六行""六艺"，就让混杂的社会教化内容清晰起来，进而为无边界的社会教化走向专门化的学校教育，打通了历史发展的必要通路，也为日渐完善的学校教育"以课程和教材为中心"，做好了必要的准备。

五

古代社会的"民生政教"，从社会教化向学校教育的演变，首先在贵族子弟（国子弟）教育上体现出来，这就是从"教养保育"向"课程教育"转变。

根据《周礼·地官司徒第二·师氏》记载，师氏作为"王"的御用教师："掌国中失之事，以教国子弟。凡国之贵游子弟学焉。"这也就是说，师氏一方面负责指导和纠察"王"的行为，一方面将"王"及国家行为中符合礼和不符合礼的正反两方面经验教训作为教学案例，用以教导国子弟。国中那些还没有担任职务的"贵游"子弟，都要参加学习。这可能是中国最早的案例教学法，其案例内容，主要有两大系列。一个是"三德"系列："一曰至德，以为道本；二曰敏德，以为行本；三曰孝德，以知逆恶。"另一个是"三行"系列："一曰孝行，以亲父母；二曰友行，以尊贤良；三曰顺行，以事师长。"

与师氏的案例教学法大致相当，保氏搜集"谏王恶"的反面教训，以此为借鉴，"养国子以道"。此外，还要对国子弟进行旨在促进他们全面发展的"六艺""六仪"等素质教育。

所谓"六艺"，其实有三十六门课程："一曰五礼，二曰六乐，三曰五射，四曰五驭，五曰六书，六曰九数。"所谓"六仪"，其实是行为教育，包括六个方面的课程："一曰祭祀之容，二曰宾客之容，三曰朝廷之容，四曰丧纪之容，五曰军旅之容，六曰车马之容。"

六

如前所见，说中国最早的教育，是民生政教，即以政令施教而安民，并以政教移风易俗而行社会教化，这似乎没有太大的疑义。但如果要说中国古代的政教及社会教化是宪法教育，这样的说法，可能会让很多人惊诧，但宪法教育的确是中国古代社会化教育的一大特色。

什么是宪法？宪法就是悬法，即悬挂示众的法令。《康熙字典》说，"悬法示人曰宪"，"从心从目：观于法象，使人晓然知不善不害；接于目，怵于心，凛乎不可犯也"。这里的解释，似乎源于《周礼》。《周礼·地官司徒第二·大司徒》描述说：大司徒于"正月之吉，始和（在全国范围）布教（颁布本年度国民教育法则）于邦国都鄙，乃县（悬挂）教象之法（宪法）于象魏（城阙的观楼），使万民观教象，挟日（过十天）而敛之。乃施教法于邦国都鄙，使之各以教其所治民。"

以上说的是颁布"国家宪法"的情形。下面这段话是说地方官员"贯彻宪法"的情形。《周礼·地官司徒第二·乡大夫》描述道：乡大夫于"正月之吉（正月初一），受教法于司徒（从大司徒那里接受本年度新颁布的国民教育法则），退而颁之于其乡吏，使各以教其所治（治理的民众），以考其（当地民众）德行，察其道艺"。

百姓有百姓的宪法，王宫也有王宫的宪法。无论百姓还是王公贵族，都要受到宪法的警示，并且依照宪法接受纠察。《周礼·天官冢宰第一·小宰》说："正岁，帅治官之属，而观治象之法（悬挂在象魏之上的法典，即宪法），徇（巡行）以木铎，曰：不用法者，国有常刑。乃退，以宫刑（有关王宫的刑法）宪（悬挂在王宫），禁（纠察违反禁令者）于王宫。令于百官府曰：各修乃职，考乃法，待乃事，以听王命。其有不共（尽职），则国有大（重）刑。"

七

社会教化与学校教育最大的不同，在于社会教化更加重视"教训"，即训导人的行为，而学校教育更注重知识的传习。社会教化的这一"教训"特征，体现在古代天子及其国子弟的御用教师们的分工上尤为明显。如前所述，师氏重在"教导"，保氏重在"教养"，而天子的另外两种教官土训和诵训则重在"教训"。

《周礼·地官司徒第二·土训》说："（土训）掌道地图，以诏地事。道地慝（tè，隐藏的恶），以辨地物而原其生，以诏地求。"这是说，土训相当于国土和物产方面的专家，跟随在君王身边，专门负责为君王解说一个地方的地图、物产和禁忌，告诉君王，什么是因地制宜的事，哪些是应时而生的可求之物，如果行事和索求不因地应时，会遭到什么样的恶果。

《周礼·地官司徒第二·诵训》说："（诵训）掌道方志，以诏观事。掌道方慝，以诏辟忌，以知地俗。"诵训相当于地方志和民俗方面的专家，跟随在君王左右，专门负责为君王解说四方的历史文化和各地的风俗,告诉君王什么要注意什么样的忌讳,怎样行事才能避讳。

八

中国古代社会的教化,有一个特别的现象,就是"上下有别"。教化之于王,是以德师王,重在礼乐;教化之于民,是以法司民,重在刑罚。与此相应,特设师氏、保氏、土训、诵训等御用教师,专门负责王及王室的教化;特设司谏、司救、司市等官职,专门负责对地方官员和广大民众实施教导、教养和教训。不难看出,同样是行使教化的职能,教化王及王室的官职以"师"相称,教化地方官员和民众的官职以"司"命名。透过"师"和"司"两者的微妙差别,可以想见什么是《礼记·曲礼上》所说的"刑不上大夫,礼不下庶民"。

《周礼·地官司徒第二·司谏》说:"司谏掌纠万民之德而劝之朋友,正其行而强之道艺,巡问而观察之,以时书其德行道艺,辨其能而可任于国事者。"可见,司谏实施社会教化,重在正面引导,犹如当今社会的主流媒体,重在从平凡的世界发现和树立不平凡的榜样,致力于以"正能量"教化人民。

《周礼·地官司徒第二·司救》说:"司救掌万民之邪恶(不尊重长者、言语伤人之类)、过失(酗酒争讼、误伤人之类),而诛(谴责)让(责问)之,以礼防禁而救之。凡民之有邪恶者,三让而罚(鞭挞),三罚而士加明刑(去掉冠饰,背上耻辱牌),耻诸嘉石(坐——双膝跪地,把臀部靠在脚后跟上——在外朝门左的嘉石上示众),役诸司空(交给司空服劳役)。其有过失者,三让而罚,三罚而归于圜(yuán)土(相当于当今的监狱)。""凡岁时有天患民病,则以节（古代官员巡视时需持旌节以为凭信，旌以专赏，节以专杀）巡国中及郊野，而以王命（以君王的名义）施惠。"与司谏的工作相反相成，司救这个官名中的"救"字，含有双重职责，不仅要救灾济民，更要拯救有过失的人。司救的主要工作在于"防"，即"以礼防禁"，其主要任务是通过"三让而罚"抓反面典型，为民众提供反面教训。

《周礼·地官司徒第二·司市》说："司市掌市之治、教、政、刑、量度、禁令。……以政令禁物靡（奢侈品）而均市（商品结构合理），以商贾阜货而行布（钱币流通），以量度成贾而征儥（yù，卖，招商），以质剂结信而止讼，以贾民（类似于当今由摊主轮流担任的市场协管员）禁伪而除诈，以刑罚禁虣而去盗，以泉府同货而敛（收购）赊（赊销）。""大市日昃（zè，午后太阳偏西）而市，百族（百姓）为主；朝市朝时而市，商贾为主；夕市夕时而市，贩夫贩妇为主。凡市入，则胥执鞭度守门，市之群吏平肆（分类划分交易区）、展成（审查成交的物品）奠贾（定价），上旌于思次（工商管理所）以令市（挂旗开市），市师莅焉，而听大治（大事）、大讼（大争议），胥师、贾师莅于介次，而听小治、小讼。"看来，司市行使社会教化的方法，既不在于司谏的鼓励和引导，也不在于司救的预防和惩罚，而在于服务，通过为市场提供服务，实行"政府管控"下的"市场经济"，体现公平交易和良好秩序，以此教化人民依礼行事。

从以上司谏、司救、司市三种类型的"教化"中，不难看出，地方官员行使地方治理的职责和行使社会教化的职责是完全结合在一起的，"治理即教化"，"教化即治理"。不仅如此，各级各类地方官员的行政职责不同，治理任务不同，行使社会教化职责的方式也随之不同，这就为社会教化的多样性和针对性创造了有利条件。

九

古代社会的学校教育，首先是基于治国安邦的"五大治理"需要而发展起来的。《礼记·祭义第二十四》说："先王之所以治天下者五：贵有德，贵贵，贵老，敬长，慈幼。此五者，先王之所以定天下也。……先王之教，因而弗改，所以领天下国家也。"由此可见，古代社会的教育，从一开始就是天下治理和国家治理的重要组成部分，甚至就是天下治理和国家治理。不过，与现代国家的治理不同，这里的治理，是德治、爱治、礼治，而非现代意义上的政治、整治、法治。以"贵"为导向的国家治理，以"敬"为导向的社会治理，以"慈"为导向的人性治理，需要引导人民的内心认同才能真正实现。这样一种"礼制"性质，决定了其"礼治"只能通过相对比较柔和的教化方式来进行。

《礼记·祭义第二十四》说："祀乎明堂，所以教诸侯之孝也；食三老五更于大学，所以教诸侯之弟也；祀先贤于西学，所以教诸侯之德也；耕藉，所以教诸侯之养也；朝觐，所以教诸侯之臣也。五者，天下之大教也。"这段话与上一段话联系起来，可以解读为中国最早的"国家教育纲领"和"国民教育体系"。以明堂祭祀、大学养老、西学尊贤、籍田躬耕、适时朝觐等"天下五大"教育形式，重点实施孝敬、悌爱、贤德、养民、臣服等"天下五治"教育内容，达到贵有德、贵贵、贵老、敬长、慈幼等"天下五定"教育目标。

这"三五一体"的教育体系，很有可能就是三代特别是周代以明堂为中心的"社会教化"的实际情形，其"三五"教学内容及形式，可以说是古代教育最初的五门核心课程，成为后来诗、书、礼、易、春秋五经之教的先声，其五种"学校"的最初形制，为随后天子大学的"五学"格局和规制奠定了基础。

十

《大戴礼记·卷三·保傅第四十八》说："帝入东学，上亲而贵仁，则亲疏有序，如恩相及矣。帝入南学，上齿而贵信，则长幼有差，如民不诬矣。帝入西学，上贤而贵德，则圣智在位，而功不匮矣。帝入北学，上贵而尊爵，则贵贱有等，而下不踰矣。帝入太学，承师问道，退习而端于太傅，太傅罚其不则（法）而达其不及，则德智长而理道得矣。此五义者，既成于上，则百姓（百官族姓）黎民（普通百姓）化（变）辑（和）于下矣"。

这段话包含有丰富的古代大学信息：第一，大学分设五处，分别位于王城的东西南北中五个方位，或者，大学有五个"学院"，分别按东西南北中五个方位布局。第二，五所大学或者说五个学院各有所专，分别承担一个专门方面的教学任务。东学即东序，由乐师主持习舞。西学即瞽宗，由礼官主持演习祭祀先王的礼仪。北学即上庠，由诏书者主持学书。南学即成均，由大司乐主持学乐。太学即中央之学辟雍或明堂，由三老五更或者太傅主持。第三，五所大学的教学任务，与"贵有德，贵贵，贵老，敬长，慈幼"这"天下五定"的教学目标基本一致。

十一

综上所述，中国古代的学校教育体系，最初以明堂为中心分为五个方面，逐步演变为在东南西北中布局五学，形制变了，但"以五为贵"的基本格局始终不变。《通典·卷五十三·大学》较为集中地记述了虞、夏、殷、周四代学校的概况，大致可以归纳为八个方面。

第一，关于天子学校的名称及方位："有虞氏大学为上庠，小学为下庠。夏后氏大学为东序，小学为西序。殷制，大学为右学，小学为左学，又曰瞽宗。周制，大学为东胶（胶之言纠也），小学为虞庠。又云天子曰辟雍。"

第二，关于天子学校的学生来源、入学年龄及教学内容："王太子，王子，群后（公及诸侯）之太子，卿、大夫、元士之适子，国之俊选，皆造焉。"《尚书大传·卷第六·略说上》说："古之帝王者，必立大学、小学。使王太子、王子、群后之子，以至公卿大夫、元士之适子，十有三年，始入小学，见小节焉，践小义焉。年二十，入大学，见大节焉，践大义焉。故入小学，知父子之道、长幼之叙；入大学，知君臣之仪、上下之位。故为君则君，为臣则臣，为父则父，为子则子。小师取小学之贤者登之大学，大师取大学之贤者登之天子，天子以为左右。"

第三，关于天子学校的学期及课程："乐正（乐官之长）崇四术，立四教。春秋教以礼乐，冬夏教以诗书。师氏掌以媺（美善）诏王。以三德教国子：一曰至德，以为道本；二曰敏德，以为行本；三曰孝德，以知逆恶。教三行：一曰孝行，以亲父母；二曰友行，以尊贤良；三曰顺行，以事师长。凡国之贵游子弟学焉。凡学必时，春夏学干戈，秋冬学羽籥，皆于东序。春诵夏弦，太师诏之瞽宗。秋学礼，执礼者诏之；冬读书，典书者诏之。礼在瞽宗，书在上庠。"

第四，关于天子大学校风："大学之礼，虽诏于天子，无北面，所以尊师也"，"大学之教也，时教必有正业（经典）"。

第五，关于国家学校体系："古之教者，家有塾，党有庠，术

（遂）有序，国有学。"

第六，关于学校教学质量及考核："比年（三年大比之年）入学，中年（三年大比之间的闲年）考校。一年视离经辨志，三年视敬业乐群，五年视博习亲师，七年视论学取友，谓之小成。九年知类通达，强立而不反，谓之大成。"

第七，关于学校教育宗旨："化民易俗，近者说服，而远者怀之，此大学之道也。"

第八，关于国民教育成效督察："修六礼以节民性，明七教以兴民德，齐八政以防民淫，一道德以同俗，养耆老以致孝，恤孤独以逮不足，上贤以崇德，简不肖以绌恶。命乡简不帅教者以告于王，王命三公、九卿、大夫、元士皆入学。不变，王亲视学。不变，命国之右乡，简不帅教者移之左；命国之左乡，简不帅教者移之右，如初礼。不变，移之郊。不变，移之遂。不变，屏之远方，终身不齿。"

十二

从《通典》对虞、夏、殷、商四代学校发展脉络的梳理，可以得知，古代天子的"五学"及其教育，并非只是贵族子弟的特权，其实也是天子为天下各国树立的兴办学校的榜样。天子以自己亲办、亲视五学的模范行为，引领并促使诸侯各国兴办五学；天子以自己的五学之教教国子弟，引导诸侯各国以五学教百姓。

这样一来，天下的"五学"教育体系就建立起来了。这个体系包括天子办学和诸侯办学两个部分。天子办学，既在天子王都设立小学和大学，又在王都郊外六乡设立地方学校，即乡校。诸侯办学，与天子办学的格局大致相似，但更为灵活多样，如《礼记·明堂位第十四》就说，鲁国同时有四代之学，虞氏的庠，夏后的序，殷商的礜宗，宗周的泮宫。

十三

效，是古代社会教育最基本的学习方法，是社会教化最有效的途径。《尚书大传·卷第六·略说下》和《大戴礼记·卷七·劝学第六十四》都借用孔子的话说："君子不可以不学……夫远而有光者，饰也；近而愈明者，学也。"《荀子·修身篇》说："以善先人者谓之教。"《尚书大传·卷第五·周传七·洛诰》说："学，效也。"《周易·卷九·系辞上传》说："成象之谓乾，效法之谓坤。"古代社会教育及教化总的特点，或许可以借此一言以蔽之：天子成象，万民效法。明王师法先王，下民效法明君。上行下效谓之教。

所谓"效"，一是效果之效，一是效法之效。效果之效，立竿见影，但这只是教育和教化的表象。效法之效，才是教育和教化的本质。《荀子·儒效》对"大儒"的礼赞，可以借来说明古代教育和教化所特有的两种"效"的关系。一方面，古代社会的学校直接就是君王勤政的地方，具有非常直接的政治功效，正如"大儒"得到重任，在其位，谋其政，其成效立竿见影，荀子称之为大儒之"征"（表象）。另一方面，学校是一个面向社会开放的示范性场所，在这里，人们以德为师，以师为范，以效为学。学校的这种为人效法的作用，正如"大儒"即便不在其位，不谋其政，也能作为礼乐社会的楷模，依礼"立德"，以乐"立言"，彪炳当代，垂训后世，荀子称之为大儒之"稽"（本色）。要言之，在古代社会，学校不只是如"大儒之征"，仅有传授知识的功效，更如"大儒之稽"，是社会效法的榜样。的确，学校之"校"，就是"以校为效"，这是学校的本义，也是教育和教化的本义。

主要参考书目及引文说明

本书中的引文，全部取自于以下书目。

本书作为通识性读物，为了便于顺畅阅读，更是为了刻意区别于研究性专著，行文中没有按照通行学术规范逐一详细注明引文出处，而是尽可能将引文出处的书名，直接融入文本当中，以便于读者直接将本书文本与引文出处的元典联系起来，这或许可以看做是本书行文体例的一大特色。

本书作者在引用元典原文的同时，也参照并吸收了所引书目古今作者、编者、注释者、考证考据者的许多有益成果，基于以上所说本书行文体例的原因，没能一一予以注明，在此一并致敬、致谢、致歉，并予以特别说明——没有这些书目背后无数古今学者前赴后继的学术贡献，就没有我的这本小书。从这个意义上说，他们都是国学元典共同的作者，他们为国学元典所做的一切学术工作，都已成为国学元典不可分割的重要组成部分。

贾姗姗、滕菲菲、张懋学、孔超、晏青以及曲阜师范大学的十多位研究生参与了本书的校对工作，并为本书语言的准确和行文的优美提供了有益的意见，在此一并致谢。

1. 十三经注疏（整理本），李学勤主编，北京大学出版社，2000年

包括：

春秋公羊传注疏，（汉）公羊寿传，（汉）何休解诂，（唐）徐彦

疏，浦卫忠整理，杨向奎审定

春秋谷梁传注疏，（晋）范宁集解，（唐）杨士勋疏，夏先培整理，杨向奎审定

春秋左传正义，（周）左丘明传，（晋）杜预注，（唐）孔颖达正义，浦卫忠、龚抗云、胡遂、于振波、陈咏明整理，杨向奎审定

尔雅注疏，（晋）郭璞注，（宋）邢昺疏，李传书整理，徐朝华审定

礼记正义，（汉）郑玄注，（唐）孔颖达疏，龚抗云整理，王文锦审定

论语注疏，（魏）何晏注，（宋）邢昺疏，朱汉民整理，张岂之审定

孟子注疏，（汉）赵岐注，（宋）孙奭疏，廖明春、刘佑平整理，钱逊审定

尚书正义，（汉）孔安国传，（唐）孔颖达疏，廖明春、陈明整理，吕绍纲审定

孝经注疏，（唐）李隆基注，（宋）邢昺疏，邓洪波整理，钱逊审定

仪礼注疏，（汉）郑玄注，（唐）贾公彦疏，彭林整理，王文锦审定

周礼注疏，（汉）郑玄注，（唐）贾公彦疏，赵伯雄整理，王文锦审定

周易正义，（魏）王弼注，（唐）孔颖达疏，卢光明、李申整理，吕绍纲审定

毛诗正义，（汉）毛亨传，（汉）郑玄笺，（唐）孔颖达疏，龚抗云、李传书、胡渐逵、肖永明、夏先培整理，刘家和审定

2. 十三经译注，上海古籍出版社，2004 年

包括：

周易译注，黄寿祺、张善文撰

尚书译注，李民、王健撰

诗经译注，程俊英撰

周礼译注，杨天宇撰

仪礼译注，杨天宇撰

礼记译注，杨天宇撰

春秋左传译注，李梦生撰

春秋公羊传译注，王维堤、唐书文撰

春秋谷梁传译注，承载撰

论语译注，金良年撰

孝经译注，汪受宽撰

尔雅译注，胡奇光、方环海撰

孟子译注，金良年撰

3. 十三经清人注疏，中华书局

包括：

大戴礼记解诂，（清）王聘珍撰，王文锦点校，1983 年

春秋左传诂，（清）洪亮吉撰，李解民点校，1987 年

春秋谷梁经传补注，（清）钟文烝撰，骈宇骞、郝淑慧点校，1996 年

今文尚书考证，（清）皮锡瑞撰，盛冬铃、陈抗点校，1989 年

礼记训纂，（清）朱彬撰，饶钦农点校，1996 年

礼记集解，（清）孙希旦撰，沈啸寰、王星贤点校，1989 年

论语正义，（清）刘宝楠撰，高流水点校，1990 年

毛诗传笺通释，（清）马瑞辰撰，陈金生点校，1989年

孟子正义，（清）焦循撰，沈文倬点校，1987年

尚书今古文注疏，（清）孙星衍撰，陈抗、盛冬铃点校，1986年

诗三家义集疏，（清）王先谦撰，吴格点校，1987年

周礼正义，（清）孙诒让撰，王文锦、陈玉霞点校，1987年

集解纂疏，（清）李道平撰，潘雨廷点校，1994年

4. 孟子译注，杨伯峻译注，中华书局，1960年

5. 论语译注，杨伯峻译注，中华书局，1980年

6. 四书章句集注，（宋）朱熹撰，中华书局，1983年

7. 史记，（汉）司马迁撰，（刘宋）裴骃集解，（唐）司马贞索隐，（唐）张守节正义，中华书局，1999年

8. 汉书，（汉）班固撰，（唐）颜师古注，中华书局，1999年

9. 后汉书，（南朝·宋）范晔撰，（唐）李贤等注，中华书局，1965年

10. 白虎通，（汉）班固撰，中华书局，1985年

11. 白虎通疏证，（清）陈立撰，吴则虞点校，中华书局，1994年

12. 风俗通义校注，（汉）应劭撰，王利器校注，中华书局，1981年

13. 释名，（汉）刘熙撰，中华书局，1985年

14. 通典，（唐）杜佑撰，王文锦、王永兴、刘俊文、徐庭云、谢方点校，中华书局，1988年

15. 鹤林玉露，（宋）罗大经撰，王瑞来点校，中华书局，1983年

16. 左传纪事本末，（清）高士奇撰，中华书局，1979年

17. 孔子家语，王国轩、王秀梅译注，中华书局，2009年

18. 春秋繁露义证，（汉）董仲舒原著，（清）苏舆撰，钟哲点校，中华书局，1992年

19. 荀子新注，北京大学《荀子》注释组，中华书局，1979年

20. 饮冰室合集，梁启超著，中华书局，1989年

21. 淮南子，顾迁译注，中华书局，2009年

22. 淮南子校释，张双棣撰，北京大学出版社，1997年

23. 庄子今注今译，陈鼓应注译，中华书局，1983年

24. 韩非子集解，（清）王先慎撰，钟哲点校，中华书局，1998年

25. 尚书大传，（秦）伏胜撰，（汉）郑玄注，陈寿祺辑校，商务印书馆，1935年

26. 韩愈全集校注，屈守元、常思春主编，四川大学出版社，1996年

27. 二十四史全译，许嘉璐主编，汉语大辞典出版社，2004年

《中国孩子最喜爱的国学读本》

（共6册）
★入选新闻出版广电总局"农家书屋"推荐书目
【内容简介】
　　以传授"德性之知"与"智性之知"为两条交会的主线，既给中小学生展示国学精义的概貌，又让他们掌握国学知识的一些基本点。
漫画插图，深受中小学生喜爱。
【主编简介】
　　冯天瑜，著名历史文化学者，武汉大学教授。

《孩子必须知道的中华历史文化故事》

（共8册）
★入选新闻出版广电总局"社会主义核心价值体系建设'双百'出版工程"
★入选新闻出版广电总局向全国青少年推荐百种优秀图书
【内容简介】
　　用动人的故事将源远流长的中华历史文化串联起来，漫画插图，生动有趣，给青少年带来愉快的阅读体验。
【主编简介】
　　楼宇烈，著名文化学者，北京大学哲学系教授。

《中华人文精神读本（青少年版）》（第2版）

（共4册）
★入选中宣部、教育部、共青团中央三部委联合推荐百种图书
★入选新闻出版广电总局向全国青少年推荐百种优秀图书
【内容简介】
　　精心归纳并总结出数千年来对中国产生过深远影响，今天仍然被人们所关注的26个中华人文精神主题，思想性和文学性并重，图文并茂，生动有趣。
【主编简介】
　　汤一介，著名文化学者，北京大学哲学系教授。

"大美阅读·中国古典诗文系列"

（共4册）
★最受青少年欢迎的《最美的唐诗》《最美的宋词》《最美的元曲》《最美的散文》
【内容简介】
　　精选经典名篇佳作，准确注释讲解，权威可信。
　　诗文唯美，版式唯美，青春风格，漫画彩绘，令人耳目一新，给青少年带来美妙的阅读体验。

《如何临摹历代名家山水画》（全3卷，大开本、大字体，附赠20小时教学光盘！）

★当代最成功、最有效、最简单、最具影响的山水画临摹实战技法
★从"零基础"到"精通"，一步到位；把最好的老师请回家，事半功倍！

【作者简介】

刘松岩，当代著名山水画家、书法家、美术教育家，北京文史研究馆馆员；
启功先生最推崇的当代山水画家、山水画教育家；
中央电视台最受欢迎的山水画教学节目主讲教师；
黄宾虹、溥松窗、吴镜汀等绘画大师的入室弟子。

【内容简介】

全书分三卷：第一卷为基础知识与基本技法，第二卷为初级临摹，第三卷为高级临摹。第一卷中，作者亲手绘制近百幅基础技法解析图。第二、三卷，精选六十余幅意境、笔墨俱佳的历代传世珍品画作，展示原图，划分临摹步骤，示范临摹画法，一步一图，以精致笔触配合精到讲解，使得本书极具可操作性。

《芥子园画谱临摹技法》

★让初学者事半功倍的芥子园画谱临摹教材！

【作者简介】（同上）

【内容简介】

《芥子园画谱》是学习传统中国画的入门读物，然而由于该书年代久远，多次翻印，作图步骤已经模糊不清，而且由于当时印刷技术所限，关键的作图步骤无法展现，极大地增加了初学者的难度。

本书作者对原书无法表现的步骤进行了增补加工，对原书的经典画法进行了深入浅出的讲解，示范了二十幅画作的临摹过程。对于初学者深入理解和掌握芥子园画谱的技法精髓，有着极大的帮助。

作者曾在中央电视台进行山水画教学，受到热烈欢迎。本书系作者为配合该教学节目而编写的教案，附有教学光盘。

《南画十六家技法详解》

★只有通过反复临摹实践，才能把《南画十六观》之所谓"文人逸气"轻松学到手

【作者简介】（同上）

【内容简介】

选取宋、元、明、清十六位中国传统文人画大师的传世名作，从构图、笔法、作图步骤等各个方面进行详细解析，帮助读者体会文人画大师画作中的精神魅力。细致划分勾、皴、擦、染等等临摹步骤，带领读者轻松临摹大师名作，通过反复临摹，领会文人画之真意。

史上最美，最时尚的《彩绘唐诗画谱》《彩绘宋词画谱》

【内容简介】

精选明代画谱优秀刻本，特邀当代国画家对原书黑白版画进行复古风格的上色。画美、诗词美、书法美，三美俱佳！诗词释文、赏析及作者介绍均简体横排，并对各画家与书家予以评点介绍。兼具古典审美情趣和现代审美情趣，时尚典雅。